依托项目：
　　国家社科基金项目，20BJY107，东北振兴中
企业家精神状况评价与激发路径研究
　　本书由吉冰雪旅游场地装备与智能服务技术
文旅部重点实验室资助

市场交易价格形成的博弈分析——权力对交易价格形成的作用机制

Game Analysis of Price Formation in Market Transaction:
Power's Function and Mechanism

刘玉红　著

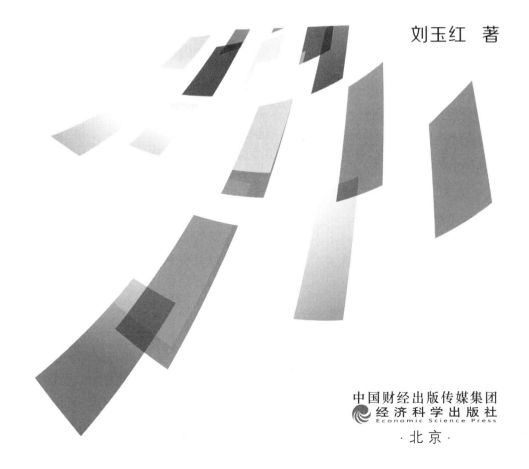

中国财经出版传媒集团
经济科学出版社
Economic Science Press
·北京·

图书在版编目（CIP）数据

市场交易价格形成的博弈分析：权力对交易价格形
成的作用机制／刘玉红著. -- 北京：经济科学出版社，
2024. 7. -- ISBN 978 - 7 - 5218 - 6160 - 0

Ⅰ. F014.31

中国国家版本馆 CIP 数据核字第 2024XS8489 号

责任编辑：卢玥丞　赵　岩
责任校对：齐　杰
责任印制：范　艳

市场交易价格形成的博弈分析
—— 权力对交易价格形成的作用机制

SHICHANG JIAOYI JIAGE XINGCHENG DE BOYI FENXI
—— QUANLI DUI JIAOYI JIAGE XINGCHENG DE ZUOYONG JIZHI

刘玉红　著

经济科学出版社出版、发行　新华书店经销
社址：北京市海淀区阜成路甲 28 号　邮编：100142
总编部电话：010 - 88191217　发行部电话：010 - 88191522
网址：www. esp. com. cn
电子邮箱：esp@ esp. com. cn
天猫网店：经济科学出版社旗舰店
网址：http://jjkxcbs. tmall. com
北京季蜂印刷有限公司印装
710×1000　16 开　14 印张　250000 字
2024 年 7 月第 1 版　2024 年 7 月第 1 次印刷
ISBN 978 - 7 - 5218 - 6160 - 0　定价：98.00 元
（图书出现印装问题，本社负责调换。电话：010 - 88191545）
（版权所有　侵权必究　打击盗版　举报热线：010 - 88191661
QQ：2242791300　营销中心电话：010 - 88191537
电子邮箱：dbts@ esp. com. cn）

前　言
Preface

　　价格在人类生活中所扮演的角色越来越重要，从人类物物交换开始，到今天完善的金融体系的建立，价格已经占据了经济社会的重要地位，正如萨缪尔森（P. A. Samuelson）所言："离开了价格和物与物交换的比例，留给我们的就没有什么东西了。"因此人们对价格给予更多的关注是理所应当的。但价格的本质是什么？价格是如何形成的？经济学至今也没有给出一个让所有人满意的确定答案。纵观经济学发展历史，众多学者对价格提出了各种理论观点：柏拉图（Plato）和亚里士多德（Aristotle）的平等互惠价格观念，体现了当时非经济为主的伦理思想，当时人类社会处于经济发展的初期阶段，人性质朴，极端自利的行为难以为社会所认同，因此交易价格更多体现出人性的原始公平；13世纪，托马斯·阿奎那（T. Aquinas）公平价格说的提出，虽然弱化了伦理性，但仍有较大的宗教及道德成分，仍旧从社会有序发展的角度思考价格问题，将价格的形成看作人类最基本美德的经济延伸；18世纪亚当·斯密（Adam Sith）的自然自由体系论，提出价值是价格形成的基础，并明确指出劳动是衡量商品交换价值的尺度。价格的形成体现均衡思想，价格是市场供需均衡的货币反映，均衡也从此成为后来研究价格的主要参照系。但斯密仍没有厘清价格的演化机制，只好将交易价格看作理性经济人在市场"一只看不见的手"的引导下所达成的最终结果。之所以将价格的形成与演化归因于"一只看不见的手"，是因为当时无法全面的了解社会经济问题，只是对市场价格有了一个较为朦胧的认知，却又受制于研究方法与技术，无法阐释清楚价格机制，因此只能以这种玄学的表述来遮掩认知及理论的缺陷，并给后人留下了无数的遐想。马克思在此基础上提出了劳动价值论，认为商品价值是凝结在商品中的人类无差别劳动，即抽象劳动的凝结，而商品价值的量则由生产该商品的社会必要劳动时间所决定的，价格则是商品价值的货币表现，是物化在商品中劳动的货币转换。而马尔萨斯（T. R. Malthus）和萨伊（J. B. Say）提出要素价值论，该理论引入了效用分析法，认为生产商品就是生产效用，而效用则是生产要素提供的服务所决定的，生产要素则包括土地、资本和劳动。各种要素从合作生产的价值中得到其应得的一份报酬，土地获得地租，资本得到利息，劳动得到工资。19 世纪末，马歇尔（Alfred Marshall）在三要素的基础上又提出增加"企业家经营"这一新要素，认为企业家的经营才能也是商品价值创造的源泉，这为后续的人力资本化提供了理论引导。到了 20 世纪中叶，科学技术对生产的影响日益增加，经济学家又将技术作为新的要素引入理论之中，使得商品价值的要素学说看起来更加完善。劳动价值论和要素价值论两种观点都从生产者角度出发，认为价格是价值的市场表现，只是对价值形成的基础元素存在认知的差异。与此同时，另一种从消费者角度思考问题的价格理论由英国的杰文斯（W. S. Jevons）、奥地利的门格尔（C. Menger）、法国的瓦尔拉斯（L. walras）等提出，认为价值是主观决定的，该理论借用了效用概念，并提出边际效用，用效用及边际效用解释价格的成因，引发了几乎整个西方经济领域理论的变革。该理论认为，商品的价值只表示商品的效用，无法用商品的内在性质来表达，商品的价值取决于需求者对商品的欲望及对物品的自我评估，商品的价格是供需双方对物品的主观评价达于均衡的结果。

商品社会本身存在生产和消费两个方面，从生产和消费两个角度分析价格的形成机理，更能揭示价格的本质。因此，马歇尔综合了两种观点，从供给和需求两方面对价格的形成进行阐述，并演变成西方微观经济学的基础，供需关系成为古典经济学研究价格的基本出发点。从马歇尔的局部均衡论到瓦尔拉斯的一般均衡理论，在效用理论的基础上，将几何及数学模型作为价格分析的主要工具，对供需均衡价格的形成过程做了全面的分析，理论的发展已经从均衡价格本身转到对均衡点的探求上来。但均衡理论对现实问题仍有许多难以解释之处，过于理想的假设拉大了理论与实际的距离。因此，经济动态分析的非均衡理论在20世纪六七十年代得到迅速发展，从帕廷金（Don Patinkin）和克洛沃（R. W. Clower）的局部非均衡到巴罗（R. J. barro）和格罗斯曼（H. I. Grossman）的一般非均衡模型，对缺乏现实性的理论假设逐步放松，对价格的分析和认识越来越接近市场经济运行的实际状态。

价格理论的发展印证了社会从简单到复杂的过程，现代社会已经不再是资本主义经济发展初期那种简单的运行模式，经济全球化及经济主体的多元化，使价格所受到的影响因素越来越多，价格已从最初的简单的交换媒介转变成经济社会利益分配和利益调整的符号。价格理论之争体现了对价格影响因素关注点的差异，现实的复杂性使任何一种理论都不可能穷尽对价格影响的所有市场变量，因此每一种理论虽然都能够解释一些市场现象，但同时也存在一定的局限，对价格的认识就像"盲人摸象"，每一种理论的信仰者都认为自己所看到的是事实的真相，但实际上仅是一部分而已。

中国正处于经济快速发展时期，多年的经济改革已经基本完成了计划经济向市场经济的转变，建立了社会主义初级阶段的市场经济体系。价格作为市场经济的关键指标，在整个市场经济的运行中扮演着重要的角色。但在解读商品价格的形成与演化机制上，现有理论仍处于较为尴尬的境地。在商业繁荣的背后，是价格理论体系的混乱。计划经济时代的传统价格理论虽然有所创新，但已然与社会现实存在着较大的异质性，无法阐释价格本质问题，自然也无法解释现实中的许多经济现象及企业行为。均衡价格理论虽然能够较好地解释价格的形成与波动，但其对价格本质的忽略也使得分析失去了最根本的核心基础，理论分析仅以商品为研究出发点，对问题的分析过于关注表象，忽略了行为主体在价格形成与演化过程中的作用。同时，在分析的过程中过分关注效率而忽略了分配的公平性。新兴的古典经济学尽管对价格理论作了许多新的补充，目的使之更符合社会发展的现实，但理论的研究背景充满较多的西方国家的经济色彩，并体现出西方国家分析解决问题的行为范式，即"头痛医头，脚痛医脚"，思维关注局部而缺乏整体性，对解决中国当前的市场问题有些"处方不对症"。不同的社会有不同的发展方式和经济特点，我国现有的制度形式决定了中国与西方资本主义国家在经济理念与经济运行模式方面存在较大的差别，不应该完全套用西方经济学的相关理论阐释中国的现实问题。不论是古典经济学价格理论，还是新古典经济学价格理论，理论产生的社会基础都与中国的现实存在较大的差别。"橘生淮南为橘，生于淮北则为枳"，要想解决中国问题，必须从中国经济的现实出发，分析中国特有的经济现象，在现有理论的基础上合理创新，才能创建有效解释中国现实经济问题的理论模型。

科斯（R. H. Coase）的产权理论研究建立了新制度经济学研究的基础，使人们开始关注权力在经济中的作用。权力在任何社会都广泛存在，是构建人类社会关系的基本元素，在社会管理中发挥着重要作用，并在资源的分配中占据主导地位。但科斯仅从产权的角度分析，对权力的研究还在有限的范围内展开，并没有包含与经济利益有关的所有权力，理论存在较大的局限性。达仁·埃塞姆格鲁（Daron Acemoglu）则从制度入手，分析了政治权力对资源分配的影响，认为政治权力决定经济制度的形式，而经济制度对经济增长至关重要，因为经济制度规范着社会中关键经济行为者的动机，同时影响对物质和人力资本以及技术的投资，而且影响生产组织，经济制度不但决定经济的总增长潜力，而且决定一系列经济结果，从长期看，影响不同国家间经济增长和发达程度的主要因素就是经济制度。埃塞姆格鲁的论述将权力与经济联系在一起，为经济理论研究提供了一种新的思维方式。我国的经济体制及发展历程与西方国家有较大的差异，在计划经济时代，权力是利益分配的基础，完整的行政权力体系支配着整个国家资源的配置，虽然也存在市场价格，但价格并不体现交易双方的市场关系，价格对社会资源分配所起的作用非常有限。虽然目前已建立了相对完善的市场体系，但传统计划经济的影子仍然没有完全消除，政府仍控制着大量的生产性资源，国有企业依然在市场中占有较大的比重，依托国有背景及政府资源，以企业身份在市场经济中竞争。导致不同背景的企业在竞争的起点就处于一种权力不对等状态，价格在资源的配置过程中所起的作用受到较大的限制，如果套用西方已有经济理论解释当前市场问题，就会有削足适履的感觉。而从权力的角度探讨经济的发展过程的本质性问题，更加符合中国的经济现实，特别是可以解释一些中国独有的、现有经济学理论无法解释的市场现象，对解决中国经济发展过程中存在的理论困惑提供了一种新思路。权力问题也不仅在中国存在，在以价格均衡理论为市场指导的发达国家也同样存在，产权、市场垄断权力，以及政府的行政权力在市场竞争中也都有不同程度的体现，不少学者已开始关注市场权力问题，只是到目前为止还未形成系统的理论体系。如斯蒂格利茨就强调现实世界并不是自由的、不受管制的市场，无法实现传统经济理论所认定的自由竞争，多数情况下，市场参与者得不到充分的信息，而信息是一种有价值的竞争资源，竞争主体信息不完备，导致市场功能不完善，市场就无法保证公平竞争。张屹山等也认为权力竞争是市场竞争的核心内容，权力与利益分配是同构的，现实社会利益分配的失衡是主体间权力结构失衡的结果，要想实现分配公平，首先要调整市场主体间的权力结构，只有实现不同主体间权力对等，同一主体权责对称，市场才能充分竞争，最终实现社会资源的充分利用。

市场交易价格形成的博弈分析
—— 权力对交易价格形成的作用机制

权力实际是行为主体基于所掌控的资源形成的对其他个体的影响力，是个体获取更多的市场资源的本质依赖。个体掌控的资源量是不均等的，因此其权力也是非对等的，导致市场上资源的分配自然也不均衡。因此，市场上的竞争实际上是一种权力不对等的竞争，利益的分配自然也是不对称的，市场均衡虽然存在，但只是一种表象，实际的分配是不均衡的，而这种不均衡则借助于价格机制来实现。社会的长期发展不但要求资源的使用效率，也要求个体间资源分配的基本公平，这不是市场机制所能解决的，必须借助于政府的行政权力。斯蒂格利茨就主张政府应对市场进行适当的干预，以调整不同主体的权力差异，实现竞争公平。事实上，政府对市场的管理从未间断，不仅表现为对资源的直接分配，也通过对市场价格体系的干预实现对社会利益的宏观调整。通过研究价格体系中的权力作用，可以更加清楚地揭示价格形成的本质，对建立符合中国现实的理论体系以指导中国的市场经济运作，在保证市场效率的前提下，实现社会分配的公平性有一定的理论意义。

本书从传统经济理论中对价格理论的分析入手，在传统经济学关于价格理论的基础上，通过分析传统价格理论的缺陷，指出传统价格理论解释现实市场问题具有局限性。观点的创新在于对经济人理性进行了重新界定，指出供需均衡仅是价格形成的市场参照，决定价格的根本因素是行为主体的权力。书中定义了市场权力的概念，全面分析了权力的基础、权力的表现形式、权力主体、权力类型、权力的影响因素，并借助博弈模型，重新阐释了四种不同竞争结构的市场价格的形成机理，并指出了权力对价格的作用机制。

在对市场权力竞争理论全面论述的基础上，应用理论分析了国际石油产品市场、中国房地产市场、高科技产品市场存在的问题。通过对这些行业的分析，论证了权力在市场竞争的作用机制。阐述了市场价格的形成绝不是简单的商品供需问题，决定价格的还是控制商品权属的行为主体——人。

　　现实是复杂的，并且复杂的程度有随社会发展加大的趋势，因而分析现实的理论也会随社会的发展而发展，但无论如何发展，理论总是有思想及技术手段的局限性，不可能将所有与问题有关的因素全部包含进来，如果考虑所有的因素变量，经济学也就失去了存在的意义。为研究与思考的方便，仅考虑个别变量而忽略其他因素是经济学研究的主要范式。斯蒂格勒也指出：一般理论必须忽略掉成千上万的细节末枝，否则就不可能成为一般理论，这也是造成价格理论存在分歧的根本原因，这既有时代的限制，也有技术及研究方法上的阻碍，且目前为止这些影响因素依然存在。因此不要希望存在一个万能的经济理论，会对所有的问题解释得非常合理。经济学虽然也努力揭示经济社会的本质，但不可能如哲学一样全面的思考问题，因此对价格本质的认识差异就不存在是与非的问题，经济学上不存在理想主义。本书从权力的角度探讨价格的一些问题，在分析的方法及手段上仍借用一些传统经济理论所应用的工具及原理，如果理论有所创新，也是站在了前人的肩膀上，因此，这并不是全新的一种价格理论，但却是对既有的价格理论做了一些思维的拓展和内容的补充。

目 录

C O N T E N T S

第1章
Chapter 1

价格理论综述

　　价格是价值的市场表现，这是古典经济学对价格本质的阐述。英国的威廉·配第（Willian Petty，1662）在《赋税论》中第一次明确提出了商品价值来源于劳动的思想，提出了"劳动是财富之父，土地是财富之母"这一名言，把劳动与土地看作财富的本源。但配第对价值的认知还较为片面，早期认为只有直接创造货币的劳动才是有价值的劳动，而生产其他商品的劳动只有在交换时才会以货币衡量其体现出的价值，并据此提出"自然价格"与"政治价格"，自然价格即是商品的价值，而政治价格则是受供求影响的市场交换价格。但随着对市场问题的认知深入，配第也在不断调整价格理论的内容，认为商品的价值是由生产它所耗费的劳动时间决定，并与劳动生产率密切相关，而社会分工对劳动生产率的提高有促进作用，当劳动生产率提高时，生产某一商品所消耗的劳动时间减少，该商品的价格就会下降，配第的劳动价值论构建了古典经济学理论的基础。亚当·斯密（Adam Smith）在配第理论的基础上提出了所有生产商品的劳动都创造价值的观点，并把创造价值的劳动归结为一般的社会劳动，从而构建了劳动价值论的理论体系。在《国富论》中，斯密认为价格是商品价值的货币表现，价值是由生产商品所耗费的劳动决定的，商品交换实际上是商品中所蕴含的劳动量的交换，并将劳动划分为简单劳动与复杂劳动，用以解读不同商品之间的价格差异性①。但斯密仍没有阐释清楚价值的本质及其与价格的关系问题，对商品的使用价值、交换价值及其关系的解读在目前看来存在认知的局限性，未能厘清市场价格的形成及其演化机制，于是将价格的演变归因于"看不见的手"，同时斯密还借用了"水与钻石"的价值悖论：为什么对人类来说有较大使用价值的水，其市场价格却远远低于没什么使用价值的钻石，来说明当时人们对市场价格问题的困惑，这也表明那个时代理论对市场价格问题的认知困境。萨伊（J. B. Say, 1997）的要素价值论则认为价值的组成是多元的，他借用了丹尼尔·伯努利（Daniel Bernoulli）提出的效用概念，认为效用是商品价值的基础，而劳动、资本、土地是创造商品价值的要素，即劳动创造工资，资本创造利润，土地创造地租，商品的价值就是由工资、利润、地租三种生产费用构成，要素价值论说明了劳动及非劳动要素的作用及其对价值形成的贡献。要素价值论否定了劳动对价值创造的唯一性，用生产费用率取代劳动价值论，从生产的表象解读生产的本质问题，特别是产品的效用存在较大的个体感知的异质性，对价值的衡量就存在难以确定的问题，同时，对各要素生产中的贡献率难以衡量，因此以要素贡献作为利益分配的依据就缺乏分配标准的可信性。大卫·李嘉图（David Ricardo, 2011）在《政治经济学与赋税原理》一书中对劳动价值理论做出了更为严密的论证。他批判了斯密将耗费的劳动与购买的劳动混为一谈的观点，纠正了斯密关于没有效用的商品也有交换价值的断言，正确区分了使用价值与交换价值，并把使用价值看作交换价值的物质承担者，区分了简单劳动和复杂劳动、直接劳动和协助劳动、自然价格和市场价格，并提出决定商品价值的是社会必要劳动，而不是其他因素，商品的价值或其所能交换的任何其他商品的量，完全取决于生产该商品所需的必要劳动

---

① 亚当·斯密. 国富论［M］. 北京：商务印书馆，2014.

量。李嘉图虽然进一步完善了价值理论体系，但其价格理论中仍有社会必要劳动时间如何确定、工资变动与劳动价格之间的关系等问题未能厘清。马克思（Karl Marx）的劳动价值论承袭了配第、亚当·斯密和李嘉图的价值观点，但认为价值仅是凝结在商品中的必要劳动耗费，价值量的大小是由社会必要劳动时间，即在现有的正常的生产条件下，在社会平均的劳动熟练程度和劳动强度下制造某种使用价值所需的劳动时间决定的，价值的形成与其他生产资料无关，价格是物化在商品中的劳动，是价值的货币表现[①]。在劳动价值论的基础上，马克思还论证了市场供求与价格的关系，对供给、需求以及价值与价格的关系进行了阐释。马克思认为劳动价值论是由古典经济学说的多元价值论演绎而来的一元价值论，其观点的提出有着强烈的时代背景，为特定的历史条件下的暴力革命提供了理论依据。不论哪种价值理论，理论观点都是从生产角度探索价值的源泉，是一种供给理论，理论观点都与市场现实存在着一定的矛盾。古典经济理论对价格的解读自不说，有着较大的时代局限性。马克思的劳动价值论观点虽然对商品价格的"质"与"量"都作出了阐释，但也存在着社会必要劳动时间难以计量的问题，技术的发展及经济范围的扩大又加大了价值的计量难度，生产主体无从知道社会平均必要劳动时间因而也就无从了解商品应有的价值，如何让价格等于价值是生产者无法掌握的，但价格总是存在的，并且在不同的市场、不同生产者的商品以及同一商品在不同时间段都有不同的价格，因此也就无法证实这个实际存在的价格是不是价值的市场表现。同时，具体劳动和抽象劳动，简单劳动和复杂劳动的概念过于抽象化，存在区分和判别问题，难以确定之间的量化关系，商品价值量也就不易测定，因而马克思的一元劳动价值论并不完全为西方资本主义国家理论体系所认同。而要素价格论被马克思视为循环论证——三种要素本身就需要探索其价值根源，混淆了价值创造与价

003

---

① 马克思. 资本论 ［M］. 上海：上海三联书店，2009.

值分配的关系，所以也难以说清价格的本质。

由英国的杰文斯（W. S. Jevons）、奥地利的门格尔（C. Menger）、法国的瓦尔拉斯（L. walras）等提出的效用理论则试图从消费角度揭示价格的本质，认为价值具有主观性，从而把商品的价值归结为消费者主观价值，并提出用主观价值（即对人类福利的重要性）和客观交换价值（即购买力）来替换使用价值和交换价值，认为主观价值决定客观交换价值，价值并不是商品内在的客观属性，它不过是表示人的欲望同物品满足这种欲望能力的关系，是人对物品效用的感觉和评价，而价格则是这种主观价值评价的市场反应。效用是价值的源泉，效用大则价值大，效用小则价值小，价格也随效用的波动而波动。奥地利学派在考察价值尺度或主观价值量的测定时，引申出了边际效用决定商品价值的观点，认为价值不取决于生产商品所耗费的社会必要劳动量，而是取决于物品的效用和稀缺性，这与亚当·斯密解释水与钻石价值悖论的观点有较大的相同之处，即价格取决于消费者主观心理感觉到的边际效用，且边际效用存在递减规律。效用理论将商品的使用价值与消费者应用联系起来，论述了马克思关于商品有用性的本质，特别是效用理论区分了消费者心理感受的差异，因而对价格的差异可以给予清楚的解释。但效用理论也存在不足之处，即效用的不可测量性，从最初的基数效用到后来的序数效用，仍旧用一种比较性的模糊表述来分析价值，特别是效用感知存在人为的差别，在确定价值真实量的过程中存在较大的不确定性。

虽然价格是价值的市场表现成为古典经济学对价格本质的基本论点，但对价值的抽象论述使许多经济学家并不认同价值理论，自然也不认同价格与价值的关系，因此价格理论的探索便停留在探索价格机制的第一阶段。一些学者认为商品只有在发生交换关系时才具有交换价值，未发生交换关系的商品只能是一个孤立的劳动产品，只有相对于具体的交换对象，交换价值才可衡量并具有一定的现实意义，抽象论证交换价值无法阐释清楚商品交换价值的本质。马歇尔和卡塞尔等，甚至抛开了价值理论，认为价格就是商品的固有属性，通过一个假设的"市场叫价者"，并运用生产费用、边际效用及供求理论等直接对价格进行分析，来解释市场价格的形成、波动与均衡。卡塞尔认为，价值不外乎是"两物之间的交换比例"，价值不是在"绝对意义"上存在的东西，实际上存在的仅是价格。有史以来，交换都是通过货币来进行的，一切财货的价值都是用价格来计量的，在整个市场交易过程中，实际上价格已经取代了价值。因此，经济学应当放弃价值论，直接解释价格问题。而作为资产阶级主流经济学的重要代表人物保罗·萨缪尔森，在研究中不仅彻底抛开了价值范畴，而且极力反对马克思的劳动价值论，认为价值是不必要的虚构，劳动价值理论是不必要的迂回。

价值理论具有高度的阶级性，产生于特定的历史时期并适用于特定的历史阶段。如恩格斯所预言：只有在私有制消灭之后，价值这个概念才会越来越适用于解决生产问题，而这也是价值真正的活动范围。因此在当代中国，虽然马克思的劳动价值论仍是经济学界的主流思想，但生产关系与现实生产力的超越与脱节，多种所有制并存，使劳动价值理论与现实社会商品价值的表现存在背离，而价格对资源稀缺性的市场显示，使得从表象的价格层面研究市场问题更为简洁，因此通过供给和需求的均衡分析来研究价格问题就成为西方经济学的主流体系。从供给一方来看，对价格决定发挥影响的是各种生产要素，然而在不同时代，生产要素的构成及其作用会有很大不同。在简单的商品生产条件下，土地和劳动曾是主要的征税要素，正如威廉·配第所说，劳动是财富之父，土地是财富之母，劳动与地租成为商品价格的构成主元素。但社会发展到一定阶段后，发达的商品生产条件下的自由竞争制度使得资本的作用越加突出并最终占据支配地位，资本的利得超出了工资与地租，这也成为马克思提出剩余价值论的现实依据。而从现代生产来看，人与技术在价格决定机制中正在起到越来越大的影响力，管理者的管理才能及技术人才的人力资本化参与企业利益分配成为当前经济领域发展的一种趋势。而从需求角度分析，货币、收入及消费主体的心理因素也同样对价格的形成及波动产生重要影响，因此供需并不是价格形成的唯一影响因素，影响价格要素展现出多元性，单纯从供需均衡角度分析价格的形成，实际上已经放弃了对价格本质的探求，只是把价格作为一种商品交换的媒介。不论以何种方式交易，或以何种标准计量，在交换的过程中每个经济主体都是根据自己经济理性的判断来进行，因此价格在整个市场交换中显示出其相应的经济功能。

首先，价格具有信息指示功能。商品交换是买者和卖者在各自拥有的信息的前提下所达成的，价格显示了双方的心理状态，一方面显示了买者获取某种商品的紧迫性，另一方面也表明了卖者出卖的意愿。价格的高低不但显示了市场供给和需求的现状，包括对未来的供需状态的预示，而且反映了商品本身的一些属性，如质量、性能等。价格的波动不但反映了市场宏观信息的改变，也显示了市场微观信息的变化情况，同时还反映了供需双方所掌握的信息量发生的变化。因此不论对于生产还是消费，价格都具有市场信息的指示功能。

其次，价格具有市场激励功能。现代生产技术的发展，对资源的利用能力大幅提升，所有的资源在市场上一般都不会仅有一种用途，新技术促进了资源用途的广泛性，资源的利用效率也不断提高，技术导致市场上商品的供应数量不断增加，给消费者带来更大的选择余地。每个购买者都希望以最低的价格得到自己所要的商品，或者以相同的价格得到性能更好的商品，所以人们会合理应用已有的资源，寻找最廉价的生产方法，对低成本的追求使企业会加大新技术的研究力度，因此价格则成为人们提高资源利用效率的最基本的激励因素。

最后，价格具有利益调整功能。市场交换虽然是双方自愿的行为，但市场环境的复杂性使交易主体并不一定了解所有的信息，因此价格常常会出现对价值的偏离，导致交易双方的利益发生改变。当价格上升时，一方的收入增加，另一方的支出增加，反之则相反，市场均衡并不是利益分配的均衡。而这种利益的重新分配和调整只有通过价格来实现，价格起到了以一种合理和合法的方式对资源进行重新分配的作用，即在公平交易的表象下，交易双方基于对自己所掌握的资源，通过价格实现利益的非对称性转移。马克思的剩余价值论实际就是对价格的利益调整功能的一种具体解读。

第2章
Chapter 2

主要价格理论回顾

　　人类为维持生存和发展，必须从事物质生产活动，而从事生产活动的人们相互之间必然要建立起某种联系，即形成生产的某种社会形式。商品交换和商品经济是人类社会发展到一定阶段时所自然形成的社会成员的经济联系形式，这种经济形式的基本特征是以物与物之间的关系为媒介所建立的社会经济生活中的人与人之间的关系。人们在物质生产活动中的社会联系必须通过物与物的商品交换才得以实现，并只有通过商品的物与物交换才得以表现。说明为什么一物能以一定量的比例与另一物相交换的真实原因，乃至最终揭示这种物与物的关系背后的人们社会经济关系的本质，这便是价格理论所需完成的任务，这也符合熊比特和哈耶克关于经济学必须以解释人的行为为己任的思想。作为经济学的核心概念，价格问题一直受到众多研究学者的长久关注，价格理论也是经济学理论的重要组成部分。在人类对经济问题研究的历史中，价格理论一直随经济的发展不停地发生演变，从公平互惠的古希腊价格观点，到古典经济学均衡价格理论，直到今天的新古典经济学价格理论，价格理论内容不断丰富，体系逐步完善，理论的研究已经从简单的描述到大量的几何及数学工具的应用，逐步确立了以均衡为主要研究方法的现代价格理论体系，对价格的认识已不仅局限于价格问题本身，而是与市场的各种要素建立了紧密的联系，研究的重点也从探寻价格本质到寻找最能满足市场需求的均衡价格上。回顾价格理论的发展历程，分析现有理论的主要内容，有助于进一步探索价格形成的机理，揭示价格形成的真实过程。

2.1 均衡理论

经济学的均衡来源于物理的均衡概念，用以描述经济环境中这样一种状态：博弈双方相互作用的力量势均力敌，任何调整决策已不可能增加任何一方的利益，即双方都已实现利益最大化，从而不再具有改变经济行为的倾向，在没有外力的作用下，内部的作用结构不会发生改变。用数学的语言来描述就是：由经过选择的相互联系的变量所组成的群集，变量的值已经过相互调整，以致于在它们所构成的模型里任何内在的改变既定状态的倾向都不能占优势（F. Machlup，1958）。均衡概念起源于市场供需的二元博弈，它为经济理论的研究提供了一个量化的思路，从古典经济学开始，均衡分析就成为研究市场价格的理论基础。分析的方法就是通过研究问题所涉及的诸经济变量的因果关系，寻找变量之间达到均衡时所必须具备的条件。李嘉图（Ricardo）、穆勒（Mill）、马克思（Marx）和杰文斯（Jevons）等在内的 19 世纪众多的经济学家们都提出过稳态均衡的概念，只是没有用正规的数学语言表述。而古诺（Augustin Cournot）和马歇尔（Alfred Marshall）则在均衡分析中引入了数学方法，瓦尔拉斯（Leon Walras）在此基础上以数学方程的形式阐述了一般均衡模型，它对价格的形成与变动所作出的理论解释对经济学理论的发展起到了巨大的推动作用。

（1）马歇尔的局部均衡理论。

阿弗里德·马歇尔（Alfred Marshall）是最早将古典经济学中的均衡分析方法、效用理论及成本理论衔接起来，建立新古典经济学的理论学家，均衡价格论是其经济学说理论的核心。其分析方法是在分析任一商品的供求关系和价格时，抽象掉其他商品的价格及供求对该商品的影响，认为单一商品供求的变化唯一由该商品的价格的变化所决定。如果用 $i = 1, 2, \cdots, n$ 表示行为人，$d_i(p)$、$s_i(p)$ 表示第 i 个行为人的需求函数和供给函数，单个需求和供给函数加总，可以求得总需求曲线 $D(p)$ 和总供给曲线 $S(p)$。如图 2-1 所示。

其量化关系为：$D(p) = \sum_{i=1}^{n} d_i(p)$； $S(p) = \sum_{i=1}^{n} s_i(p)$。

图 2-1 中横轴 Q 代表某商品的生产产量，纵轴 P 代表价格。总需求曲线与总供给曲线的交点决定均衡产量 Q^e 和均衡价格 P^e。按照均衡价格 P^e，每个购买者都能实现他的意愿需求，每个销售者都能实现他的意愿供给。如果价格偏离了均衡价格，市场供求关系的机制将自动对价格进行调整，使价格恢复到均衡。如果市场中的供给或需求发生了变化，均衡价格将随之而改变，并根据新的供给与需求重新形成均衡价格。

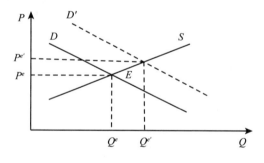

图 2-1 市场供需曲线

马歇尔的局部均衡理论对价格运行机制进行了开拓性研究，建立了完全竞争市场的理论分析框架，但实际上局部均衡理论是建立在许多前人研究的基础之上的。在此之前，亚当·斯密、李嘉图、穆勒、马克思和杰文斯等在内的 19 世纪众多的经济学家们都提出过稳态均衡的概念，认为经济总是在朝该均衡点运动，并且都强调市场间相互影响的重要性，只是没有用正规的数学语言表述出来。古诺将微积分引入了经济学研究领域并画出了需求曲线，创立了双寡头垄断模型，即著名的古诺模型。该模型假定：

① 行业中有 n 个生产企业，且具有相同的边际成本 $c = C'(q_i)$；

② 产品是同质的；

③ 没有潜在竞争者进入该行业，在观察期内企业的数目保持不变；

④ 每家企业都以产量作为决策变量，同时展开竞争，在选择产量时都假定对方的产量保持不变；

⑤ 价格与需求具有线性关系，$P = a - bQ$。

对于第 1 家企业而言，其利润最大化目标为：

$\max \pi_1(q_1, \cdots, q_i, \cdots, q_n) = q_1 P(\sum_{i=1}^{n} q_i) - C(q_1)$，根据利润最大化的

一阶条件有：

$$MR_1 = P(\sum_{i=1}^{n} q_i) + q_1 P'(\sum_{i=1}^{n} q_i)(1 + \frac{\partial q_2}{\partial q_1} + \cdots + \frac{\partial q_n}{\partial q_1}) = C'(q_1) = C'(q_i)$$

因为假定企业同时选择产量，且每个企业对竞争对手产量的变化不作调整，故有：$\frac{\partial q_i}{\partial q_1} = 0$，因此上式可记为：

$$MR_1 = P(\sum_{i=1}^{n} q_i) + q_i P'(\sum_{i=1}^{n} q_i) = C'(q_i) = a - b(2q_1 + q_2 + \cdots + q_n) = c$$

考虑到各企业有相同的成本函数，所以有 $q_1 = q_i = q_n$，解得市场均衡产量及价格分析为：

$Q = \frac{n(a-c)}{(n+1)b}$，$P = \frac{a+nc}{n+1}$，可以证明，当 $n \to \infty$ 时，$P \to c$ 且 $Q \to$ $(a-c)/b$，产出和价格均趋向于完全竞争条件下的均衡水平。当 $n = 1$ 时，市场为完全垄断，企业所提供的产量只是完全竞争的 $1/2$，而价格则比完全竞争高出 $(a-c)/2$；当 $n = 2$ 时，为双边寡头垄断模型，产量和价格介于完全竞争和完全垄断之间。该模型说明：在一个产业中，如果新企业的加入不断增加，市场产量将不断上升，价格不断下降并向完全竞争状况演化，从而证明了市场的自我价格调节机制。而同期

的伯特兰德（J. Bertrand）则在双寡头一方判定另一方维持原价不变的情况下，基于价格对数量的影响分析了双寡头垄断的价格变化，得出即使是双寡头垄断，充分竞争条件下也能达到完全竞争市场的均衡价格和均衡产量，即伯特兰德均衡。根据伯特兰德模型，在寡头竞争的市场中，哪个寡头的产品价格低，消费者就会选择该企业的产品，该寡头企业将赢得整个市场，价格高的寡头企业将失去整个市场，因此寡头间将会形成价格竞争，产品相互降价，直到产品价格等于该寡头企业的边际生产成本为止。按伯特兰德模型的推演结果，寡头垄断的市场最终将达到完全竞争结果，但这显然是一种君子之思，对市场的认知过于简单化，模型的结论与实际的市场完全不同。现实社会中不同企业的产品完全同质是一种极端的理想状态，企业间也会考量相互完全竞争所导致的损失，可能会达成正式或非正式的价格同盟，很难出现该模型的推演的均衡状态，因此该均衡也被称为伯特兰德悖论。所以马歇尔将前人的内容进行了归纳整理，综合了求函数论、生产费用和边际效用论等内容，分析了有效需求、有效供给及货币对价格的影响，以及需求价格与供给价格的形成机制。在严格假设的前提下，单独研究了某一种特殊商品的供求和价格的关系，统一了古典经济学价格理论的纷争，对价格的形成及波动做出了较为合理的解释，特别是通过引用了弹性和效用的概念，使价格的变化得以用数学方法加以分析，构建了相对完善的局部均衡理论。马歇尔认为，需求价格受个体边际效用的影响，个体边际效用的大小决定了需求价格的高低；但随着个体欲望满足程度的增加，边际效用会递减，边际需求将随之下降，需求价格也降低。他还借用货币来解决主观效用无法衡量的问题，即假定货币边际效用固定不变，以商品的价格来衡量效用的大小，这样就能将边际效用转变成边际需求价格。但是马歇尔并没有把边际效用看作需求价格唯一的决定因素，他认为商品供需与其价格在市场上是相互作用的，需求的数量随价格的下跌而增大，随价格的上涨而减少，商品供给的数量越大，价格也会越低；他将需求或供给随价格变动的感应性定义为价格弹性。随后，他把针对一个消费者的需求和需求价格的分析扩大到整个市场，构建了较为完整的局部均衡模型。

局部均衡理论是马歇尔将古典经济学、边际效用理论、数理经济学等加以融合形成的理论体系，但其研究着重静态及局部的均衡，即将市场看作一种极端特殊的连续情形，并在假设市场其他条件不变的情况下，分析单一产品市场供求与价格之间的关系，其均衡的分析较为孤立，未充分考虑市场不同产品之间的关联与影响，不能揭示市场的完整状态，对实际问题的解读是有限的，因此瓦尔拉斯等在局部均衡分析的基础上，在承认市场各种产品的供求与价格存在相互关联与影响的前提下，分析了市场中各种产品价格与供求的关系及均衡状态，并用数学方式来构建了一般均衡理论。

（2）瓦尔拉斯一般均衡理论。

马歇尔的均衡理论抽象掉了不同市场及不同产品间的相互影响及依赖关系，因此其理论表现出局部性及局限性。但社会是系统的整体，不同要素间是相互依存、相互影响的，瓦尔拉斯对此做了改进，提出了一般均衡理论。该理论假定一个社会的所有商品的供给、需求和价格，所有生产要素的供给、需求和价格，以及产品和生产要素的供求和价格是相互依存、相互作用的，并均可表现为数量关系。一般均衡理论也以边际效用价值论为基础，从微观经济主体的行为出发，考察了所有商品的供给和需求同时达到均衡时的价格决定问题，给出了同时决定一组均衡价格所必需的条件。

一般均衡理论假定，在一个货币市场中，需求和供给函数唯一地取决于价格，有 n 个行为人，h 种货物（$h = 1, 2, \cdots, l$），且 h 种货物的供给是一定的。用 $d_i(p)$、$s_i(p)$ 表示向量需求函数和供给函数，分量 $d_{ih}(p)$、$s_{ih}(p)$ 分别表示行为人 i 根据效用最大化原则，在价格 p 下所需求或供给商品 h 的数量。市场上的各个行为人通过预算约束而相互关联，其数学表达为：

$$\sum_{h=1}^{l} p_h d_{ih}(p) = \sum_{h=1}^{l} p_h s_{ih}(p)$$

　　每个行为人都受到预算约束，需求总值在任何一种价格条件下都必须与供给的总值相等，即各个经济主体对各种一般货物，包括货币，不可能有净超额需求或净超额供给，因此，整个经济的净超额需求总和必定为零：

$$\sum_{h=1}^{l} p_h d_{ih}(p) - \sum_{h=1}^{l} p_h s_{ih}(p) = 0$$

　　再把 n 个行为人的需求函数和供给函数相加，得到每种商品 h 的总需求和总供给函数：

$$D_h(p) = \sum_{i=1}^{n} d_{ih}(p) \qquad S_h(p) = \sum_{i=1}^{n} s_{ih}(p)$$

　　在供需方程式组中，共有 n 个方程，存在 n 种货物、n 项价格，由 n 项需求函数和供给函数决定，交易的双向性使得 n 个方程并不是完全独立的，但瓦尔拉斯认为：存在一组均衡价格使所有商品的供给和需求同时达到均衡，因为每个人的预算约束相互关联，有 $(n-1)$ 个市场处于均衡状态，而余下的一个市场也必然处于均衡状态。如果在 n 个未知数中，把任一种商品的一个单位作为货币兑换率标准，则该商品的价格为 $p_1 = 1$，所有其他商品的价格均按这一货币兑换标准表示为相对价格，则方程组中将有一个未知数被消去，在理论上未知数的数目和相互独立的方程的数目都成为 $(n-1)$ 个，方程组有解，从而可以证明一组均衡价格的存在。

　　一般均衡理论的成立仍依赖于一些严格的假设，要求市场的参与者都拥有完备的市场信息，参与者都是完全理性并具有完美道德，即市场不存在虚假交易，同时要求整个经济系统表现出向真实变量的均衡值迅速收敛的强烈倾向，以保证所有的交易都是在均衡价格时达成，并实现帕累托最优的均衡状态，此时的市场价格才可被认定为均衡价格。但均衡价格在数学理论上的存在证明并不等于在现实的市场上很容易实现，社会交易的复杂性使得任何一个市场主体都无法得知完美方程的合意解，每个经济主体也不可能完全了解市场其他商品对本企业产品的影响，完全信息成为理论上的臆想，所以一般均衡价格只能成为现实交易价格的理论参照系。一般均衡价格的获得只能通过"试错"的方式得到，一系列连续近似的数据验证以达到每种商品的供给和需求达到均衡。为了实现这一过程，瓦尔拉斯假设存在一个拍卖商，由他在市场上公开先行叫价形成一个初始价格体系，其他经济人根据这一价格体系表达自己的供给和需求。如果初始价格体系没有达成市场均衡，则进行价格体系的调整重新叫价，市场供需根据新的价格体系重新调整，经过多个回合的价格调整直到使市场买卖双方如意进行购买和销售，市场资源达到最优配置，从而实现整个市场所有商品的均衡。

（3）均衡理论的发展。

瓦尔拉斯一般均衡虽然在理论上做出了完整、充分的论述，但均衡求解是以方程都是线性、相互独立且无约束为充分条件的，当方程存在非线性或系统有附加约束时，并不能保证至少有一个解存在。因此，在其后的许多经济学家又对其理论作了进一步的更为详细的阐释。

埃奇沃斯（F. Y. Edgewourth）利用一种非常紧凑的盒状曲线图形分析了两种数量固定且为正的商品在两个消费者之间的市场配置问题，两个消费者都具有一定的初始禀赋 X 和 Y，消费者利用自己的初始禀赋在市场上消费两种产品，并通过讨价还价以达到资源配置的效用最大化，在未达到均衡之前，消费者的选择具有不确定性，每个消费者为确定自己的最佳消费资源可以通过讨价还价的方式来进行，因此面对面的讨价还价的竞争是实现资源最佳配置的可行方式。但对一个大型经济市场而言，消费者并不是仅仅两人，而是许多，每个人都必须与他人谈判的这种烦琐的工作将导致经济体系效率的降低。因此一般采用市场价格体系来代替。利用价格的自由调整，使市场达到供需平衡。如果以 p^x 表示商品 X 的价格，p^y 表示商品 Y 的价格，$\bar{X}$ 表示商品 X 的市场数量，$\bar{Y}$ 表示商品 Y 的市场数量，X^1、X^2、Y^1、Y^2 分别表示两个消费者对商品 X 和 Y 的消费量，$U^1(X^1,Y^1)$ 表示消费者 1 所获得的效用，$U^2(X^2,Y^2)$ 表示消费者 2 所获得的效用，每个消费者在预算约束下，都选择自己最希望得到的由 X 和 Y 组成的商品组合，使自己所得效用最大，用公式表示为：$p^x X^1 + p^y Y^1 = B^1$、$p^x X^2 + p^y Y^2 = B^2$，其中 B^1、B^2 是两个消费者的预算约束。经过讨价还价一旦确定了均衡价格，买主和卖主的愿望都能实现，没有一个人能从重订契约中得到更多的利益。

埃奇沃思还针对伯川德模型存在的悖论，对伯川德模型进行了修正，假定行业内双寡头企业的生产能力有限，任何一个企业都不具备足够的生产能力满足整个市场需求，进而证明不会有单一价格的伯川德均衡（F. Y. Edgewourth，1897）。埃奇沃思假设两个企业 i 和 j，每个企业最大生产能力是 K，单位生产成本同为 c，且保持不变，市场需求函数 $Q = D(P)$。如果两企业的价格相同，市场需求在二者之间平分；如果 $p_i < p_j$ 则企业 i 的最大销售值不超过生产能力；如果 $p_i > p_j$ 则企业 i 的产量为企业 j 所不能满足的剩余需求，且不能超过其生产能力。这样一来，企业 i 所面临的需求 D_i 可以表示为：

$$D(p_i, p_j) = \begin{cases} \min[D(p_i), K], & \text{当 } p_i < p_j, \\ \min\left[\dfrac{1}{2}D(p_i), K\right], & \text{当 } p_i = p_j, \\ \min[D(p_i) - K, K], & \text{当 } p_i > p_j, \\ 0, & \text{其他} \end{cases}$$

按照埃奇沃思的模型假设，如果企业 i 定价为 $p_i^* = c$，则当 $K < D(c)$ 时，它无法满足整个市场的需求，将有一部分消费者转向购买企业 j 的产品，从而使企业 j 掌握了操纵剩余市场需求的势力，可以高于边际成本定价；同样，当企业 i 高于边际成本定价时，如果企业 j 以低价相竞争，也会产生同样的结果。由此可见单一价格的伯川德均衡 $p_i^* = p_j^* = c$ 在存在生产能力约束时不再是均衡解。埃奇沃斯把价格看作交易双方讨价还价的结果，认为每一个交易参与者基于自利做出行为选择，且决策不受他人的影响，任何人都可以在竞争的市场环境中自由达成无约束的交易。舒比克和利维坦（Shubik & Levitan，1980）

在埃奇沃思模型的基础上又证明了更为普遍的一种情形，当企业生产能力严格有限或边际成本在某一相对较低的产出水平急剧上升时，就不存在纯战略纳什均衡。

帕累托（V. Pareto）在瓦尔拉斯均衡论的基础上，用序数效用论取代了基数效用论，运用无差异曲线这一分析工具考察资源的最适度配置，即所谓的帕累托最优（Pareto Optimun），并证明借助于完全竞争的市场机制，在达到长期一般均衡即帕累托最优时，市场价格就是均衡价格。

均衡理论是以完全竞争为前提假设的，虽然马歇尔在其《经济学原理》中提到了市场垄断，但只是把它看作一种特例，所做的分析并不透彻。20 世纪 20 年代，生产技术及生产力的发展，使市场上垄断现象日益严重，张伯伦（J. E. Chamberlin）和罗宾逊（J. Robinson）分析了当时市场特征，提出了垄断竞争的概念，指出产品既有替代性又有差异性导致市场既有垄断又有竞争的特征，并分析了不同类型的垄断厂商的行为，从根本上改变了以完全竞争为前提的理论分析。这在垄断与竞争并存的市场中，垄断使得厂商不仅决定产量而且决定出售产品的价格，而竞争则迫使厂商的价格等于平均成本。张伯伦分析了产量不变下的价格调整，结论是只有当企业的边际成本等于边际收益时，企业收益最大，个别售卖者的产品均衡价格决定于供给曲线和边际收益曲线的交点；个别售卖者的均衡产量决定于边际成本与边际收入相等之点。在垄断竞争市场中，边际分析仍然是一个重要的原理，借助于边际分析方法，张伯伦扩大和深化了马歇尔的价格分析方法。至此，市场的竞争结构除了完全竞争、完全垄断、寡头垄断外，又有了垄断竞争的模式，但分析的方法仍旧以均衡分析为基础。

20 世纪 50 年代以后，一般均衡理论得到了进一步的发展，肯尼思·阿罗（Kenneth Arrow）、杰拉德·德布鲁（Gerard Debreu）、莱昂内尔·麦肯锡（Lionel Mckenzie）对均衡理论作了深入的研究，针对同一价格体系中生产者与消费者决策非唯一问题，提出从不动点定理

（Fixed – point Theorem）出发，将所有的消费者和生产者都看成多人博弈的一方，利用每个人各自的利益函数所推导出的均衡存在性是证明均衡存在的一般方法。阿罗也对一般均衡理论重新表述了福利经济学的基本思想，并将商品概念推广至不确定环境中，实现讨论环境中的资源有效配置问题。阿罗认为，在不确定的环境下，要实现资源配置的最优化，必须有一组完全的自然或有商品，且交易者即使存在信息差异，也不影响个人的行为决策，每个交易者只需考虑自己的目标和交易价格即可达成契约。而德布鲁和斯卡夫（Scarf，1963）又系统证明了埃奇沃斯所阐述的一个大型经济中，价格均衡和多边团体与单个个人的谈判结果相互等价的观点，扩大了均衡理论的应用范围，进一步完善了一般均衡理论。

2.2 非瓦尔拉斯均衡理论

在一般均衡理论中，所有的消费者和企业都是价格的接受者，供给和需求在给定的市场价格下都是无限弹性的，即市场是完全竞争的，供给和需求相等时市场达到均衡。但现实是供给和需求常常是不相等的，因此在自愿交换条件下①，市场在某一价格下的交易量等于需求和供给两者之中的最小量。市场在某一时刻所达到的均衡并不是等量均衡，供求非均衡是现实社会中的一种常态。因此从20世纪60年代，西方出现了以帕廷金（Don Patinkin）、克洛沃（R. W. Clower）、莱荣霍夫德（A. Leijonhufvud）、巴罗（R. Barro）和格罗斯曼（S. J. Grossman）等为先驱的非均衡学派，提出了基于动态分析方法的非均衡理论。帕廷金在一般均衡理论的基础上，分析了非自愿失业问题，认为非自愿失业是一种非均衡现象，是市场有效需求不足造成的，导致企业的生

---

① 自愿原则是指交易双方不存在被强迫性，所有交易都符合自己意愿，即双方的心理满足度是相等的。

产存在数量约束，因而市场供给并非价格控制而是数量控制；克洛沃则对非均衡情况下的家庭行为进行了分析，指出了理论供求与实际供求的差别，指出当家庭在劳动市场不能根据自己的愿望供给劳动时，家庭收入的减少则导致需求预算存在约束，因此，并非价格而是劳动市场的超额供给导致商品市场的超额供给。巴罗和格罗斯曼建立了收入与就业的一般均衡模型，将局部非均衡分析扩展到商品市场与劳动市场的宏观经济系统，着重分析了总量超额供给和总量超额需求状态的均衡形成机制。此后，一大批经济学家如贝纳西（Benassy）、马林沃德（Malinvaud）、米勒鲍尔（Muellbauer）和波茨（Portes）等又进一步完善了非均衡理论的内容。放宽了一般均衡理论的严格假设，改变了一般均衡的二元分析方式，从而形成了独特的理论特征：一是论述了经济的不确定性，认为未来是不可知的，经济行为人所能获得的信息是有限的，这与一般均衡理论的前提假设形成了鲜明的对比；二是认为市场资源的利用是不充分的，市场并不是都处于均衡状态；三是引进了数量变量，在消费函数中，价格不再是消费的唯一函数，收入也是消费的函数；四是在价格分析中考虑了货币市场、劳动市场与商品市场之间的相互作用和影响，而不是仅仅分析商品市场。假设条件的放宽使得对价格的分析更接近于市场的实际，不再把假设的理想世界作为研究的基础，因而非均衡理论对解读当前社会的经济问题有更大的现实意义。

（1）产生非均衡理论的市场现实。

瓦尔拉斯一般均衡理论的前提是在均衡价格下，市场被完全出清，价格具有完全弹性，价格调节具有完全有效性，但这不符合市场实际，行为人的意愿常常受到供给或需求数量的限制，市场非出清是一种现实状态，因此有许多学者早已对一般均衡理论的"市场价格自动均衡"提出质疑。一般均衡理论的信仰者并不是没有认识到这一问题，只是受制于当时研究手段和研究方法的局限，希望以一种化繁为简的方式来简化研究过程并使更多的人能够理解这一理论所阐述的内容。

但斯蒂格利茨（J. E. Stiglitz）认为，一般均衡模型的局限性不仅因为它简化了世界，还包含简化的错误，模型分析的前提是市场经济总是处于均衡状态，这明显有悖于真实的社会现实，使得看起来完美的理论存在严重的认知失调。特别是随着生产力发展与市场范围的扩大，市场非出清越来越成为一种常态，并表现出与一般均衡理论假设完全不同市场特征。

① 价格刚性。一般均衡论假设价格具有充分弹性，价格对供求变动即时做出反应，但如果均衡是建立在有效供给或有效需求的基础之上，即使市场是完全竞争的，价格并不会即刻对供求的变动做出反应。阿罗认为：如果企业处于某种垄断地位，它就不是一个单纯的价格接受者，而是有了变动价格的决策权。因此一旦垄断地位形成，价格就具有刚性。凯恩斯也基于经济的不确定性、消费倾向递减、资本边际效应递减和个体流动性偏好，提出"价格刚性"的凯恩斯定理。凯恩斯认为一般均衡的自动调节机制只是一个完美的假设，价格的调整需要一定的成本，以收益最大化为决策原则的企业不会为所有的微小供求变动而不断调整价格，从而表现出价格刚性，并影响市场自动向动态均衡的演进。斯威齐用折拐的需求曲线来解释价格刚性，认为价格刚性并不仅是基于价格变动的成本考虑，竞争双方因对价格变动的反应具有不对称性，竞争者会采用相同的策略以降低对手降价对自己的影响，而消费者则因信息成本及信息传递的滞后性，对降价的反应也会低于理论的计算结果。因此价格变动前后的需求曲线并不是一条连续的曲线，而具有折拐现象，从而导致不同价格下需求弹性的变化。降价并不一定能取得预期的效果，在市场需求变化不大的情况下，企业的最佳策略是保持原价，显示价格并不具有充分弹性而具有一定的刚性。在价格失去完全有效的调节职能的情况下，市场是通过对行为人进行数量配额实现均衡的，数量调整也如价格调整一样，成为一种重要的市场调整方式，这给政府利用经济、行政、法律等手段直接干预市场，进行价格管理进而控制社会物价总水平提供了理论依据。

② 信息不完全及信息成本性。信息完备是一般均衡得以实现的前提条件，但经济全球化使得经济主体掌控完备的市场信息是一项不可能完成的任务。这主要受制于主客观条件的限制：即使信息技术很发达，但要让交易者了解各地的商品价格及其变动信息也是一件困难的事情，更为困难的是了解一种商品价格变动对其他市场供求的影响；同时，信息传递的时滞和失真也使得依据信息的市场决策失去准确性，而信息的获取与传递还有成本，这与瓦尔拉斯一般均衡理论所依赖的信息无代价传递有着本质的差别。阿尔钦（Armen A. Alchian）认为，信息成本包括以下几个方面：一是获得有关所有卖者价格信息的成本；二是卖者获得有关消费者需求数量信息的成本；三是被买者和卖者对价格变化的预期所引起的搜寻成本。正因为信息的成本性，使得搜寻者只能从搜寻中得到递减的收益，并且随着搜寻次数的增加，得自信息的边际收益也是递减的。因此斯蒂格勒（G J. Stigler）认为：生产者利润最大化不再仅由边际生产成本等于边际收益的条件来决定，而要加上生产者为了实现利润最大化所必须支付的除了生产成本以外的信息成本，以避免依据不完全信息决策导致的损失。信息不完全及成本性使得企业无法即时获得市场变动情况，企业通过价格变动以适应市场需求的波动需要付出很大的代价，保持一定的存货缓冲市场的波动效应则成为节约信息成本的最佳选择，使得企业能够对非预期的需求变化做出数量的调整，因而导致市场非出清。

③ 未来的不确定性。由于信息不完备，交易者对未来潜在市场的商品规格和生产技术通常是无法确定的，因而也无法完全确定未来市场的发展趋势，市场具有不确定性。非均衡的分析基础也是经济主体理性，如果人们预测到未来存在不均衡的可能，则会调节自己的经济决策。不确定性还导致即使经济主体在理性行为下的未来决策也存在可能的风险，策略预测的均衡可能导致非均衡的结果。凯恩斯就强调预期的作用，其所提出的经济周期理论就建立在未来不确定性的基础上。不仅如此，对市场非均衡的预期还影响现期存量的估值，从而影

响现期的均衡状态,因此未来的不确定性也是市场非出清的重要影响因素。一般均衡理论虽然是分析宏观经济问题的标准范式,现实经济的实施与运作也依托于该理论内容,但经济社会中的许多实际问题却无法用理论加以解释,甚至无法给出合适的应对策略。此外,市场的不确定性不仅涉及环境,同时也涉及价格,在对价格的不确定性分析过程中,通常需要引入与时间相关的市场序列,在预期的市场序列均衡的分析中,市场按时间加以排列,在该系列市场中,假定市场是非完全的,不可能确保所有计划在不同时段的状态都是一致的,则某一既定事件下的市场均衡将与价格预期方式相联系,因而不确定条件下的一般均衡分析必然会涉及经济主体在不确定条件下的偏好以及未来环境事件和价格预期的方式,而不是仅考虑当期的市场供需。此外,供给成本、消费者效用、商品质量等因素都是价格的影响因素,供需之间的单纯关系无法获得均衡价格。因此考虑到现实的不确定性,市场非均衡是一种经济常态。

(2)非均衡理论基本内容。

显而易见,由于受到生产条件及收入的制约,市场的有效需求与有效供给在更多的情况下是不相等的。并且由于信息成本及价格刚性,价格机制的调节功能受到了限制,实际市场的真实情况是:当生产者和消费者了解到市场不均衡状态时,面对短期内不变的价格,将会根据自己的条件会以数量约束来决定其有效需求和供给,以达到某价格下的交易成功,市场交易的均衡取决于供给或需求量低的一方,即非瓦尔拉斯均衡是一种短边均衡。交易双方总是有一方处于数量约束之中,无法用一般均衡理论进行价格分析。因此,在非均衡理论中引入了有效需求与有效供给的概念。市场上供给和需求并不是均衡的,但总会存在可执行的交易价格并达成现实的交易行为,只是每种商品的交易总量等于总供给和总需求中的最小量(见图2-2中的加粗黑线部分)。用数学语言表示为:

$$\sum_1^n d_{ih}^* = \sum_1^n s_{ih}^* ; \sum_1^n \tilde{d}_{ih} \neq \sum_1^n \tilde{s}_{ih}$$

其中，d_{ih}^*、s_{ih}^* 分别表示行为人 i 在 h 市场的实际购买和销售。$\tilde{d}_{ih}$、$\tilde{s}_{ih}$ 分别表示市场的有效需求和有效供给。如果没有一个行为人被强迫购买超过他所需要的数量或超过他所能供给的数量，则在市场中存在自愿交换，此时对所有行为人 i 有：$d_i^* \le \tilde{d}_i$，$s_i^* \le \tilde{s}_i$。因此，在非均衡的市场中，不存在按市场价格可以无限交换的可能性，每个行为人都会察觉到一个他所能实现的最高购买或售卖水平的数量约束，如果存在市场稀缺原则，均衡价格的形成将不再是供需双方决定的结果，市场上将存在价格制定者和价格接受者，价格制定者通过一个可察觉的需求（或供给）曲线估计他们的价格决策对他的销售（或购买）的影响，而不是考察一个传统理论所说的参数型的价格。当然，需求曲线的真实参数既取决于需求者的行为，也取决于价格制定者竞争对手的价格策略，而价格制定者对信息的掌握是不完全的，因而在估计中存在不确定性，在任何场合下，至少在短期内，交易发生的实际价格与一个充分的瓦尔拉斯均衡价格不会一致。

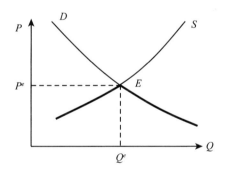

图 2 - 2　市场非均衡供给曲线

2.3 价格理论的发展

从 20 世纪 50 年代开始，微观经济学理论的研究方法和分析工具有了较大的发展，在理论的研究范围和研究方法两个方面取得了长足的进步。数理分析方法广泛应用，数学理论特别是集合论得到了发展，为研究市场价格问题提供了理论基础。除了微积分和线性规划外，集合论、拓扑学、博弈论被成功地应用于价格分析。通过集合论研究消费者和生产者行为，证明了竞争性市场一般均衡价格的存在性及其福利特征，而博弈论成为研究垄断竞争和寡头垄断的有力工具。传统微观经济领域的分析是以决策论为基础的，它把影响决策的其他经济主体的行为简化为决策者在这种既定条件下的最优选择行为，排除了经济活动参与者之间行为的相互作用和影响问题，而博弈论研究了竞争者之间的策略性选择，重点分析各参与者行为之间的相互作用和影响。这一时期，纳什（Nash）提出了博弈模型均衡的定义，即纳什均衡；图克（Tucker）提出了"囚徒困境"，奠定了非合作博弈的基础；泽尔腾（R. Selten）改进了纳什均衡的概念，并把均衡分析引入到动态分析之中；此后，海萨尼（J. Harsanyi）则把不完全信息引入博弈研究，克瑞普斯（Kreps）和威尔森（Wilson）则发展了动态不完全信息博弈模型，使对经济主体决策的分析与市场现实更加接近。在研究范围方面，微观经济学也有了重要的发展和扩充。在价格理论分析中，不仅对经济现象做出合理的解释，而且还涉及法律、政治等领域，出现了一系列新的概念和表述方式，如消费者的显示偏好、交易成本、产权、X效率、合同或契约、非对称信息等。有些研究已形成独立的学科分支，其中新制度经济学和信息经济学是对价格的市场机制有较新阐述的代表学科。

（1）新制度经济学有关价格理论的阐述。

新制度经济学理论对价格的分析是对传统经济学价格理论的重大发展和补充，传统经济学对价格的研究要么假定制度是外生给定的，认为制度不影响经济绩效，要么假定制度可以无成本运行，因而在价格理论的论述中不对制度的影响进行专门分析。科斯（Coase）从产权层次对市场加以阐释，市场被理解为交易者依据交易契约进行产权交易的组织平台，市场交易的表象是有形的商品，而实质是交易的私有产权。按照阿尔钦（Alchian，1972）的定义："产权就是一个社会所实施的选择一种经济品合法使用的权利。"从经济学的角度分析，它不是一般的物质实体，而是指由人们对物的使用所引起的相互认可的行为关系，是用来界定人们在经济活动中损益及补偿的规则，其主要的功能是帮助一个人形成与其他人进行交易时的预期。科斯认为，市场交易是通过合约完成的，交易双方在明确产权后，就会利用市场机制，通过订立合约，寻找到使各自利益损失最小化的合约安排。无论是私有产权还是集体产权，产权都具有排他性、流转性及价值性的特征。即使在完全竞争的市场，也只有在产权界定后才能发挥市场机制的作用，没有明晰的产权，交易双方就难以确定双方的成本与收益。在市场存在交易费用的情况下，交易双方会通过合约找到费用较低的制度安排。科斯并不是第一个认识到交易背后权利关系的人，但他所提出的边际分析和边际交易成本的概念，使得各种具体制度的起源、性质、演化和功能等的研究，可以建立在以个人为基础的比较精确的实证分析之上，这是对经济学理论的最大贡献。从实际情况的分析中可知，拥有某件商品的前提是拥有其财产权或其中的某一权力束，商品交易首先是产权的交换，是在产权基础上的物的交换，因而德姆塞茨明确地把价格视为一种权利的价值。资产或商品表面上看是通过其技术特征来定义的，实际上却是通过与物品的使用、处置和获取等有关的法律约束来定义的，这种法律定义即为产权。如果物品的形态相同，但附着其上的产权不同，那么就是不同的物品，具有不同的市场价值。阿尔钦等也认为，价格如何决定的问题，实质是产权应如何界定与交换以及应采取怎样的形式的问题。基于产权的价格分析，突破了传统经济学在分析价格时只考虑商品本身的思想束缚，而从商品所蕴含的一些本质属性来探讨价格的形成，将制度、信息、策略以及组织等对价格有重要影响的因素都应用于价格机制的分析过程之中，超越了传统经济学把价格视为"产品量比"的表象性概念内涵，从权利价值和产权标价的内在性上重新理解和确立价格的经济学内涵。虽然也同样采用均衡的分析方法，但其均衡不再仅是商品"量"的均衡，而是一种广义均衡。事实上，商品社会并不仅存在供与需两个因素，社会的构建是如此复杂，企业形式、社会习俗、政策法规、自然因素等都会对市场产生较大的冲击，市场本身也是在制度构建的平台中运行，不可能不受各种制度的影响。在特殊情况下，政府还可以通过制度直接参与对市场的管理，如西方国家曾普遍采用的凯恩斯主义政策，在经济发生衰退时，政府直接投资或对市场进行有效干预，以阻止经济下滑。政府也在法律层面限制市场中的垄断，以防止垄断企业通过控制价格获取暴利。因而，一些研究学者在科斯产权理论的基础上，将价格定义为：价格是在制度、信息等约束条件下交易者依据契约交易产权的博弈均衡解（王万山，2004）。这样的定义已经突破了新古典价格理论有关价格的核心的内涵局限，有重要的经济学意义。首先，把价格从产品交换比例的市场指示转换到产权的代价比。不同的产权形式，是公有还是私有、公有产权形式是全民所有还是集体所有，都会影响产品的价格谈判，并影响产品的最终市场交易价格。其次，将价格的市场供求决定转换为交易决定，而不再是新古典经济学中供求的自然均衡。市场对交易价格的谈判是交易双方在复杂环境下，考虑各种因素博弈的结果，供需仅是影响价格的因素之一，在一些交易中供需的影响微乎其微。再次，价格决定的过程不再是无摩擦市场的边际均衡，而是制度和信息约束下的交易博弈均衡，价格表现为各种社会制度构成的复杂机制作用下的博弈结果。在特殊情况下，政府甚至通过制定相应的制度直接参与市场交易过程，对价格做出非市场性的决定，如政府直接制定事关民生的产品价格，并不考虑市场的供需状况。最后，价格的形成机制不再是"点"的概念，而是具有交易的全程性，甚至考虑未来各种因素的变化，表现出商品价值的前瞻性。因此制度经济学开创了从权力角度分析价格机制的先河，而不再把价格仅看作由供需决定的因变量，而是多因素参与的博弈均衡解，其研究范式揭开了价格的表象，对价格形成的实质有了更深化的认知。

（2）信息经济学价格理论的阐述。

信息经济学作为微观经济学理论的一个分支，目前还没有形成完整的价格理论体系，理论探讨了价格的形成机制问题，主要涉及信息价值的分析、不确定性的风险分析及讨价还价等交易方式的分析。在新古典经济学中对信息的作用分析较少，但一些学者也注意到市场信息的重要性，奈特（Knight）、希克斯（Hicks）、熊彼特（Schumpeter）等都对此有所论述，而奠定信息经济学基础的文章是 1945 年哈耶克（F. A. Hayek）的"知识社会中的利用"一文，文章指出：价格制度与其说是配置稀缺的生产性资源的方式，不如说是一种社会利用经济知识的方式。如果我们掌握可得资源的所有知识，剩下的问题仅是个纯粹的逻辑问题，问题的关键是解决这些逻辑问题的经济计算虽然是解决社会经济问题中的一个重要步骤，但计算所需全部的社会信息从来没有给予一个能够求解其意义的个人，并且从来也不可能给予个人。哈耶克提出了私人信息的概念，并且认为价格制度的功能之一是有效地传递私人信息，如果想理解价格的真实功能，必须把价格制度看成一种信息交流的机制。价格制度不仅是个体理性的自利动机向集体目标的必由之路，也是个体对知识的利用转换成社会对知识的利用的必由之路。斯蒂格勒（G. J. Stigler）和维克瑞（W. Vikrey）最早研究了被传统经济学所忽视的价格分散现象，认为交易机会信息的缺乏是导致价格分散的重要原因之一（Stigler，1961），价格分散表明交易者对市场的无知，而且可以以此来测量这种无知的程度。交易者为获取市场信息必须进行市场信息的寻找，如果信息的寻找成本为零，当事人就愿意了解市场中所有可能的交易机会，即同所有的可交易对象进行接触。但这种寻找并不是无成本的，寻找则成为一个需要决策的经济问题，对于消费者而言，存在一个最优的信息寻找次数，其所花费的寻找成本等于边际收益。当存在最优信息寻找次数时，消费者就会在有限的范围内进行信息搜寻，并在所寻找的范围内选择最优的价格进行交易，而这个价格并不一定是整个市场中的最低价格，因此交易价格就会产生差异，由此导致分散价格存在。而夏皮罗（C. Shapiro）和瓦里安（H. Varian）则对信息产品的成本和价格形成的规则进行了探讨，其观点也认为信息是有成本的，并在价格中得到体现，但信息成本与商品的其他生产成本又有差异性，即只在初次投入中成本较高，但因边际成本很低，因而信息成本较高的产品的规模效应非常明显。此外，还有不少学者探讨了信息的不确定性及其导致的交易风险问题，经济学的一般假设人们都是风险规避的，交易者在不确定条件下的决策选择一方面要考虑风险的概率分布，另一方面取决于决策者对风险的态度，而这两种因素对交易价格的形成都产生重大影响，最明显的是市场存在逆向选择和道德风险。

阿克罗夫（G. A. Akerlof，1970）以二手车市场为例，研究了产品质量不确定性与市场选择问题，指出在产品质量存在差异的市场上，出售者对质量信息的隐藏将会导致逆向选择：购买者根据市场产品的平均质量来确定所愿意的购买价格，而这个价格将会低于高质量产品的价格，在质量信息无法确定的情况下，价格虽然能够反映一定量的质量信息，但并不能在任何情况下都能将质量信息综合在价格之中，消费者不会冒出高价的风险，高质量的产品将难以出售，最终退出市场，市场中产品的平均质量下降，购买者愿意支付的价格将进一步降低，最终质量差的产品将质量好的产品驱逐出市场，并导致市场的消亡。阿罗将柠檬市场认定为非对称信息市场条件下的道德风险问题，因交易双方所掌握的信息不对称，信息优势一方会利用自身的信息优势做出有利于自己的决策，降低了市场效率，并导致利益分配失衡。

斯蒂格勒（1990）等研究了交易方式对市场结果的影响，传统的价格理论只分析了交易的内容，即基于数量和价格的市场交易结果，认为交易数量和价格决定了社会资源的配置状态，但忽略了对现实交易过程的分析，没有考虑交易方式对均衡结果的影响。瓦尔拉斯通过一个喊价者形成的市场交易虽然分析了交易方式，但忽略了交易费用问题，而这种忽视将产生严重的后果，因为没有交易费用，交易方式就不再是一个经济问题，当事人以什么方式进行交易就无关紧要了。现实市场交易费用的存在，使得交易方式的选择影响到交易的价格和数量，如何进行交易、选择何种交易方式就成为经济分析中不可或缺的对象，而价格则是交易过程中的重要内容。信息经济学研究了两种不同的确定价格的方式，一种是交易双方通过协商和谈判的方式得到一个交易价格，其基本条件是交易双方有共同认可的利益分配的公正观念。另一种是交易双方之间没有共同认可的利益分配公正的观念存在，交易的一方在进行价格决策时只考虑自己的利益，或者根本不知道对方的利益是什么，双方必须通过讨价还价得到一个交易价格，但价格的接受或否决仍是基于自愿的基础。

鲁宾斯坦（Ariel Rubinstein）和斯塔尔（Stahl）对这种讨价还价的交易行为进行了分析，他们首先假设：如果一方拒绝对方的提价后就应该由他出价，同时交易双方具有对方利益的完全信息。在双方以讨价还价形式争取价值为 1 的市场利益时，双方的博弈情形如下：首先，博弈者 1 提出一个利益分配方案 $(x, 1 - x)$，博弈者 2 可以接受或拒绝这个报价，如果他接受了，则博弈结束，双方按该方案分享市场利益；如果博弈者 2 不接受这个报价，则会提出一个新的分配方案 $(y, 1 - y)$，博弈者 1 可以接受或拒绝，博弈过程按此方式持续进行，直到双方达成一个都可接受的协议，并按该协议价格进行交易。如果双方最终没有达成协议，则双方的收益都为 0。鲁宾斯坦和斯塔尔分析了博弈持续进行的时间问题，并假设博弈者 i 的时间贴现因子为 δ_i（$0 < \delta_i < 1$）。在此条件下，博弈持续的时间越长，对双方越不利，如果在 t 期双方同意按 $(x, 1 - x)$ 的方案进行利益分配，则博弈者 1 的收益为 $\delta_1^{t-1} x$，博弈者 2 的收益为 $\delta_2^{t-1}(1 - x)$。在信息完全的情况下，博弈双方的讨价还价存在唯一的子博弈完美均衡，其均衡解为：$\left(\dfrac{1 - \delta_2}{1 - \delta_1 \delta_2}, \dfrac{\delta_2 (1 - \delta_1)}{1 - \delta_1 \delta_2} \right)$，该结果是不对称的，不同的博弈者有不同的贴现率，并且博弈者 1 有先行优势，如果 $\delta_1 = \delta_2 = \delta$，均衡的利益分配

方案为$\left(\dfrac{1}{1+\delta}, \dfrac{\delta}{1+\delta}\right)$，即博弈者 1 将获得更多的利益。

讨价还价模型论证了在交易过程中，如果双方的信息与资料是不对等的，利益的分配也不对等，信息优势一方将能够获得更多利益，这证明了信息的有价性，即信息是商品价格形成过程中不得不考虑的重要因素。

正因为信息的不完备，均衡分析已经无法正确解读现实问题，罗斯柴尔德（M. Rothschild）和斯蒂格利茨在研究保险市场时发现非对称信息市场的特性与传统经济理论所论证的市场存在较大差异。保险市场供应远大于需求，交易达到表象均衡时，市场也处于非出清状态，且高风险消费者的存在损害了低风险消费者的利益。但如果提升市场信息量，公开不同消费者的信息，能够提升所有消费者的收益。他们以保险购买者的事故概率表示非对称信息，并认为行为主体的选择都是期望效用最大化，以此构建了信息甄别模型，通过对单一消费者的分析，得出了一些结论：一是不完备信息市场的竞争比传统理论所分析的理想竞争更加复杂。在单纯价格竞争条件下，消费者将购买价格最低的保险；在价格—数量竞争市场中，消费者一般只购买一款保险。但如果规定了数量和价格，人们愿意为条款更多的合同支付较高的价格。总的来说，信息不完备的消费者基于多因素考虑将会降低消费水平。二是不完备信息市场可能不存在均衡状态，因此交易价格也会非唯一，可能出现分离均衡。三是市场所达到的竞争性表象均衡不是帕累托最优。其研究结论表明信息优势企业会利用其信息优势，通过对消费者进行甄别，并通过设计多种可选方案以获取更高收益。斯蒂格利茨在其后续的研究中还发现：即使市场存在完备信息，但多数参与者并没有获取价格中所隐藏信息的倾向，从而使市场并不具备完全竞争的效率。如果市场信息不对称，价格就能反映市场供求，而可能是虚假信息的反映，并使市场资源错配，导致市场缺乏效率。

信息经济学虽然在理论分析中没有提到权力问题，但已认识到信息对价格形成的作用，信息作为一种有价资源，拥有量的大小可以影响经济主体的选择行为，特别是交易一方可以利用信息的差异影响另一方的选择，以达到自己期望的效果，这已经是权力的一种作用形式，因此，即使没有从权力视角展开论述，但权力要素已经隐含于理论分析中。

2.4 现有价格理论的局限性

价格理论发展到现在，已经广泛应用了数学知识，构建了完善的理论体系，理论具有完美的逻辑性。但在分析和研究过程中存在较多的约束条件，特别是基于完全竞争的一般均衡，理论的应用需要许多前提假设：①市场上交易双方有大量的参与者；②买卖双方都具有完备的信息；③市场交易成本为零；④所有的商品都是同质无差别的；⑤交易行为不存在外部性；⑥市场是完全可分的；⑦所有的买者和卖者都是市场价格的接受者；⑧市场进入或退出是自由的。在这些前提假设下，企业或个人还必须都是完全独立的决策主体，具备理性经济人的特征，在严格的预算和市场约束下，企业追求收益最大化，个人追求效用最大化。均衡价格是由独立于交易主体的拍卖商喊出的，交易只在均衡价格上发生。并且市场不存在垄断，当然也不存在任何形式的政府干预。在达到均衡状态时，市场是完全出清的，市场既没有超额供给也没有超额需求，买卖双方都能实现各自的意愿。此时均衡价格＝边际成本＝边际收益。在瓦尔拉斯的均衡分析中，价格是唯一的决策变量，市场主体只对价格信号做出反应，价格调整是唯一的微观调整方式。当商品市场和劳动力市场出现暂时的失衡时，价格机制就会以上发挥作用，对市场做出迅速的调整，以保证市场能维持完全出清状态。换言之，如果市场达到均衡，任何一个行为主体没有动机也没有能力改变现有的均衡状态，而一旦市场价格发生了偏离，则每个行为主体都改变行动来寻找更有利的交易机会，直到实现利益最大化，形成新的市场均衡，即市场存在自动恢复均衡的功能。

作为一种解读现实市场问题的工具，一般均衡理论是较为严密的，但过多的前提假设使均衡理论成为建在沙洲之上的一座完美的空中楼阁。之所以出现这种情况，是因为人们从一开始就没有完全理解或认清市场的真实机制，亚当·斯密将其归因于"看不见的手"，而在将这一经典比喻形式化的过程中，经济学家并没有找到引致价格自动回归均衡所必需的条件，因此在研究中不得不选择了种种变通，为研究设定了众多的理想假设。完美的理想与复杂的现实之间存在巨大的鸿沟，越想让理论完美，反而让理论越远离现实。从理论分析的方法来看，如果我们允许交易机制成为内生变量，并按照制度经济学的分析依赖于不对称信息结构，那么其他三个因素，即技术、偏好、资源禀赋，就都难以保持其外生变量的地位，从而使理论失去了分析的基础。而从理论的内容来分析，均衡理论的假设条件都是非现实的：完全竞争的市场过于理想化，现实很难存在，现实的市场中并不存在一个能喊出合理价格并被众多交易者所接受的拍卖商，而交易者也不可能拥有市场的完全信息，信息在任何时代都是有价资源，不可能无代价获取，而经济主体不仅对价格信号做出反应，也对其他交易者的供给或需求方面的数量信号做出反应。同时，价格也不是影响市场供需的唯一变量，不基于价格变化的数量调整在市场上是一种企业常用的经营手段，更不用说政府对市场的直接参与与干预了。一般均衡理论只论证了一般商品价格的市场演变，没有对公共产品、无形产品及具有外部性的产品价格问题进行深入探讨，理论对整体市场的解读就有了一定的局限性。特别是由于信息的不完备，何种状态是市场均衡，以及市场未来如何演化，都是一种难以完全确定的问题。但一般均衡的分析范式偏偏将经济人的利己作为理论推演的出发点，并认定经济人都能掐会算，能预测在其思考的范围内所发生的每件事，并具有选择最优决策的能力。而现实市场也绝不会如传统经济理论中所假定的那样，所有的经济主体都能有效地利用各种信息来推演出对未来结果的完美预期，均衡价格就是理论上推导出的完美符号，并最终演化成解决现实问题的一种理论参照系。

当前微观经济学的价格理论虽然因研究方法及工具的改进有了较大的进展，但由于价格决定因素的复杂性，现有的价格理论对价格形成机理的解释仍然存在着一定的局限性。在供需价格论中，只从商品角度考虑价格的形成问题，认为价格是商品价值的货币表现，是商品的一种固有属性，对价格形成的数理分析从逻辑上可能是完美的，但均衡所依据的仅是供求变量，忽略了影响价格的多种因素。信息经济学虽然解释了信息不确定性对价格形成的影响，但也没有阐释价格到底是由谁来决定的，没有说清价格形成的核心本质问题。制度经济学中的产权理论可以说对价格形成机理的解释提供了一个较正确的理论方向，谈到了价格形成过程中的权力因素，但产权的范围还是仅局限于商品本身，没有跳出从商品角度分析价格的传统思路，依然忽略了行为主体对价格形成的主观决策能力。价格的形成实际上是一个复杂的过程，并不是单一市场因素所能决定的，用传统的经济理论也无法解释一些市场存在的现象：如在短时间内供需没有发生大的改变的情况下，为什么个别企业会做出较大的价格调整？在市场基本饱和的情况下，降低产品价格的企业并没有扩大销量，而产品价格上升的企业却取得了不俗的业绩？特别是政府在对价格的管理过程中，以管理者而不是参与者对市场商品价格直接规制，制定市场商品最高售价及最低售价，以非供需因素参与市场价格的制定，已经超出了产权理论研究的范围，因此仅从供需角度对价格形成机制所作的解释并不准确。价格作为利益分配的载体，是利益的分配调整过程中的关键因素，它的制定权一般都归属于企业，而企业在利益最大化的理性驱使下，将会尽可能利用对价格的控制权制定出对自己有利的价格，市场即使达到了纳什均衡，也并不表明市场分配的公平性，因为均衡分析只考虑市场效率而不考虑公平。在研究市场价格时，如果忽略了对企业权力因素的分析，所得到的结论就显得过于理论化，多纳德和德理克（Donald. A. Hay and Derek. J. Morris，1994）也指出："企业力量和自由决策权的丰富实证证据足以证实这一理论的正确性，即企业是一个具有市场权力的实体，在一定程度上，其业绩与产业的整体表现无关。"在价格的决定中，企业有相当大的力量和自由决策权力，至少可以使它部分地避开完全来自外部的市场压力，传统经济理论将市场主体看作"理性人"，能够作出最大自利性决策，也是暗含着行为主体的自我决策权，因此在关于这种经济现象的分析中自由决定权力就成为一个更为核心的概念。不仅是市场主体应用权力进行自我决策，国家作为管理者，所拥有的权力更大，政府作为国家代理组织，会在追求社会稳定的前提下，利用国家政权对利益分配的公平性加以制约，这也是国家存在的根本意义之一。政府所拥有的权力，一方面可以直接影响个人的收入分配，另一方面可以通过影响生产要素的配置来间接影响个人的收入分配。《中华人民共和国价格法》规定：价格的制定应当符合价值规律，大多数服务价格实行市场调节价，极少数商品和服务价格实行政府指导价或政府定价，这些商品包括与国民经济发展和人民生活关系重大的商品、资源稀缺商品、自然垄断经营的商品、重要的公用事业服务以及重要的公益性服务等。这表明，在价格形成的背后有很强的权力控制因素，除了经济主体的市场力量外，还有政府力量在起作用。在市场竞争过程中，各市场主体之间的权力博弈包括同行业企业之间、生产企业与消费者之间、政府与生产企业之间及政府与消费者之间的权力博弈，各主体的权力在市场博弈达到均衡状态是市场能够稳定的前提。因此价格并不完全反映市场供需状况，它更可能是各市场经济主体所拥有权力的市场体现。从权力的角度分析价格，并不是否定供需对价格的影响性，也不是否定均衡的分析方法，只是把供需均衡看作仅是经济主体决定价格的参考变量，或者说是经济主体在确定价格时所依据的一种市场参照，而最终价格的决定还是经济主体参考各种因素后依据各自利益所做出的权力决定。从权力的角度分析价格的形成机理，可以从市场更广泛的角度考虑价格的形成，使价格由市场上"物"的自然决定转移到"经济人"的决定，避免了价格分析的供需二元结构，为供需非均衡的现实市场的价格形成提供了理论依据，还可以有效解释价格形成过程中非供需方的影响，特别是政府的影响，让政府参与市场价格规制有了合理性的理论解读，并使宏观经济与微观经济建立了一个有效的连接点。

第3章
Chapter 3

权力界定及相关问题综述

3.1 权力的定义

从远古时代起，人们之间就存在着权力关系。权力是随着人类社会而出现、发展的。但最初对权力的认识是从权力的表象出发的，将权力看作一个人或一个团体基于自己的目的来影响他人行为的一种能力，它"本质上意味着'能够'或'具备'做某种事的能力或'产生某种结果'的能力"。托马斯·霍布斯（Thomas Hobbes）把权力定义为"获得未来任何明显利益的当前手段"①，是人类欲望的现实表现，这也是现实主义流派将"权力"与"利益"视为等同的观点起源。正因为权力是人类本能的欲望，并与利益相关联，因而在"霍布斯丛林"时代，相互之间的权力之争在所难免。伯特兰·罗素（Bertrand Russell，2012）继承了霍布斯的观点，也认为权力是人与人关系的一种社会体现，权力欲是人类共同的欲望，对权力的追求是人性的

---

① ［美］丹尼斯·朗. 权力论［M］. 陆震纶，郑明哲，译. 北京：中国社会科学出版社，2001.

一部分，并且在人类无限的欲望中居于首位，因此权力首先表现为私人影响力。丹尼斯·朗（D. H. Wrong, 2001）则在罗素研究的基础上，认为"权力是某些人对他人产生的预期效果的能力"。凡是能够使他人改变自己的意志的人或团体，都可以认为具有某种权力。这种对权力的界定强调权力主体的能力及权力的强制性，虽然符合权力的表现形式，但认知更契合政治权力，而忽略了经济方面的非强制性影响。自人类进入文明社会，人际间的支配行为出现以来，权力就成为一种普遍的社会现象，不仅个人与个人之间存在着权力关系，个人与群体、群体与群体之间也存在着权力关系，这种权力关系是由人们的需要而产生的，是人类社会和群体组织存在和发展的必要条件。这种权力主体的互动性使得权力成为维持、调整社会生活发展的基本要素，因此一些学者将权力看作主体之间一种互动的关系，包含了经济领域主体间的交换与协商，权力构成了人类社会的行为框架，人类社会就是由各种权力关系网络交织而成的权力社会。

权力的概念有广义与狭义之分，狭义的权力一般指政治权力，是特定组织赋予某个体对其他个体的控制力，这种能力可以对他人的行为产生影响或控制，因而最初对权力加以探讨的都是哲学家，并将权力认定为政治学与社会学的核心概念。霍布斯认为理性促使人类不断构建制约不合理行为的社会契约，社会契约就是个体权力转让的结果，并逐渐演变成公共权力，形成国家与政府，从而结束了人与人之间的无序竞争。德国社会学家马克斯·韦伯（Max Weber, 2004）也认为，"权力就是一个人或若干人在社会活动中即使遇到参与该活动的其他人的抵制，仍有机会实现他自己的意愿的能力"。韦伯论述的即是政治权力，具有一定的强制性。因此他将权力定义为："有一定社会地位的人，在某种社会制度内，对其他人存亡所系的问题规定条件、作出决定及采取行动的能力或潜力。"而爱德华·卡尔（Edward Carr, 2007）则直接将权力与政治相关联，认为"政治"即"权力"，当代也仍有许多学者也持有此观点，如美国学者凯思·唐丁（Keith Dowding,

2008）认为"权力是政治学与社会学的核心概念"，因而很少出现在经济学中。韦伯还研究了权力和权威的区别，认为权力具有要求被影响者强制接受性，而权威则意味着被影响者在接受影响时是出于自愿的。让·赫希（E. D. Hirsch，1982）也认为"权力是把自己的意志强加于各种人和物的能力"。但也有许多学者对韦伯关于权力具有强制性持怀疑的态度，并不认同权力等价于强制力。罗伯特·比尔施达特（Robert Bierstedt，1950）就对权力有自己的看法："只有拥有权力的群体才能采用暴力来进行威胁，而威胁本身就是权力。权力是使用暴力的能力，而不是真正使用；是实施制裁的能力，而不是真正实施。"

广义的权力则去掉了权力的强制性约束条件，如吉克·普拉诺认为：权力是根据需要影响他人的能力。《大不列颠百科全书》则将权力定义为："一个人或许多人的行为使另一个人或其他许多人的行为发生改变的一种关系。"但这种定义没有体现出权力产生的根源①。罗素认为，权力是故意作用的产物，当甲能够故意对乙的行为产生作用时，甲便具有对乙的权力，即权力具备有意性。有意性通常被理解施加影响一方能够预料或预见的一切后果，虽然参与者可能预见其行动后果的程度是不确定的。非有意的一些行为也可能使两个经济主体的关系中出现权力作用的结果，但这种影响没有目的性，同时非有意的影响也常常是有意影响的一种副作用。正如丹尼斯·朗（D. H. Wrong，2001）所表述的："对他人的有意控制很可能是建立一种关系，在这种关系里掌权者对权力对象施加的非有意影响大大超过他最高的希望和设想。"有意性的控制使得权力作用的结果更能符合施加影响一方的目的。② 提出权力的有意性使得权力与权力主体建立了一种必然的联系，对权力的分析便不仅针对权力本身，而加入了对权力主体的考

---

① 大不列颠百科全书国际中文版［M］. 北京：中国大百科全书出版社，2007.
② 任何行为主体都掌握一定的资源，即使是刚出生的婴儿，婴儿虽然不具有威胁他人的能力，但他仍然有能力给别人带来一定的影响，如让母亲心情愉快，让家庭成员自豪。但这种影响是无意的，因此我们不把这种影响归为权力的范围。

量，将权力的认知从一种理性虚无延展到现实的个体，从权力的根源探讨权力的本质。

广义的权力来源于多种资源，罗素（2012）指出："社会科学的基本概念是权力，其含义犹如能源是物理学上的基本概念一般。同能源一样，权力有多种形式，诸如财富、军备、对舆论的影响力等。这些形式中，哪一种形式都不能看作从属于任何其他形式，同时，也没有一种形式是从其他形式中派生出来的"。福柯也认为权力不是一种简单的存在，而是一种综合性力量，一种无处不在的复杂实体。它来源于多种资源，不论是知识、话语、性、惩罚、规训与教育，都与权力的产生密切相关，因此现实中充斥着各种样式的权力，基于权力来源的广泛性，也可以说任何人都拥有一定的权力。虽然福柯弱化了意识形态的主体性，而强调肉体与权力的关联，认为肉体是作为一种生产力而受到权力和支配关系的干预，但他同时也承认，只有肉体既具有生产能力又被驯服时，才能变成有用的力量，即有思想及意识的人才能成为权力的载体。因此本书将前人的观点归纳起来，认为广义的权力就是个体或某个组织依据所具有资源对其他个体或组织的控制和影响能力（张屹山和金成晓，2004）。权力来源于个体或组织对资源掌控的数量或在社会管理过程中所处的位置，它是资源和社会地位在利益分配过程中的外在反映，受市场多种因素制约和影响，包括武力、财富、知识和信息、形象与声望、组织形式及规模、个人魅力等，当然也包含了个体对资源运用的方向。从权力的定义中可以得出权力具有较为丰富的内涵。

第一，权力是一种相互作用的关系。权力必须在主体与客体间发生支配行为时才会产生，主体是施加影响力的一方，客体是被影响一方，主体和客体都可以是个人、群体或组织。权力必须依附于权力主体和权力客体而存在，失去了权力的客体，权力主体即使掌握再多的资源也无法形成权力的作用效果。现实社会中存在众多的行为个体，每个个体都会拥有一定的资源，因此也就拥有一定的权力，并相互作用形成社会的关系网络。

第二，权力的资源具有多样性。行为主体所掌握的任何种类的资源都具备产生权力的效能，只是不同资源所形成的权力在表现方式上有所不同，每个个体都基于其所掌控的资源构建出自己的权力束。

第三，每个个体掌握的资源量存在差异，因此通常情况下行为主体间的权力是不对称的，权力的差异性也是权力实施有效性的基础。

第四，权力实质是一种价值控制，即权力主体通过权力资源的控制和利用实现对客体的影响，并实现对权力资源的再分配。因此，经济学中广义的权力与资源具有等效性，基于资源的稀缺性，权力也是一种稀缺资源。

第五，任何主体都拥有一定的权力资源，但又不可能控制所有的资源，不同资源所产生的权力都具有相同的权力效应。因此丹尼斯·朗认为："在稳定的社会关系中，会出现一种模式，其中一个参与者在特定情况下和特定行为范围内——通常称为'领域'——控制另一参与者，而另一参与者通常在其他活动领域占优势（D. H. Wrong，1994）。"换言之，每个权力个体之间的权力具有相互的制衡性，现实社会不存在不受制约的权力，权力是有界的。

第六，权力是主体实现意志、目标和利益的工具和手段。权力本是私欲的产物，并随着私欲的发展而发展，而私欲是一种生存的本能，因此在私欲的引导下，任何权力主体都有获取权力的需求和强化自身权力的动机。正如霍布斯（Hobbes，1985）所说："追逐权力是每个人的本能欲望，且这一欲望是永恒而无休止的。"罗素也表达过类似的观点："在人类的各种欲望中，主要欲望就是对权力与荣耀的追求。"罗素的观点虽然没涉及权力的本源，但却揭示了人类社会化后的现实状态。且个体的权力欲还会随着实际权力的增加而不断增强，如果没有约束，有些个体的权力会不断增大，直到遇到其他主体权力的约束为止。

第七，权力作用的有效性依赖权力主客体的支配与服从。权力最终将表现为权力客体自愿或非自愿的服从，失去了权力客体的服从，主体的权力也就没有了权力效能。当掌握资源的主体无法对客体施加影响时，只能说权力主体具有潜在权力。

第八，权力具有行为的矢量性，权力的应用方向与权力所有者的权力意志密切相关。不同的权力主体会表现出不同的权力意志，一些人或某些集团获取权力是为自己和少数人牟取利益，权力更多地应用于获取自我利益，由此造成了社会上种种不公正现象；也有一些人或组织获取权力是为公众谋利益，将权力资源应用于保证社会利益分配的公平，由此带来了社会整体福祉的提升。因此，即使拥有相同的资源，对权力应用的方向性差异也会导致不同的权力影响效果。

第九，因权力资源的多样性，权力的影响形式也表现出多样性。它可能是强制性的，也可能是非强制性的；它能够使用暴力和实施制裁，但又不一定真正使用暴力和实施制裁；它既是迫使客体服从的现实支配力量，又是影响客体采取行动的潜在能力；它既可以是公认的、合法的权威，也可以是上级领导下达的命令，还可能是无法无天、强加于人的暴力表达，权力的不同表现形式表明了权力的特殊性和复杂性。

第十，权力广泛存在于人类社会，并应用于人类活动、人类关系的一切方面。既可以应用于政治领域，也可以应用于经济、文化等不同领域。权力主体既可能是自然人，也可能是一个组织，正如福柯所表述的："权力是在非平等的、活动的相互关系中从无数点发生作用的东西，权力无处不在，不仅因为它拥抱一切，而且因为它来自一切。"

3.2 权力与权利的关系

权力和权利是两个共生的概念，对权力和权利的研究大多从法学的角度展开，而从经济学角度探讨权力与权利的关系多停留在产权研究方面。从渊源上看，权力同权利一样都是社会历史发展到一定阶段的产物——阶级社会中的公共权力渊源于原始社会氏族制度中的道德权利和习惯权利。霍布斯认为在权力与权利的关系上，权利在先，是随人的出生而自然拥有的，即个体可以根据自己的判断和理智，利用所拥有的资源做任何保全自己生命的合适行动。他将这种"自然权利"看作人的生存自由，而行使这种自由的能力就是权力。这种对权利与权力的认知具有生物的普适性，因而原始社会就是"霍布斯丛林"，权利与权力的表达就是弱肉强食。但人的理性随社会的发展而不断增强，暴力总会产生巨大的行为成本，对和平的渴望让人类不断探求更合理的权利表达，先是弱者联合以对抗强者，逐渐演变成政府与国家。在行为对等原则下，通过个体的权利转让，构建相互认同的行为契约，由此形成公共权力。公共权力的出现及由此产生的制度与法律，才有了法定权利。利益特别是私权利益是人类社会发展过程中最先出现的，而权力是为了维护权利而产生的，因此有些学者认为，权利先于权力是无可非议的，当私权产生后，资源的分配就出现了权利无法解决的矛盾，于是有了其异化的形式——权力。但也有学者表示出另一种观点，认为权利应是权力和利益的结合，并从法理角度分析，认为人权是权利的根本渊源，因为人权具有绝对性、主导性和无限制性，而政府权力具有相对性、派生性和受制约性，权力又是权利的前提，没有权力，权利也无法保证。从关系上看，权利与权力既相互联系、渗透、转化，又彼此排斥、限制、对立或否定。虽然在表象上权力与权利有着大致相同的经济意义，但深入探究其二者的经济学意义，可以发现权力与权利又有着一定的区别。

权力与权利在社会中广泛存在。权利是与义务、责任相对称且不可分离的概念，是社会关系的一种法律形式，其微观实体是个人，泛指个人合法拥有的按个人意志行事并能承担相应后果的一切领域。它源于社会的存在并需要社会的承认，是人类以群体生活的契约基础，或者说，权利是区分并约束主体行为的边界。最初对权利的认定都局限于政治理论范畴，因而对权利的解读与运作也成为现代政治的第一任务，但随着社会的发展，权利的内涵也越来越复杂，演变成受法律保护的、个体基于生存所应得的利益及实现利益能力的总和。而权力则是使外部世界发生合意变化的一种能力，是一方对另一方所施加的影响，因此权力是一种制约关系，是一方对另一方行为的约束，通常以武力作为实施的手段或保证。但随着社会的发展，权力也不一定是武力的直接表现，是否采用武力取决于受影响一方对权力的认同或尊重程度。当一方承认另一方权力的存在并能够执行权力方意志时，武力就失去了实施的条件。

权力与权利都涉及社会资源的分配问题，每个社会都存在若干机制将社会资源分配给每个成员，但不同的社会权力结构所采用的分配方式是不同的，市场经济国家通常这项工作是由价格机制来完成的。市场生产要素的价格决定着资源在产业组织之间的分配格局，资源的相对价格决定着各生产企业之间要素的配置状态，而商品价格则决定了社会财富在生产与消费领域的最终分配结果。但无论是要素价格，还是产品价格，都是资源所有者在综合考虑市场各种因素后所做出的权力决策。换言之，在法权明晰的市场上，对资源的支配是资源所有者的权利，如何利用资源也是资源所有者固有的一种能力体现。这种能力的应用，可以对市场其他主体产生较大的影响，因此严格来说，也是一种权力的作用，即权力结构决定了社会财富的分配格局。在意识领域，权利所追求并表现的是一种公平，即在完全自由的制度下，如果权力是平等的，个人有权利要求并能够实现社会资源分配的公平性。但现实社会的权力是不平等的，不平等的根本就是资源所有权上不平等（弗里德曼，1975），并影响到权利平等性的实现。初始的权力差异体现在个体自然禀赋的差异上，有些人比其他人更强壮，在个体自由竞争的"霍布斯丛林"时期，强壮者可以威胁别人而得到更多的资源，权力的差异导致分配的不公平。当社会发展到一定阶段形成联盟之后，权力的主体就不再是单一的个人，而加入了组织的形式，组织的权力是个体权力的有机叠加，因此组织权力大于个体的权力，有了组织的参与，个体权力的不均衡性将会发生转化。政府作为被授予管理权力的组织，其权力是打着维护个体权利的旗号产生和发展的，并依靠国家机器以强制力规制个体的权力边界。但政府的权力自从作为维护个体权利的名义产生以来，与个体权力的矛盾与冲突也从没停止过。政府以及组成政府的个体利用自己的权力或多或少地侵犯他人的权利成为现实社会的一种常态。因此，权力既是保证权利的工具，同时又是破坏权利的根源，二者能否有效协调取决于权力与权利关系的安排是否合理。

3.3 市场权力形成的基础

由权力的概念可知，权力的形成必须依赖于一定的资源。权力是不同经济主体间的相互影响关系，因此在研究市场权力的形成基础之前，首先要假定资源拥有者有获得他人遵从的意愿，且受影响者有从本意出发接受资源拥有者影响的动机，即每个个体都是社会化的人，相互依存，不能游离于人类社会之外。在此基础上，不同研究学者对权力的资源做了自己的解释，但由于权力的复杂性，到目前为止对权力形成的基础还没有达成统一的共识。埃齐翁尼（Etzioni，1959）把强制性的、功利主义的和规范性的资产，分别对应于武力手段，物质奖励和合法性象征，权力就是这三种不同资源的社会表现形式。威廉·甘森（William Gamson，1968）提出了类似的三分法，将权力资源划分为强制资源、诱导资源和说服资源。这两种分类方式被广泛采用，原因是它们包容面广、分类简单，并表明了作为权力基础的不同资源的类型，或显示了不同权力形式之间的明显联系。但这种方法较为笼统，因此拉斯韦尔（Lasswell）和卡普兰（Kaplan）用清单的形

式列举出权力的影响形式，罗伯特·达尔和布鲁斯·斯泰恩布里克纳
（Robert Dahl & Bruce Stinebrickner，2012）在此基础上提出更为全面、
具体的权力清单，其中包括：个人拥有的时间；金钱、信用和财富的
享用权；对信息的控制；尊敬或社会地位；拥有的魅力、声望、合法
性、守法性；适合担任公职的能力；团结、职业、社会地位、宗教、
民族出身或种族血统；选举权、智力、教育，或者还有个人能力水平
等。但这个清单又是如此复杂难以应用，因此达尔将其简化，使得较
短的清单就可以包含常见的社会类别，包括声望、财富、职务派生的
合法权威、个人魅力、技能或专门知识等，但简化的清单又存在信息
遗漏问题，在应用中仍存在制约。丹尼斯·朗则认为权力的基础是掌
握资源的个体以及由个体组成的组织，但并没有对资源的种类做更为
详细的划分，而只是将个人所能支配的所有资源都认定为个人权力的
基础，组织则是个人资源的综合及倾向性运用。但丹尼斯·朗同时认
为，仅占有可以对他人使用权力的资源并不保证能产生事实上的权力，
还需要假定权力对象缺少这些资源，对该资源有需求的意向，而且资
源拥有者的资源信息在市场中是公开的，并拥有主观利用资源影响他
人的意向性行为动机，这与伯恩斯的《领袖论》中提出的"权力 = 资
源 + 动机"具有同一性，资源拥有者缺乏利用资源影响他们的动机，
其所掌控的资源就只能是一种潜在的权力，并不能在市场中产生的权
力的影响效果。权力的基础是广泛的，它既可以是自然赋予的一种先
天资源，也可以是人类发展过程中所形成的社会产物，其复杂性难以
用简单的分类方法将其阐述清楚。前述的划分方法都是着眼于资源的
应用及其表现形式，没有阐明权力资源的本质。本书从权力的社会发
展过程中的赋存状态来分析权力的基础，将权力的资源划分为两大类：
元资源和衍生资源。

3.3.1 权力的元资源

元资源是行为人存在即拥有的资源，是在正常情况下行为人本身

所具有的，在行为人未受到生物学侵害时无法被剥夺的资源，是生物学上的肉体及其所掌握的相关知识、信息和技能的有机加成，即行为人的体力、智力或自然身份。元资源不但包括天生的自然禀赋，也包括后天成长过程中所获得的、与生物学肉体无法分离的隐性资源，元资源赋予个体行为及思想的能力，或者对其他个体基于自然身份所形成的影响关系，如基于血缘的亲情身份。之所以强调自然身份，是因为元资源是无法在不伤害或消灭权力人肉体的情况被剥夺的资源，这与个体的社会身份有着本质的差别，无论个体处于何种社会职位，或拥有何种社会身份，其所形成的权力都可以在不伤害个体肉体的情况下被剥夺，因此社会身份不属于元资源。任何自然存在的个体都拥有一定的元资源，世上不存在没有权力的行为个体，仅是行为个体间所掌握资源量的不同而导致的权力的差异。元资源是自然赋予行为个体生存的基本保证，任何剥夺元资源的行为都是违反自然法则的。这虽然有一定的哲学思想，但却包含着更深层的经济意义：一方面，行为人可以通过对元资源的交换获得其他资源，如通过体力或智力劳动得到经济报酬，并在市场中通过交换获得保证生存的其他物质，这也是多数个体参与整个社会的经济活动的主要方式；另一方面，元资源也是其他行为人对资源拥有者施以权力影响的行为底线，在自由竞争的市场中，基于公平理念，任何对元资源的剥夺都是被严格禁止的。

元资源的权力效应也存在着质与量的差别。在人类漫长的历史时期，以手工为主的生产方式及以力量为主的斗争方式，使得以肉体为基础的体力成为有较大影响力的元资源，智力仅起到辅助的影响作用，以暴力对利益的争夺一直贯穿人类的发展历程，当个体丧失所有的经济资源，元资源就成为其仅能利用的资源，暴力就成为常见的行为选择。但随着社会的发展，对元资源的非暴力应用方式逐渐增加，人类所掌握的知识越来越多，生产技术的不断提高及社会制度的不断完善，智力表现出越来越大的影响力，并成为一种可交换的资源。特别是基于体能的以暴力为主的权力作用方式常常是一种负和博弈，是竞争双

方都不愿采用的一种权力表现形式，因此智力逐渐成为施展权力的主
要方式。智力不但包含先天的智力，也包含个体成长过程中所获得的
知识和信息。虽然有些学者认为，知识独立于权力的运作而存在，权
力只是对知识的认识产生影响，通过知识得到加强或削弱，知识本身
也只是利用权力得到传播或抑制，却不会因权力的支持或反对而改变
（张之沧，2005）。但知识却无法独立的施加影响，必须借助于行为主
体才能产生权力效应，因此将其作为权力的元资源是合理的，至少可
以说，已被人们所掌握的并可以利用的知识就是知识掌握者的一种元
资源。信息与知识具有相同的权力表现形式，虽然对信息至今还没有
一个公认的定义，但一般将信息认为我们通常所说的信号、消息、情
报、指令、密码等概念的总称，也可以说是在这些概念的多样性基础
上经过科学抽象而形成的一种一般性科学概念。价格就是一种典型的
市场信息，其在市场的传播与扩散影响生产及消费者的决策行为。哈
耶克早在 1945 年就已指出，在市场和社会活动中，不论是生产者还是
消费者，每个人的知识都是分散和独立的，每个市场主体都可能掌握
着具有利得的独一无二的信息，因此，只有当基于这种信息的决策是
由每个人做出的或者是经由他的积极合作而做出的时候，这种信息才
能得以运用。因此个体知识及信息运用即使不能改变整个市场的价格
体系，但至少可以影响与主体相关的交易价格。如果存在当事人之间
交流和信息沟通的有效机制，价格体系就会在个体决策的基础上发生
作用。从来源的角度看，信息是用以表征客体变化或客体间相互差异
或关系的；从认识的角度看，信息指主体对于客体的不定性的认识程
度，即获得知识的程度。信息的主要作用是通过少量的能量进行传送
和转变，实现对需要较大能量才能运动的资源的指挥和控制，信息的
存在减少了行为发生的不确定性，降低了因错误选择导致的成本损失。
因此拥有信息者可以控制更多的资源并达到更大的作用效果，能够增
强信息主体的影响力。从 18 世纪的工业革命将科学技术转化为生产力
之后，特别是近代电子信息技术的广泛应用，知识和信息充斥了社会

的各个领域，使得现代科学技术知识和信息远远超过其他意识形态和文化样式，处于至高无上的社会地位，拥有知识者占据了权力的位置，智力也就代替了体力成为权力的主要资源，人力资本化就是元资源作用不断提升的结果，即在经济活动中，无论是生产管理与决策，还是利益分配，元资源都在发挥着越来越重要的作用，这与古人所说的："劳心者治人，劳力者治于人"道理具有一致性。

3.3.2　衍生资源

衍生资源是与元资源所对应的概念，是在元资源的基础上，能够与元资源相结合，并通过一定的应用形式对他人产生影响的资源，包括制度、组织、资本等。

（1）制度。

通常认为制度并不是一种自然产物，而是人类社会发展的结晶。历史上已有许多学者对制度进行了较为深入的研究，对制度做出了不同的定义。凡勃伦（Veblen，2018）较早地论述过制度问题，认为"制度实质上就是个人或社会对有关的某些关系或某些作用的一般思想习惯；或者说是一种流行的精神态度或一种流行的生活理论"。但这种定义有些片面，只包含了思想性的非正式规则，因此并没有完全揭示制度的本质。安德鲁·斯考特（Adrew Schotter，1981；1983）对制度从正式规则角度的定义弥补了凡勃伦认识的片面性，安德鲁认为："社会制度指的是社会全体成员都赞同的、能够在各种特定的环境中自我施行或由某种外在权威施行的社会行为规则。"而尼尔（Neil. K. K.，1984）则把制度看作"是一种可观察的且可遵守的人类事物安排，是规则和习俗对人类可辨识行为的一种约束。"对制度的内涵具有相同看法的还有许多学者，都把制度定义为一种决策或行为规则；如汉密尔顿认为制度是一种思维方式或广为流行的习惯风俗，为人类的活动划定了界限并给予强制性的约束；而佩乔威齐将制度看

作是为人类重复性交互行为设定的法律、行政、习惯性的安排，主要
功能是加强对人类行为的预期。因此，制度具有行为影响性，将制度
划为权力的一种衍生资源符合制度的本质特征，这与康芒斯及布罗姆
利的解释是一致的。康芒斯（Commons，1998）认为："制度是人们在
一定时期，为决定人们的相互关系而人为设定的、在社会经济活动中
必须遵守的行为准则。"制度作用的本质是"集体行动抑制、解放或
扩展个体行动"。布罗姆利（Bromley，2007）则认为"制度是人类活
动施加影响的权力与义务的集合，这些权力与义务中的一部分是无条
件的并且不依赖于任何契约"。这是对制度与权力关系的最直接阐述，
揭示了制度具有强权的性质，可以保护个体免受过度自由竞争所导致
的行为损害。这种制度的权力思想在诺思的制度定义中也作了同样的
表达，诺思认为，制度是社会的游戏规则，或者说，制度是人为设计
的指导人们相互作用的约束（North，1990）。马尔科姆·卢瑟福
（Malcolm Rutherford，1999）在综合了前人研究的观点，认为"制度
是行为的规律性或规则，它一般为社会群体的成员所接受，详细规定
具体环境中的行为。它要么自我实施，要么由外部权威来实施"。该
论述不但包含了制度的强制性，同时也表明了个人对制度规则的自我
约束。当个体不认同制度内容时，其行为将受到制度的强制性约束，
当个体认同制度规定时，就会自我遵从制度，即使不存在外在强制性
约束，其行为也会符合制度规范性要求，制度的效应正是在二者的共
同作用下实现的。因而，制度是一种人类社会发展过程中内生的权力
资源，是一种衍生的权力资源。

　　制度与市场有着必然的联系，市场本身就是一种制度，建立在一
系列显性和隐性契约基础之上，并且和社会的其他制度复合体相互作
用，市场交易的有序性必须以制度约束的有效性加以保证。市场中的
组织与控制问题也是构成制度的基本要素，在特定社会中的权力结构
与技术结构的特征所产生的作用决定了供求的特征，并进而影响资源
的配置方向与绩效。从容量上讲，经济制度要比市场机制更大，它包

括使市场得以建立、构成和运行的各种制度。因此，市场和供求是由已然存在着的财富与权力安排等制度因素决定，并由此而与政府发生关联，利用政府形成有意义的合法权力，进而影响资源配置、收入水平和财富分配。制度不但规范着社会中关键经济行为者的动机，同时还影响着对物质和人力资本以及技术的投资，而且影响生产组织（Acemoglu，2002）。不同制度决定着最基本的资源分配的形式，形成不同主体间初始分配的资源量的差异，导致不同经济主体虽然站在同一竞争的起点，面对相同的竞争环境，但却有着不同的竞争力，而市场均衡则是在制度约束下各方权力博弈均衡的结果，因而，市场均衡价格的形成有着很大的制度影响因素。这正如肖特（Andrew Schotter，2013）所说的："当竞争性价格不能为完全分散化和需要协调的经济活动提供足够的信息时，社会的与经济的制度就成了为经济系统增添信息含量的一些信息装置。更准确地说，虽然价格传递着反映资源稀缺程度的信息，并由此创生出了对当事人经济行为的激励体系，而社会制度则向其他当事人传递着那些不能由价格所完美协调的可预期行动的信息，并且产生对诸如此类协调活动的激励。"这已经表明，社会制度是市场运行的重要的和主要的信息传递机制，它补充了在竞争性价格不能充分协调人们的经济活动时价格机制的内涵信息所不具备的信息内容。如果没有制度基础，价格机制就无法形成，更谈不上有效运作，因此，价格机制只是制度演化的一个伴生结果（韦森，2003）。制度在市场中有着不同的表现形式，舒尔茨列举了对市场经济有影响的制度形式：①用于降低交易费用的制度（如货币，期货市场）；②用于影响生产要素的所有者之间配置风险的制度（如合约，分成制，合作社，公司，保险，公共社会安全计划）；③用于提供职能组织与个人收入流之间的联系的制度（如财产权）；④用于确立公共品和服务的生产与分配的制度（如公路，机场，学校）。舒尔茨把制度看作经济领域的一个变量，但并不是单一变量，而具有复杂性、多种类及多层次性。任何制度都是一种权力和利益分配的格局，其形成与发展是对经济增长的反应。他在对制度的分析中基于均衡方法得出一个关键性假设：当制度所提供的服务与其他服务所显示的报酬率相等时，与这些制度有关的所有经济就会达到均衡。因此市场结构及竞争形式受制度因素的控制和影响，特别是市场主体的行为必须符合制度的要求。

制度不是恒定不变的，但在一定时期特定条件下具有相对的稳定性。这种条件包括：制度的供给正好等于制度的需求；或者空间上并存的各种制度彼此协调、互补，不需要增加新制度；或者人们的利益矛盾处于温和状态，相互的力量对比处于均势。但从长期来看，制度的变迁是必然的。随着生产力的发展，人们的社会经济活动内容必然发生变化，当出现新的获利机会或者是争夺利益的各方相对实力强弱发生了变化，人和物的关系以及人和人的关系都会发生相应的改变。为决定这些关系而人为设定的规则也就随着做出相应的变动，这种规则的改变即为制度的变迁。戴维斯和诺斯认为，制度变迁之所以发生，是因为有许多外在变化促成了潜在收益的形成，但这些潜在的收益无法在现有的制度安排结构内实现，因而在原有制度安排下的某些经济主体为了获取潜在收益，就会率先来克服这些障碍，从而导致一种新制度的形成。一项新制度安排只有在人们对它的预期收益超过预期成本时，才会被做出。但新制度的安排到底会选择哪一种形式，则取决于每个安排的成本与收益，以及受影响的经济主体的市场和非市场力量（诺思，1973）。因此制度变迁或新制度的创立是市场中不同主体权力结构改变后重新博弈均衡的结果。

（2）组织。

组织的形成可以追溯到人类形成的最早历史，在人类社会的早期阶段，由于生产力水平低，单一个体生存的机会远远低于群体，因此群居是一个为生存而采取的最佳选择，这也是人类历史上最初的组织形式。但这种群居的形式最早都是以血缘关系作为联结的纽带，以后才出现了以地缘关系为纽带的村社等，它们都是人类发展的初级社会群体组织形式。自工业社会以来，随着生产力的发展，社会分工的复杂化，业缘关系取代血缘、地缘关系成为社会的主要关系。以业缘关系为纽带的各种社会组织迅速发展了起来，现代社会是由以业缘关系为主体的各种微观组织交织而成的发达的宏观组织社会体制（潘允康，2006）。当前人类社会组织空前发展，从社会政治、经济、文化到家庭，每个个体无时无刻不生活在各种组织之中，组织成为社会存在的一种结构。人们也很早就注意到组织形式对社会发展的重要作用，因此对组织也做了较多的研究。不同的学者从不同的角度对组织一般含义做了解释。爱桑尼认为组织是有意建立的，以追求特定目标之实现的社会单位；凯普劳认为，一个组织是一种社会体系，它有明显的集体认同、正式的成员名单、活动计划，以及成员的更替程序；巴纳德认为，正式组织是有意识地协调两个以上的人的活动与力量的体系；而丹尼斯·朗则将组织认定为个体的倾向性动员，是个体基于生存目的而进行的资源的倾向性整合。其前提是个体资源的有限性，无力实现个体所有的期望，往往需要和他人相互依存，相互合作，联合起来，共同行动，创造群体合力来实现各自的目的。在长期的实践中，使人们有了发展这种合作，增进相互依存关系，并使这种关系科学化、合理化，借以不断提高群体效能的要求和倾向，组织就是人们对于这种要求、倾向的认识和行动的结果。因此从广义上说，组织是指由诸多要素按照一定方式相互联系起来的系统。从狭义上说，组织就是指人们为着实现一定的目标，互相协作结合而成的集体或团体，它是人与人及人与社会之间进行有效沟通的主要中介，是社会发展的产物。

马克斯·韦伯认为，任何组织都必须以某种形式的权力作为基础，无论何种类型的组织，都有其上下等级结构，组织成员在行为上都有一致性，隐藏在这种等级和一致性后面的本质因素就是权力，没有权力，组织不能达到自己的目标，权力是组织的本质特征。组织的存在既依赖于个体资源，同时又能够对个体资源产生权力的放大。权力还表现为组织成员之间的一种关系，在组织结构中的上下层次关系中，包含着相应的权力分配关系，在组织结构中的横向分工机构中，也包含着同一权力层次的分割。任何组织结构系统必然存在着相应的权力系统，从政府公共管理到企业的生产经营管理，凡是有组织的活动中都存在着权力问题，成员之间依靠该系统中权力的相互制约和影响达到行为目的的一致性。韦伯的观点扩大了权力主体的外延，明确了市场中所有人都是权力的拥有者，虽然未明确经济权力的概念，但对权力认知的扩展起到了引领作用。

从资源的角度分析，组织资源是个体资源的倾向性整合，这种资源整合是利用建立组织所依据的契约来实现的。个体在不受约束的情况下，其行为的选择都会从自己利益最大化角度来考虑，对利益的竞争将导致个体间行为的冲突。而组织利用契约约束，使个体能够按组织的统一目标进行行为选择，减少了组织成员间的权力冲突，实现对个体资源的运用的行为一致性，因此组织的权力大于组成组织的个体的权力，能够实现个体无法实现的期望，这也是组织成立的前提。韦伯分析了组织的权力问题，但只分析了行政组织的权力内容，认为在传统权力、感召权力及法定权力三者中，法定权力才是行政组织体系的基础。但韦伯没有分析经济组织的权力问题，事实上，经济组织的形成并不仅如科斯的费用理论所提出的，是因为内部交易成本与外部交易成本的差别，组织内部的交易成本比市场交易成本低廉，经济个体基于理性的考虑会建立或参加某一组织。事实上组织的成立也有着个体对权力追求的动机，个体和组织实际是利益共同体，组织的权力越大，从组织外部获得的利益越多，个体从组织中也会得到更多的收益。这可以从生物的行为中得到启发和例证，如狼之所以喜欢群居生活，并不是仅考虑单独追杀猎物时体力更多的浪费，而是为了能够对付单个个体无法对付的更大的猎物。人类社会对组织的追求也存在同样的道理，对交易成本的考虑是经济组织从节约的角度对所能掌控资源的收益能力的提升，而对组织权力的追求则是行为个体对外部资源获取企图的一种行为表现。

（3）资本。

对于资本的含义，前人已经有过许多论述。19世纪的苏格兰经济学家麦克鲁德曾认为："资本是用于增值目的的经济量，任何经济量均可用为资本，凡可以获取利润之物都是资本。"他所谓的经济量是其价值可以用货币计量并可用于买卖、交换之物。庞巴维克将用来作为获得财货手段的产品叫作资本，认为资本是一种"储存的劳动"，或者是一种"由劳动储存的自然力"。它能够连接现在和未来，所以自然而然地实现了利息。杜尔阁（A. R. J. Turgot）把资本定义为超过消费而储存起来的任何形式的物品。而亚当·斯密则将资本看作与土地、劳动并列的生产要素，认为资本是只限于生产手段的集合体。斯密指出，在资本积累与土地私有权产生以前，产品价值唯一地由耗费的劳动量决定，从而全部收入都表现为工资归劳动者所有，然而当资本积累与土地私有权出现并且在社会经济关系中占支配地位以后，情况却不同了，这时资本所有者与土地所有者将不可避免地参与收入分配，因而产品在补偿工资以后还要出现剩余，即国民收入将要分解为工资、利润、地租三部分。在斯密看来，资本体现了一种社会关系，是一种可以对剩余价值提出分配要求的权力，这种权力可以形成新的收入分配格局。萨缪尔森认为："资本是一种不同形式的生产要素，是一种生产出来的生产要素，一种本身就是经济产出的耐用投入品。"要素的稀缺性和对生产的贡献决定了要素对生产剩余的分配要求。二人对资本的论述有着必然的联系，资本对剩余价值分配的权力既是生产要素的回报，也是对生产要素投入的一种风险补偿。因此，总结已有的有关资本的论述，资本应该包含以下特性：

第一，资本必须是具有一定价值，即资本存在稀缺性，任何无价值的东西都不能作为资本。

第二，资本是生产过程中所必需的生产要素，即资本有创造剩余价值的能力。

第三，资本的投入存在一定的风险性，资本对剩余价值的创造需要一定的市场条件作保证，失去了符合的市场条件，资本并不一定能够实现增加利益的目的。

第四，资本有明确的产权属性，即资本必须拥有明确的所有者，这是资本所得剩余价值分配的前提。

正因为资本拥有剩余价值分配权，对资本的占有和控制就成为生产者所追求的目标。从资本的含义来看，资本并不是一种简单的货币表现形态，而涵盖了相当丰富的内容。资本可以是实物形态、可以是证券形态，可以是金融形态，还可以是专利技术形态，资本具有异质性。但无论哪种形态，对资本的最初认识都是基于物的范畴，而把人排除在资本的范畴之外。马克思与庞巴维克两者都认为资本和人力是完全对立的，在马克思看来正是有了剥削与被剥削，资本才成为资本。而庞巴维克也曾明确提出，希望所有人一致地把人身的获利手段排斥在资本的概念之外。这种对资本的物性认识是与当时的社会生产力相符合的，生产技术的原始性及大量劳动者的存在使得在生产中劳动的投入成本远远低于物质成本，人力在生产中所起的作用低于物质资本的作用，导致劳动者缺乏获取相应剩余价值的权力。但生产力的发展使得资源的投入更加复杂化，个人拥有的知识和技能在生产中所起的作用越来越大，对资本的认识也不再局限于物的范畴，人力也开始被认定为资本。实际上，亚当·斯密早就已经拥有人力资本的先驱思想，他把人们通过学习而获得的技艺和才能也视为固定资本的一部分。但直到舒尔茨提出人力资本的概念，才真正将人力纳入资本的范畴。人力资本化表明了人以及基于人所掌握的知识、信息及技术已经成为重要的生产要素，在价值的创造过程中与物性资本共同作用才能实现企业利益最大化。人力资本化改变了企业的资本结构，进而改变了企业内部剩余价值的分配格局。如果将人看作元资源，而资本拥有参与剩余分配的权力是一种社会共识，人力资本化也就是元资源在当代社会中基于社会共识的权力放大。

在现有的对资本分析的理论中，都关注资本对剩余价值的分配权，如何通过资本获得更多收益，而往往忽略了资本所有权的其他表现形式。资本明确的产权属性，不但可以表现为对投资之后所得收益的索取，也表现为投资之前的决策，即资本所有者有权决定资本投资的方向及投资的规模，这种决策能力直接影响市场的供需，进而有能力对均衡价格进行调整，这也是资本所有者对市场进行控制的有效策略。如果说供需是价格决定的表象，通过对资本的控制来影响供需则是这种表象背后的真实内容。

元资源和衍生资源之间都存在着必然的密切联系，元资源是权力产生的根本主体，衍生资源是在元资源的基础上形成的，必须借助元资源才能起到影响作用，是对元资源影响效应的变异和扩大。当代社会的复杂性使商品生产必须在元资源和衍生资源共同投入下才能实现，两种资源所产生的权力在社会中相互作用并相互制约，并达到行为主体可接受的权力均衡。

3.4 市场权力的分类及权力主体

3.4.1 市场权力的分类

从经济学的角度看，权力总是和一定的社会资源相联系，个体权力来源于其所掌控的资源，同时个体所拥有的权力又能够支配资源，是个体获取更多资源的依赖。正如罗德里克·马丁（Roderick Martin，1992）说："就最广义而言，权力关系产生于相互依赖，它改变资源占有关系。在对权力的任何一种解释中，主要的因素都是行动者的目标和为实现这种目标所需要的资源分配。"正是因为能够支配资源，权力本身也就成为一种稀缺资源，并且不同的资源产生不同的权力。要想分析清楚市场中权力因素的影响，首先要对权力有一定清晰的认识，明确权力分类。张屹山等（2004）将权力划分为经济权力、行政权力和社会权力三种，并认为从权力的强弱关系上具有层次上的差别，其中政治权力因有国家机器作为权力实施的保障，因此权力效能最大，本书也据此对权力进行划分，并对三种权力分别阐释。

（1）经济权力。

已有的学术文献中，对经济权力的定义都结合了法学和经济学的内容，如王沪宁（1994）认为：经济权力是在生产、交换、分配和消费过程中，以所有权为基础，通过经营管理权、产品和财产分配权等多种权力形式表现出来的控制、支配乃至统治他人的权力。在阶级社会中，经济权力就是阶级权力。这样的定义虽然体现了社会学和政治学的意义。但也体现了经济学的意义，即资源的初始禀赋一般是由强力（非和平的掠夺方式）界定的，界定之后的社会状态会逐步恢复正常秩序，即由掠夺方式转换为和平的交易方式（张屹山和金成晓，2004）。如果单纯从经济角度对经济权力进行界定，则可以认为经济权力就是经济主体直接参与市场经济活动产生的影响力，包括一切生产、交换、分配、消费等经济行为，是经济主体对所拥有的经济资源在市场进行支配活动产生的影响，是市场权力结构的主要组成要素，也是自由竞争的市场经济结构中对资源进行有效合理配置的内生变量。这里所提到的"经济"，不是国家经济制度或经济体制的宏观经济结构，而是一种特定的社会组织的微观活动。经济权力并不是经济主体所独有，市场经济的广延性使得社会中任何行为主体都无法完全脱离对市场经济的直接参与，生产者和消费者自然是拥有经济权力的市场主体，而以管理为主要职能的政府也存在着大量的直接参与的市场经济行为，拥有一定的经济权力。从权力视角看人类社会的发展历史，实际就是权力关系不断演化的历程：由权力关系逐渐形成的史前社会到权力结构失衡的奴隶社会，再到权力结构封闭的农业社会，直至权力结构走向多元的工业社会。总的来说，史前社会的权力更多依赖于个体的元资源，权力的差异仅是个体体能的差异，个体间的权力差异并不是很大。但奴隶社会的权力差异就比较大，奴隶除了生存权，没有其他任何权力。工业社会的权力结构和奴隶社会、农业社会相比较为分散。但无论哪种社会结构，权力的差异都是存在的，只是随着社会的发展，社会的权力结构不断向更有利于经济发展的方向调整，逐渐形成了复杂、分散、独特的权力结构，而在整个社会的权力体系中，经济权力的作用越来越强。马克思在《资本论》中所指出的资本家对工人的剥削，实际就是基于经济权力差异所导致的财富分配的不均衡，资本家利用所掌控的资源，通过权力的作用实现对剩余价值的占有，而缺乏资源的工人不得不接受资本的剥削，其根本原因也是缺乏与资本家谈判的权力。在西方学者的著作中，虽然较早地出现了"经济权力"的概念，但却没有明确经济权力的含义，而更多的是将企业或公司的权力认同为经济权力。如阿道夫·贝尔（Adolphe Belly，1962）指出：当以公司的形式进行生产而形成的财产所有权与管理权的分离，这些公司就具有了实际的经济权力，这种经济权力早已在市场中出现，只是人们没有给予更多的关注。贝尔认为：经济权力最后必然要被与个人无关的市场势力所控制。加尔布雷斯也认同贝尔的观点，并对经济权力做了进一步的论述，加尔布雷斯（1988）认为，"工业权力"及"公司权力"都属于经济权力，并且随着生产组织形式的转变，经济权力不仅是个人及企业的财产权，管理者组织权力也是企业经济权力的重要形式。伯利和米恩斯早在20世纪30年代也有过经典性的论述："现代公司的崛起，已经造成经济权力的集中，它堪与国家平起平坐——经济权力等同政治权力，两种权力在各自的领域里都很强大。一旦涉及切身利益，现代公司就企图左右国家。将来也许会出现，以公司为代表的经济组织不仅和国家平起平坐，甚至可能取而代之，成为占统治地位的社会组织形式。"这种提法虽然有些言过其实，但却表明了市场中经济权力的存在及其影响的强势。美国经济学家安东尼·奥罗姆（Anthony Orum，2014）也对经济权力做过细致研究，他认为：现代公司的扩张主要是对公司权力的加强，大公司及其管理者掌握了前所未有的权力，他将之称为"经济权力"。而对公司权力的核心含义做了较为详细论述的是英国学者鲍曼（1997），鲍曼指出，公司权力的出现不是以任何人的意志为转移的事情，他将公司权力界定为："由个人以合作方式行使的权力，这些个人由于其在市场中的支配地位，可以做出决定物品的生产、销售、消费、开发以及雇佣的条件和位置的关键性决定。"很显然，鲍曼所说的"公司权力"不是政治权力，而只能是经济权力。

在传统的经济学的价格理论中，只考虑了均衡产生的各种条件，而忽视了经济权力，目前也很少有学者从经济权力视角探索经济问题。此外，也并不是每个经济学者都认同经济权力的观点，如阿尔奇安和德姆塞茨（Alchian & Demsetz，1972）就认为：资本主义系统中不存在经济权力，强制关系只是表面性的，细察之后便可发现它们其实是平等双方之间的关系，特别是完全竞争市场结构中，自由退出的原则使权力非对称成为一种错觉，在竞争过程中，每一方总是可以实施他的退出权，通过放弃竞争进而放弃交易，来约束对方的强制性行为，使任何一方都不可能获得不公平的回报，因此，完全竞争市场中竞争双方的权力是对等的，虽然双方的权力可能并不是源于同一种资源。在阿尔奇安和德姆塞茨分析中，经济权力被看作垄断地位带来的市场权力，这意味着经济权力的存在违背了完全竞争的假定，因而在完全竞争条件下不存在失衡的经济权力，交易各方权力是对称的，即使他们在科层式结构的组织中处于不同的位置。但这种分析的前提条件即完全自由竞争的假设是现实中不存在的，分析忽略了一方从交易关系中退出所造成的影响，即在某些博弈中，博弈中止所造成的损失使得弱势一方并没有完全自由的选择退出的可能性，因此建立在虚假假设条件下的结论自然也难以使人信服。威廉姆森也认为经济权力是模糊不清的，虽然承认经济权力的存在，制度演进受到权力冲突的影响，但他认为在多数情况下，经济权力是决定行为的次要因素，效率才是主要的影响变量。威廉姆森（1997）认为，权力只在"非自愿的、不知情的和缺乏判断力的签约"中才起作用，而"自愿的、有知识的和有远见的签约"由效率原则支配。按照威廉姆森的理论，当人类的意愿是自由的，经济权力是可以忽略不计的。但判断人类选择是否自由，必须假定个人约束是给定的，变化的外界条件下无法对行为的自由进行判别。但如果制度安排是"被解释变量"，那么就不能制度当作给定，制度演进将使之随时间而变化，而帕累托最优依赖于约束既定的假设，这表明在动态情况下追求帕累托效率是无意义的。如果制度的约束是动态的，制度的演进就会改变个人决策过程的约束，而与经济有关的决策是个人经济权力的体现，这意味着在制度环境演进过程中，不可能把经济权力的影响与效率原则的作用相互隔离，在均衡形成的过程中，经济权力问题无法回避。因此，威廉姆森基于效率概念的理论框架在分析上便显得不充分，因为效率在没有给定权力背景时不可操作，只有把制度约束系统当作给定时，或者说，只有假定社会的权力结构不变时，才可通过效率来界定帕累托最优。而这显然不符合社会的现实，社会资源是不断调整变化的，因此权力结构也是变化的，忽略经济权力的市场分析就有了很大的局限性。

近些年，随着对权力研究的深化，许多学者也对经济权力有了更充分的认知。张卫东等（2018）梳理了经济权力的现有研究，认为经济权力的本质是人与人之间的相对优势与利益关系，其内涵包含四点内容：第一，经济权力是一种影响力，主要表现为经济主体凭借其所掌控的资源形成的对其他主体的控制和影响，资源的稀缺性及数量决定了经济权力的大小；第二，经济权力与权力同样规范着行为主体的行为边界与行为能力；第三，经济权力的结构反映了各个经济主体在社会生产活动中相对的地位与利益关系；第四，经济权力的行使决定了利益的分配，权力主体通过对权力的使用实现自身利益最大化。张屹山等也认为，经济权力与利益分配具有同构性，因现有资源分配的非均衡性，导致社会财富分配不可能实现社会公平，社会权力主体的竞争，实际上就是对资源的竞争，竞争决定了经济主体的已有权力，并决定了经济主体未来的权力。

　　事实上，经济权力存在于经济社会的各个层面，不论哪种社会制度，经济合约关系虽然都是自愿的，但它们都需要在制度系统约束中实现。交易双方都能保证进入自由和退出自由的工作合约，并没有消除双方之间经济权力关系的非对称本质。这表现在两个方面：①制度框架把经济权力授予不同阶层的行为人，通过对资源的差异性分配，形成不同经济主体间权力的差异，如企业和雇主，双方所签订的合约表面上是在自由选择权下的自愿行为，但双方存在支配与服从的关系，工作合约依赖于非对称。这种非对称权力关系源于资本主义社会关系的建立，其前提是劳动力成为商品和生产工具私有。如果没有劳动力可在市场上"自由地"交换的制度背景，那么工作合约将不存在。但如果双方没有资源量的差异，没有经济权力的差异，合约也失去了存在的意义，正是他们各自的约束使这两种位置成为双方共同的最优选择：理性行为人如果可以当老板，就不会选择当工人。工人除了劳动力以外一无所有，因此付出劳动换取其他生存资源就是他们的最佳选择。工人不是被迫用劳动力与某一"特定的"资本家进行交换，而是被迫用劳动力与"一般的"资本家进行交换工资，这种自由选择因此具有了另一层意义：工人必须服从一个资本家的命令或者选择另一资本家去服从，一种工作关系唯一的替代选择只不过是另一种工作关系，但仍处于服从资本家的位置。这种关系因此是非对称的：一方命令，另一方服从。企业内的这种权威关系的基础不能得到改变，正是因为它们体现了企业外存在的非对称的经济权力关系。因此，在某种意义上，自由与强制便不再是对立的，他们体现了个人与社会的两个层面，二者同时发挥作用，现有的经济学理论虽然没有分析权力关系，但理论的本质却基于权力关系。②经济权力具有动态调整性，即使在自愿的范围内，个人的行为约束也会在社会交易过程中改变，这意味着经济权力要在个人所面临约束系统的演进中得到体现。戈尔德贝格（Goldberg，1974）强调，如果接受新制度经济学机会主义个人的假说，我们不仅要分析人们在规则"内"如何追求自利，而且必须分析他们如何使资源配置规则朝着有利于自己的方向"改变",而这些规则是制度的一部分,这表明制度与经济行为是相互的,制度框架把经济权力授予不同阶层的行为人,同时,制度也在以行动来实施权力的行为人之间的交易关系中演进,这说明经济权力在影响整个制度演进过程中具有累积性,基于经济目的的行为调整导致制度从量变到质变,并最终达到对资源再分配机制重新设定的目的。

(2)行政权力。

行政权力通常是政治学或法学的概念,学者的理解大同小异,只是阐述略有差别。有人认为行政权力是政治权力的一种,它是国家行政机关依靠特定的强制手段,为有效执行国家意志而依据宪法原则对全社会进行管理的一种能力。姜明安(1999)认为从现代意义上说,行政权力是指国家行政机关执行国家法律、政策、管理国家内政外交事务的权力。张树义(1995)将行政权定义为国家行政机关执行法律、管理国家行政事务的权力,是国家权力的组成部分。罗豪才(1996)认为行政权定义是国家行政机关执行法律规范,实施管理活动的权力。应松年和薛刚凌(2001)将行政权定义为由国家或其他行政主体担当的执行法律,对行政事务主动、直接、连续、具体管理的权力,是国家权力的组成部分。在单一制度国家中,行政权力归属于国家,行政权力可以被看作国家权力,是国家对社会事务实施公共管理的权力。但随着国家管理形态的变化,行政权力也产生分化,分别由国家行政机关、地方公共团体和其他公法人承担,此时,行政权力不再仅是国家所有,具有独立权利能力的各类行政主体也成为行政权力的担当者,国家只是行政权力的主要实施者而不是唯一的实施者。但鉴于我国现有的政治体制,我们仍将国家行政机关视为行政权力的实施主体。只是定义行政权力时,并不仅从权力的实施者来界定,还要考虑权力的作用形式。在此,我们考虑行政权力对市场经济产生影响,将行政权力定义为国家行政机关通过制度及基于社会管理的规则和契约间接参与市场经济行为产生的影响力。

与经济权力相比，作用于市场经济的行政权力具有以下特点：

第一，行政权力对社会具有直接影响力。这种影响力是由行政权力的特定作用方式决定的。行政权力由公民授予国家权力机关，并由该权力机关通过制度或管理规则对社会进行有效管理的能力，权力的客体是整个社会，在权力行使的范围内，对所有的权力客体都有效，而权力的作用形式也更为直接和广泛。

第二，行政权力具有一定的公益性。行政权力是公民按一定的制度规则赋予国家权力主体行使的权力，它的存在不是让行政主体追求自身的利益，而是要让行政主体通过各种社会制度管理国家，而国家意志在本质上是公共利益的体现，因而公益性是行政权力的特征之一。

第三，行政权力具有强制性。经济权力的行使基于权力双方资源量的差异，但并不是所有的资源差异都能产生权力的效果，权力的发生有一定的"自愿"成分。但行政权力的行使却是由国家机器来保证的，包括直接使用和指挥军队、警察的权力，带有极强的强制色彩，这种强制性是单方面的，在权力的行使过程中不必考虑受影响一方的意愿，这一点是经济权力所不具备的。

第四，行政权力具有扩展性。在资本主义发展的初期，行政权力只是被界定为"有关国际法事项的权力"，主要表现为在外交、军事和国内公共安全方面。在经济上实行的都是自由经济政策，行政权力对经济的干预非常有限。而在现代社会，除上述传统的管理内容外，行政权力已经扩展到对经济、教育、社会保障、环境等各方面，管理范围不断扩展，行政权力所管辖的事务越加宽泛。

传统的西方经济学理论都避免在市场自由竞争中加入行政权力，因此从经济角度对行政权的分析并不深入。但实际上，行政权力对社会及市场经济的参与一直都是存在的。亚当·斯密在其《国富论》中就已经提出：什么样的公共政策才能最大限度地提高人均收入？并对此进行了分析。公共政策是行政权力的作用形式之一，斯密虽然倡导自由放任的经济政策，但却从未否认过政府行政权力对市场的作用。

资源的配置本来就存在两种方式：市场性资源配置和行政性资源配置。市场性资源配置基于私有权利及自愿的基础之上，是个体经济权力的市场表现。现有的理论已经证明，只有经济权力参与的完全竞争的市场并不能实现资源的最优配置，经济权力对商品价格的影响就在于它有能力改变商品的稀缺状态，用人为的稀缺性替代自然的稀缺性，同时，初始资源的差异在完全自由竞争市场中最终会导致经济个体间的资源差异增大，即权力不对等会导致社会利益的两极分化（张屹山和金成晓，2004）。市场行政权力存在的作用是通过行政手段调整不同权力主体间经济权力的差异，使不同经济主体的权力趋于均衡，保证资源在不同主体的公平分配。因此，行政性资源配置则涉及多方利益的调整，权力作用的性质更为复杂，作为社会中一切公共资源相联系的强制性支配力量，广泛地、积极主动地影响社会生活的一切领域。

但行政权力是一柄"双刃剑"，一方面，社会的发展需要行政权力的扩大与更多的自由裁量，可以有效防止社会资源分配失衡；另一方面，虽然政府成立的宗旨在于维护社会公平公正，但并不能保证每个管理者都具有完全的公正意识，每个管理者事实上也是理性经济人，或在经济理性的引导下，成为理性权力人，权力所有者就可能会通过所掌握的行政资源实现对利益的诉求，或者对市场的过度干预导致市场机制失灵，让行政权力成为市场资源分配的主要力量，从而为政治集团成员获得更多的市场经济资源提供便利。通常情况下，拥有权力的政治集团只要不放弃权利就不会承诺将来不利用权力牟取私利，扩大自身的政治权力也就成为政治集团作为理性人的必然选择，因此，并不是所有的政策都是有效率的。特别是行政权力是一种矢量（李景鹏，1995），其作用的方向和轨道具有明显的指向，如果管理者对权力运用出现方向性错误，会进一步加剧市场权力的失衡，因此界定行政权力与经济权力的合理边界是保证市场平稳运行的关键。

（3）社会权力。

社会权力是社会主体为达到一定目的，利用社会资源支配、影响社会客体行为的能力（张屹山，2004）。社会权力通常体现在宗教、家庭和行业协会等各种非官方、非营利的社会组织中，一般不具有强制性。多数学者认为社会权力的产生先于国家的行政权力，即在国家形成之前，人类社会的自我管理机制便应用了社会权力，通常以氏族、宗教等方式施加影响，可以说社会权力是个人权力的社会化延展，与个体权力有着难以割舍的关联，因此，将社会权力与个体权力完全区别开来是一件不切实际的事情。李今早等（2009）认为个体在劳动中通过感性的认知与领悟，将个体能力应用于社会性并构建了生产关系，从而实现了个体权力向社会权力的转化。历史上，社会的宗教权力曾经处于社会主导地位，宗教主体为了一定目的，运用宗教教规等手段支配或影响教徒、异教徒和非教徒。宗教的权力是复杂而广泛的，既有其组织内部的权力关系，又有其对世俗社会的影响和统治，在某些国家这种宗教等级制度与社会等级制度融为一体。政教合一的统治形式在古埃及、古罗马、古印度都长期存在过，在欧洲的中世纪，教权和王权经过激烈的争夺，最终确立教权高于王权，具有无上的权力。现在非洲、西亚的某些国家依然存在着某些变相的政教合一的统治形式。只是在现代国家政权形式形成之后，国家的行政权力开始在国家管理中发挥更大的作用，导致社会权力逐渐势弱，但也仍在发挥着社会管理的功能，特别是在经济活动中，社会权力依然有着较大的影响，甚至有时也参与到国家的管理过程，与国家的行政权力相互依存又相互制约。

基于资源的多源性，社会权力也以不同的形式存在，除了宗教、道德等权力外，知识与信息都是权力的资源。福柯（Michel Foucault，2012）曾指出："权力制造知识，权力和知识是直接相互连带的。"知识既可以增加个体的行为能力，也可以构建一种社会性的权力关系，增加小至一个团体，大到一个国家的影响力，并更多表现出社会权力的权能属性。发达资本国家之所以能在世界范围内拥有话语权，就是因为其掌控着引领经济快速发展的高科技，而高知人才也能在其生活领域产生较大的权威，并构建整个社会性的影响或控制他人思想与行为能力，因此可以说知识与权力具有相互增强相互促进的关系。严格来说，信息也是一种知识，媒体因所掌握的信息也具有较大的权力，在传媒高度发达的社会中，新闻媒体的影响力之大，有时甚至超过国家的行政权力，影响或改变行政权力的实施。虽然一些学者认为新闻媒体不具备行使权力的能力，因而也就不具有社会权力，但如果从权力的定义来看，新闻媒体具有利用信息对社会众多行为人施加影响的能力，因此完全具备权力效能。其权力的实施实际是通过信息的引导，利用公民的诉求与行为来实现的。因此，当媒体信息与公民的利益诉求相符，即媒体代表了公民的权利时，其公开、广泛的传播性能够让众多公民的行动集体化，从而产生较大的影响力，即媒体可以利用信息引致公民的集体行动来实现权力的作用效果。

（4）经济权力、行政权力及社会权力的区别与联系。

经济权力、行政权力和社会权力都是所依托资源的行为转化，三者之间有必然的联系。第一，三种权力存在相同的权力本质，都是基于权力主体所掌握的资源对他人所产生的影响力，每个权力主体都可以利用权力实现自己影响或控制他人的主观意愿，以达到占有更多资源的目的。第二，三种权力可以相互依托和转化。经济权力的本质是私人权力，是基于对物的私人占有、使用等形式对他人产生的行为影响力，社会权力也是通过影响行为个体进而实现权力效应，行政权力通常来自私人权力的共同赋予，也称为私人经济权力的公共域（张屹山和金成晓，2004），本质上社会权力与行政权力都是一种公共权力，两种权力的形成必须以整个社会的私有权力为基础，而私有权力通常为个体的经济权力，所以有"经济基础决定上层建筑"的说法。三种权力中，个人的经济权力以及基于元资源的权力是社会最原始的、最基本的权力，但权力的分散性及权力资源的有限性，使得个人权力存在较多的局限，有时无法保障个人的权利，权力主体便有了相互合作的动机，寻找一种有效的结合方式，将个人权力聚合起来以维护和保障每个个体的人身和财富，从而实现了个人权力向社会权力的转化。

但社会权力也只是保障合作者的权益要求，权力的聚合使得不同利益集团之间的矛盾会更加激化，就需要更高层次的权力主体来进行利益的协调。霍布斯早就表达了这样的观点，认为社会权力仅能满足一部分人的利益需求，无法解决不同社会利益集团之间的矛盾，因此才有了更广泛的利益代表，这就是国家形成的基本模式。以国家名义行使的行政权力是社会制度的行为反映，有国家机器做依靠，其权力强度最大，而社会制度又决定了社会资源的初始及再分配，因此行政权力的实施也会直接导致经济权力结构的改变。马克思认为社会权力与国家权力存在着矛盾与对立，这是在对国家这种管理形式的认知视角来看待社会权力的。马克思认为国家只是人类社会发展过程中的一个过渡阶段，国家作为一个集团利益的代表，必然与整个社会存在矛盾与对立，国家的最终消亡虽然是一个漫长但却是一个历史发展的必然结局，这体现了社会权力与行政权力的对立。政府的行政权力是公民的经济权力与社会权力的赋予，但政治权力向社会的回归是人类社会解放的必要条件。这种认知明显有其所在时代的特性，但也说明了国家的行政权力与社会权力的对立统一关系，社会权力是行政权力的演化基础，行政权力是社会权力的升华与异化，因此，社会权力也同样会影响行政权力及个体的经济权力，从而影响整个社会的权力结构。郭国晖是国内最早提出社会权力概念的学者，他从社会现实出发，以权力的历史及演变逻辑探讨社会权力问题的。他认为原始社会的权力是一元化的，社会共同体的权力就是社会权力，国家形成之后，国家的行政权力逐渐融合并取代了社会权力，但随着社会的发展，这种权力一元化逐渐被权力的多元化与社会化所取代，社会权力不断参与国家治理中。特别是市场经济的建立和发展，国家即社会的一体化格局被打破，各种社会主体所掌握的资源越来越多，自主性增强，开始发挥对国家与社会的影响力与支配力，社会权力的作用机制得到强化。随着社会变得越来越复杂，政府的权力与能力也难以及时、全面满足经济与文化多样化对管理的需求，不得不将一部分行政权力分权给民间的社会组织，如公民通过建议、听证、讨论等形式参与法制的建设过程，或政府通过委托、授权等方式让某些社会组织参与行政管理等。当政府失灵时，非政府组织能通过对社会权力的运用，可以有效约束政府对行政权力的不合理应用，调整社会资源分配结构的不合理状态，或填补行政权力无力管理的社会空白区，在促进社会良性运行中发挥着重要的作用。

但由于权力的资源及权力的作用方式的差异，三种权力也存在着一定的差别。首先，三种权力存在着主体形态的差别。个体权力依附于个体而存在，社会权力的主体则是民族、阶级、非政府组织等社会群体，而行政权力的主体是国家。其次，权力存在着力量强度的差别，个体的经济权力来源于私有资产，社会权力来源于个体权力的聚合，而行政权力来源于国家机器，所以行政权力的力量强度大于社会权力及个体的经济权力。再次，个体的经济权力通常作用于经济市场，权力的最基本作用形式是生产性的努力活动，权力的作用结果是鼓励效率的财富创造。而行政权力是对社会资源的直接调整，权力作用的结果是对已有资源的再分配。因此，经济权力间的博弈一般为正和博弈，权力博弈的过程存在着帕累托改进，行政权力的应用一般只是对现有财富的再分配，权力的博弈是零和博弈，不存在帕累托改进的可能性，权力的既有结构直接影响资源的分配效果，社会权力则在个体权力与行政权力之间发挥着补充与协调的作用。最后，经济权力在不同主体间并不反对等量分配，权力主体与权力客体可以达到权力均衡，即使权力是不对等的，也会因资源的复杂及分散性使得一方不可能形成绝对的垄断，权力的一方有选择进行或放弃博弈的自由。而行政权力在主客体之间分配是不对等的，特别在国家层面，行政权力存在着绝对的垄断。

虽然行政权力的力量强度大于经济权力，但并不是说行政权力就可以对社会权力或经济权力进行随意性调整，每一种权力都存在权力行使的行为规则。对于经济权力，由于主体间博弈可以导致整个社会财富的累积性增加，因此，为社会的发展，应鼓励在自由竞争状态下经济主体对自我经济权力的扩张，即加大经济主体博弈的战略空间的生产性成分，扩大信息流动空间，对经济博弈不断进行帕累托改进。对于行政权力，权力的行使和运用要以维护经济自由为前提，在满足社会对资源分配公平理念下，保证经济主体间博弈的有序性，帮助博弈双方摆脱囚徒困境，促进经济的发展。而对于社会权力，本身其存在与运行的前提是一定的社会关系，是在个体的经济权力与国家的行政权力之间存在的一种协调力量，因此，维持适当的社会权力体系，可以对个人经济权力与政府行政权力的失衡起到调整的作用。

3.4.2　市场权力主体

供需决策的价格理论中只存在供与需两类主体，价格作为一种显示信号反映二者博弈的结果，虽然理论上可以得出均衡价格，但价格只反映了某一时刻两者静态的权力结构，并不反映均衡价格的公平理性。市场仅是社会的一个子系统，在该系统中人们进行生产、交易并实现对利益的追求，因此将效率放在机制运行的首位是必要的。而整个社会的长期发展则需要建立一个有效的社会机制来保证资源在不同主体间分配的公平性，或者说追求的是一种社会的公正。如果不同主体间权力是不对等的，市场交易机制引起的市场资源的流动将导致结构发生改变，利益结构将出现两极分化（张屹山和金成晓，2004）。资源产生权力，因此也可以说结果是权力结构的两极分化。新的权力结构又将产生新的利益分配的要求，权力越大，对利益分配的要求也越多，价格作为利益分配的媒介，自然也会体现强者意识，市场演变的结果是交易价格对权力大的一方更加有利，并随权力结构的改变而改变，并且这种改变将会是持续性的。这说明，如果初始权力结构是不均等的，自由竞争下的供需两点均衡也是不稳定的，最终是弱势一方丧失所有的资源，失去所有的经济权力，而自由交易的市场也将随之而消失，这不符合社会长期发展对资源配置的要求。历史的演化多次证实了这种循环的发展历程，中国历史上的朝代更迭多是因社会财富分配的极端不合理，让失去财富的人不得不利用自身的元资源，即采用暴力的形式实现财富的再分配。因此为避免权力结构和利益分配的过度失衡，市场必须存在一个具有调节市场权力结构的第三方，而政府是最佳选择。政府的行政权力具有强制性，且政府存在的根本目的是在维护社会经济高效率运行的同时，保证社会公平，但政府对财富的强制性调整必须以市场博弈双方权力失衡为前提，在财富分配严重失衡时可以给弱势一方必要的支持，权力均衡时政府的参与则是毫无必要的，不但浪费了资源，还可能适得其反，这与传统经济理论中关于政府的职能以及政府与市场的边界界定是一回事。因此考虑到竞争关系及权力作用行为的共性，我们将市场权力主体划分为四类：生产者、消费者、社会组织与政府。

（1）生产者。

生产者是掌握一定的资源，以盈利为目的，向市场提供产品的个人或组织，其所掌握的资源是构成生产者权力的基础。物质生产是人类生存的保证，从人类发展的历史来看，当生产有了剩余并形成市场交易时，生产者的身份就已经存在了，只是生产所利用的资料和技术比较简单，生产者之间没有形成有效的联合。随着人类社会的发展，技术的改进和需求的扩大，导致社会分工的形成和完善，并促使生产者的联合，形成规模更大的企业。根据权力的属性，生产者拥有的权力大致可分为生产资源所有权、经营管理权、经营决策权、剩余分配权等。德姆塞茨认为："资产所有权是法律赋予生产者对各种资源占有、使用、收益及处分的权力，即产权，它是指人们所能接受的、由物的存在引起的、与物的使用有关的人与人之间的行为关系。"[1] 诺思（Douglass North，1992）也从关系的角度解释了所有权的含义："所有权本质上是一种排他性权力。"这强调了所有权的行为性以及主体间

---

① 科斯，等. 财产权力与制度变迁—产权学派与新制度学派译文集［M］. 上海：上海人民出版社，2004.

的行为关系。但本质上，经济学中所谓的"所有权"、"产权"或"资本"即为经济权力发挥作用所依凭的资源，虽然这些范畴还有许多其他表达方法，但都掩盖了其最本质的含义。广义地说，"所有权"也好，"产权"或"资本"也好，都是在复杂的经济和社会关系中，个人或企业拥有的货币、物品、技能、信息等资源，凭借这些资源可以在相互关系中居于支配和主导地位，从而在分配与交换过程中占有较大份额的财富（张屹山和金成晓，2004）。所有权既是资源稀缺性在各权力主体间的体现，同时也规定了人们行为交往中必须遵守的行为规范，是权力保证下的物的占有资格，也是生产者行为和决策的依据。现代社会生产的复杂性使得生产所需的资源越来越多，这种稀缺资源不仅是生产所需的必要物质材料，还包括核心技术、人才、顾客、信息、市场影响力等。因此从权力的角度分析，相对于简单生产时代，现代社会的生产企业所拥有的权力是不断增大的。经营管理权、经营决策权和剩余分配权是资产所有权的在利益方向上的延展，是资源与权力之间的相互转化，因此生产者的权力具有价值性，并且这种价值受到国家强制力的合法保护。无论生产者基于哪种资源所产生的权力，都是在市场为获取利益而进行博弈的主要凭借。正因为拥有一定的权力，所以在一些研究学者的理论中，生产者不再只是被看作一个产业的结构单位，被动地接受市场结构对其绩效的约束和决定；相反，生产者因掌握着一定的资源，对资源的使用具有主观支配能力，在市场中能够以积极主动的行为者身份而存在，是自我行为的决策者，可以在既定市场结构中，进行定价、产品创新、研究开发、广告投资等一系列行为，以期望取得较好的绩效，并通过上述行为对市场结构产生影响。

在现代商品社会中，生产者大多以企业的形式存在，企业的出现是社会发展过程中，生产者身份演变的结果，对企业的本质及存在的原因目前已有许多种理论加以解释。如科斯认为：市场和企业是两种可以相互替代的配置资源的手段，在市场上，资源的配置由价格机制自动调节，而在企业中，资源的配置由权威的组织来完成。但无论哪一种方式，资源的配置都是有成本的。企业之所以会出现，是因为有些交易以企业内部权威的形式来执行所支付的成本远比企业通过市场谈判所花费的成本要低，企业形成的原因是为了节省交易费用，但企业内部组织交易的成本随着企业规模的扩张而增加，因此企业不可能完全替代市场，当企业内部组织成本等于市场交易成本时，企业达到最佳规模。阿尔钦和德姆塞茨（1972）、威廉姆森（1975）、克来茵（1978）、詹森和麦克林（1976）等都认同科斯的观点，并对科斯的理论做了一些补充，认为企业的出现并不是企业简单的对市场的替代，而是利用企业契约对一系列市场契约的替代，企业通过内部契约的权威来组织生产，通过契约，生产要素在一定的限度内服从企业家的指挥，而企业成员通过对有限资源的专项运用提高生产效率，并通过契约合作达到生产的目的，这也是企业可以在一定的规模内能够节省交易费用的原因。但科斯的理论目前受到了较多的质疑，科斯提出了交易成本的概念，但他却未能将这一概念可操作化，以便经济学家能系统地测量和评估企业内交易和市场交易的效率。正如阿尔钦和德姆塞茨所指出的，科斯未能说明在什么条件下，管理资源的成本比通过市场交易配置资源的成本更低。企业组织成本与市场交易费用之间缺乏有效的实证对比。特别是人类社会近几十年来技术取得了巨大的进步，生产及管理方式都有了质的变化，科斯的理论已经无法解释许多当前的市场问题，如同一行业不同规模企业同时存在，以及相同市场条件下不同行业的企业规模为什么发生反向变化等。因此，企业的形成并不是单纯的成本问题，财富并不是现代企业所追求的唯一目标，企业的形成还有组成组织的个体权能放大的问题。现代化的生产过程越来越复杂，需要投入更多种类的资源，而每个个体的资源量是有限的，不具备完成某些复杂产品的全部资源，并且每个个体并不都具有可以在市场通过交易换取所需资源的原始交易物。因此，基于利益交换的获取生产所需资源的可能性并不存在，个体如果想完成该复杂商品的生产，必须通过合作，将各自的资源集中起来，共同使用，目的是达到个体所无法达到的目标。所以，企业的形成虽然存在科斯所认定的成本因素，但事实上并不完全是由成本与费用所决定的，而是要素所有者通过合作扩大了各自的资源使用范围和数量，从而增加了组成组织的个体的权能，创造个体资源无法创造的财富，即通过契约与合作，发挥了各自所掌控要素的聚合效应。

无论是个体在市场中直接交易，还是以企业的形式进行合作，都是通过对经济主体不同的利益分配来影响资源的配置及经济效率的。从合作收益的生产与分配角度看，市场制度与企业制度的运行逻辑是相同的，都是通过产权制度约束经济主体之间的利益生产与分配，市场交易客观上并没有导致财富数量的增长，只是物权的转移，而合作生产则会通过制造产品实现社会财富的增长，交易只是实现财富增长的一个环节，没有交易则无法体现社会分工及生产效率，因此，市场与企业的合作才是实现剩余价值的完美闭环。

（2）消费者。

消费是形成市场的前提，而消费者是消费的主体。从权力形成的基础分析可知，每个消费者都是一个拥有一定资源的行为主体，包括元资源和其他资源，这些由资源所产生的权力受到法律或制度的保护，即消费者有权利用自己的资源，向市场提供可作为生产要素的劳动能力以换取生存必需的其他物质，或利用自己掌握的其他资源在市场进行交换。对资源的支配必须包含一定的消费者主观意愿，之所以用"一定"而没有用"完全"，是因为不劳而获是一种生物的本能，每个人都希望以最小的资源获得最大的收益，但交易的发生并不是单方决定的，而是双方共同决定的，资源分配及环境因素对每个消费者来说并不相同，元资源及市场机会的差异导致消费者为生存的需要并不一定完全按自己主观意愿从事资源的交换，换言之，一个人可能并不喜欢从事某项工作，但自身能力及环境的约束使他没有更好的选择，因此消费者的选择是其当前所能得到的最佳选择而不是最满意选择。交易虽然是在自由状态下发生的，但并不一定是交易者的完全意愿，辛本禄（2013）据此提出了交易意愿度的概念，即经济主体凭借自己的经济资源优劣势，对于经济客体是否进行交易、在什么条件下交易以及如何交易的选择程度。一个经济主体交易意愿度的大小取决于其对交易对象的影响力，即其所拥有的经济权力。交易过程实际是双方在一定资源下的权力博弈过程，交易发生及交易结果是双方资源所产生的权力博弈均衡的市场反应。

市场商品的交易与资源交易同理，消费者拥有商品的选择权，消费或不消费某种商品是消费者的自由，这是对商品价格的形成和演变起较大影响的权力，也是市场均衡价格形成机制的基础。如果消费者有选择的自由，其选择权就会影响交易价格的形成，虽然这种作用是非直接的，即采用"用脚投票"方式对市场已形成的价格进行反馈调整。这种对价格的影响力是消费者行为整体性的市场作用，调整的效果取决于消费者在购买过程中所拥有的商品可选择权力的大小及消费者个体间组织化程度的高低，即消费者的购买能力、商品的可替代性及消费者组织的规模。毋庸讳言，选择权的存在是每一市场主体自由交易所必需的，这也是古典经济学价格理论分析前提。但是，是否拥有选择权，以及所拥有的程度并不是判断交易是否出于自愿的标准。新制度经济学在分析市场时一般将交易划分为自愿性交易与强制性交易，但理论仅是以一种极端状态展现市场的本质，以简化分析的过程，因而忽视了在两种极端状态之间存在着各种可能的交易情况：如半自愿、半强制等。因为权力的形成是多维的，每个个体的权力在自由市场中不会被完全剥夺。在强制性交易中，被动交易者也常常拥有选择权，只是其所面临的种种替代性选择完全被他人所操控，致使被动交易者不能按照其自由状态下的主观意图进行权利边际的自愿调整，而这种调整却是满足其利益最大化的不可或缺的重要条件。所以，对出于自愿的自由选择权的强调主要是为了排除"要钱还是要命"之类的选择，这正如安卡卢（D. Ankarloo）所说："即使一个让我用钱换命的强盗让我选择，我也会'自愿地'接受交换，尽管这项交换的条件实际上是'强制性的'"①。因此市场自由交换与强制关系是同时存在的，二者是相容的，但处于强制性的"自由"交换这种情形，很明显，它违背了自愿选择原则，强制约束规定了个人决策权，限定了个人意愿表达的空间，被干预者处于不得不服从的状态，这种状态中选择权力对价格的影响是有限的，远远低于权力均衡时完全出于自愿选择对价格的决定能力，垄断性的市场就常常表现出这种交易特征。

从权力视角分析，市场本身并不配置资源，对资源有效配置的是市场中的经济主体凭借自己的权力，通过与其他经济体的权力博弈来实现的，市场仅是检验各经济主体资源配置效率的机制而已。正因为权力在交易机制中具有利益分配的作用，因此经济主体对利益的追求实际也等同于对权力的追求，传统经济理论中的"经济人"已经不足以表现现代社会经济主体的理性内涵，每个经济主体更多地表现出"权力经济人"的特质，在表象上追求经济利益，但在本质上却追求权力。

消费者的权力是消费者所拥有的可交换资源所决定的，资源具有多维性。掌控的资源越多，消费者所拥有的商品可选择范围越大，消费者所能承担的商品搜寻成本也越高，因而其选择权也越大。对生产者来说，在法律上消费者是平等的，但消费者所掌握的资源的差异将导致生产者对消费者的差别对待，生产企业对富有的消费者关注更多，表面上这种关注是生产者对自己可获取利益的考虑，但实际上是消费者所拥有的资源对生产者产生的权力影响，导致生产者对消费者做出更多的利益减让，如会员制、数量折扣及贵宾待遇等。因此，购买能力越强，消费者所拥有的权力越大，对价格也拥有更大的影响力。

市场中商品的供应状态也影响着市场的权力结构，如商品的替代性就与消费者的权力密切相关，商品替代性越强，消费者就拥有更大的选择权。替代性影响实际是生产企业之间相互博弈导致的企业自身权力的弱化，与此相对应间接地增加了消费者权力。因而理论也表达

075

---

① 吉利欧·帕勒摩. 新制度经济学中的经济权力与企业：两个相互冲突的问题 [J]. 海派经济学, 2004 (12): 84-105.

出企业提升竞争力就应增加商品之间的差异度，进而增加企业对自己产品的控制权，追求商品差异化成为企业增强自身权力、减小消费者权力的一种手段。如果某企业的商品不具有替代性，并且该商品对消费者来说是必需的，消费者没有其他选择，企业则拥有完全的市场控制权，即使交易是在公平的表象下发生，并不能表明交易就是公平的，实际上存在着权力失衡后利益转移的非公平性。

市场信息也是一种权力资源，信息来源的差异及信息搜寻成本的存在，使得消费者无法有效得知生产企业的相关信息，同时生产企业还掌握着大量的其他资源，因此，多数消费者与生产企业相比，无论是货币资源还是信息资源，通常情况下总是处于劣势，资源的不对等导致的消费者与生产企业间权力不对等，使得消费者在讨价还价的利益分配中处于劣势。因此成立对个体资源具有倾向性整合的组织，通过个体向组织中资源的投放，利用组织扩大个体资源的作用效果，增大个体对市场的影响力，是消费者提高自身权力的有效方式，如消费者协会通常在解决消费者与生产之间的矛盾时发挥着重要作用。消费者组织的存在并不是为了更有效促成交易，因而无法进行内部与外部的交易费用对比来判别组织存在的合理性问题，消费者组织的存在只能从资源的倾向性整合来增加个体资源影响力的角度来解释：组织扩大了个体的权力，以保证组织的参加者在市场交易中得到公平的对待。

与一般商品不同，公共品价格形成有别于普通消费品。针对公共物品的消费，均衡理论分析完全不适用，对于公共产品，每个消费者不会像消费私人物品那样准确地了解自己的偏好程度，即使是完全了解，也不会如实显示出来。消费者隐瞒或低报自己的偏好，目的是不付成本或少付成本并享受公共物品，导致公共物品消费中存在"免费搭车"现象。此时，消费者所愿意支付的商品价格不能反映市场达到供需均衡时的价格，这一现象的存在，使价格反映个体偏好的机制失灵，每个人都想让别人支付生产公共物品的成本，而自己能免费享受，导致市场交易价格无法反映供需，价格常常低于生产成本，导致按市场交易机制就不会有厂商来生产。在多数情况下，市场对公共物品的配置都显得无能为力，市场机制对公共物品是失灵的，这也成为政府参与公共品配置以满足社会需求的主要原因。

（3）社会组织。

对于社会组织，目前还缺乏统一的定义，从广义上可以将其看作参与社会治理、提供服务的各类型社会团体的统称。但从狭义上则对社会组织有了更为严格的要求，通常将合法登记的社团称为社会组织。但本书从权力视角来定义社会组织，则可以将其简单定义为能够发挥社会权力的功能性群体，这种定义更具有广义特性，但将政府部门排除在社会组织之外。该定义可以有效区别社会组织与政府组织，在分析行政权力与社会权力时有更为明确的逻辑关系。在当代社会，社会组织可以分为正式的与非正式的两种存在形式，正式的社会组织一般指在国家管理部门审批、登记的团体，非正式则是自发的、未在国家管理部门备案的团体。最初的社会组织是人类适应社会、提高群体生存能力所采取的一种联合形式，通常以血缘关系为纽带。随着人类社会分工的发展，社会活动及人际关系日趋复杂，社会组织也得到快速发展。具有相同目标的个体，通过对行为的规范化、制度化，就能构建一个有明确目标的社会组织，并围绕组织目标进行相应的社会活动。组织能够按组织目标对成员的行为进行制度性约束，使成员能够相互合作、行为统一，即组织能够发挥权力的场效应，从而聚合个体的权力并形成较个体权力更大的社会权力。

现有研究多着眼于社会组织的社会治理职能，论证政府失灵时社会组织存在的必要性。而很少关注社会组织的经济职能。虽然两种职能都表现出一定的权力关系模式，但权力的作用机制却存在较大的差异性。社会治理实际是社会组织通过法制和民主的形式协助行政机关弥补或完善社会管理职能，通常表现为话语权并通过该权力促进管理部门的管理行动，在该机制中社会权力与行政权力形成相互补充的协作关系，并在协作中不断寻找增强组织自身权力的机会，社会治理的

077

参与过程实际就是社会组织与行政部门在信息的话语权与治理的行动权之间的博弈。近年来，因政府机构烦琐、人员庞杂，管理成本日益提高，管理效率却越来越低，不少国家的政府不得不重新审视政府职责，并采取相应的改革措施以提升施政效率。最有效的方法是提高社会组织与公民对行政管理的参与度，或借用市场机制，通过购买社会组织服务的方式来实现降本提效。政府管理方式的演变促进了社会组织的发展，并导致社会权力的分布结构日益复杂。但目前对各种社会组织的演化背景及其如何构建整个社会权力分布结构的问题，仍缺乏深入的理论研究，而对社会权力如何影响经济的问题更是少有关注。虽然社会组织参与行政管理是社会发展的一种适应性选择，但这种权力的融合自然会引致社会资源分配机制的调整，如果认同制度的形成与演化是社会群体之间权力博弈的结果，并承认制度是权力转化并获取利益一种工具，那么社会权力同样也应具备经济效率及分配效应，表现为社会组织的话语权对行动的引领性，甚至表现为一种更为广泛的行动权，参与到社会资源的分配。正因为权力与利益分配的同构性，社会中的各种组织总是追求与其权力相匹配的利益，并努力促使其权力运用所得与其自有权力评估基础上的期望之间达到平衡，一些强大的社会组织还会基于自身权力的不断变化，以实际行动改变分配规则以获取更大的利益分配数额，并不断增强其身份的主体性。

（4）政府。

政府是国家权力的执行机构，政府行为体现国家意识，作为一个组织，政府在市场中拥有双重身份，一是具有行政权力的市场管理者角色，拥有市场游戏规则的制定权、监控权、管理权。二是具有经济权力的市场参与者角色，政府以一定的资源在市场上进行交易，直接参与市场经济行为，如政府采购和国家投资。从权力的来源及性质来看，行政权力是结构内生的权力，是权利的一种特殊转化形式，权力源于公民的基本人权。公民为了更好地维护其基本权利，而将一部分权利让渡给代表民意的政府，公民让渡的这部分权利就成为行政权力的最终来源，因此行政权力存在的根本目的就是保障和维护公民的基本人权。行政权力是一种"强力"，正如斯蒂格利茨（Stiglitz，1994）所认为的："作为一经济组织的政府和其他组织相比有很多不同之处，在这些不同之处中，政府有两大显著特性：第一，政府是一对全体社会成员具有普遍性的组织；第二，政府拥有其他经济组织所不具有的强制力。"相对于企业、社会组织和消费者来说，其影响更大，能够强制要求其他市场主体遵守执行相应规则。行政权力虽然是一种强制力，可以在国家机器的帮助下强制执行，但任何权力都不是无边界的，行政权力也存在制度的约束，政府只可以行使公民通过法律明确赋予的权力。而不能行使没有明确规定的权力，政府对权力的行使必须符合宪法和法律的规定，行政权力的运行不得侵犯公民的基本人权，否则，就丧失了其合法性。政府的经济权力是政府所掌握的经济资源对市场的影响力，其权力的大小取决于其所掌控的资源量。不同的政治体制下，政府所掌握的资源量是不同的，我国原有的社会主义公有制度导致政府掌握大量生产性资源，虽然经过经济体制改革对社会生产资源进行了重新的调整，但这种调整并不能迅速地完全改变既有结构，政府仍然是拥有较大资源的经济主体，对市场的运行有着较大的影响力，这种影响是基于自由竞争状态下政府对经济资源直接运用的结果。

在既有的经济理论中，政府在市场经济中起何种作用，政府与市场的关系如何有不同的理论认知。斯密就明确反对国家对市场的干预，他对国家的作用和政府的动机表示极大的怀疑，在其"自私的动机、私有的企业、竞争的市场"这个自由制度的三要素基础之上，他规定了国家的三个任务：提高分工程度，增加资本数量，改善资本用途；由此，认为不断增加国民财富的最好办法就是给经济活动以完全的自由，无须政府进行干预；进而，对政府的义务作了三点限制：保护社会，使之不受侵犯，保护社会上的每个人，使之不受其他人侵犯；建设并维持某些公共事业及设施。将上述归纳起来便是一幅"看不见的手"支配的社会经济的景象，而政府则成为一个守夜人。产业资产阶级的现实要求与自由放任的政策理论，构建了古典经济理论的核心内容，并推动了资本主义经济的快速发展。但新古典派经济学家认为，政府在某些领域起到了其他行为主体所起不到的作用，在这些领域如果没有政府，整个市场经济就无法正常运转。这些领域包括：①维护主权和领土完整；②制定和实施法律，维持社会基本秩序；③界定产权，保护主权；④监督合同的执行；⑤维系本国货币的价值等。在这些领域之外的事应由市场自行调节，政府不应利用行政权力加以干预。但这种认识有着两分的特征，仍强调政府的管理职能，而忽略了政府对经济领域的影响，没有从整体视角看待政府的作用，因此存在理论上的缺陷：一是理论只强调了"效率"，忽略了"公平"。效率是社会发展的关键，没有效率的社会将逐渐被淘汰，但缺乏管理的自由竞争不一定能实现效率的最大化。博弈理论已经证明，在自由竞争状态下，两个经济主体博弈即使达到了纳什均衡，但却存在着囚徒困境，博弈的结果并不一定是帕累托最优。即使达到帕累托最优，博弈分析也都是基于个体利益的独立考量，而没有考虑个体间合作的总体效益。假设把帕累托原则略作调整，可以设想这样一种情况：某些变化使博弈个体有得有失，但所有的"得"加起来大于所有的"失"。理论上，得者拿出一部分他们之所得补偿失者之所失后仍能有所得。在这个意义上，就全体而言，利益是增加的，如果市场博弈中存在这样的利得者，博弈的策略调整应算作一种帕累托改进，问题是，如果没有有效的行为约束，利得者受经济人的理性驱动，不会保证拿出自己的一部分所得来补偿失者之失，因此效率提高的代价便是不公平（R. W. Boadway，1989）。在此情况下，政府行政权力的强制性则可以有效保证效率改进后的公平。二是帕累托效率是一个静态的概念，只涉及一定条件下给定资源的配置效率问题。经济发展是一个变化的过程，市场的每次均衡都不会是持久的，环境的变化将导致影响因素的改变。赫茨曼（Hirchman，1955）及其他一些经济学家早已指出的：经济发展实际上是个不断打破均衡、跳跃前进的过程，市场无法保持长期稳定的均衡。新古典经济学理论无法解释均衡一旦被扰动如何恢复并得以保持，静态模式的价格机制如何指导动态经济世界中的资源配置等问题，也没有提出有力的证据证明分散的、短期的对市场信号的反应有利于市场经济的长期发展（Joseph E. Stiglitz，1989）。因此市场价格的自我调整机制有一定的局限性，"看不见的手"只有在严格的条件下才能发挥其理论上的作用，对此格林沃尔德（B. Greenwald）和斯蒂格利茨（J. E. Stiglitz，1980）也认为：在市场不完全、信息不充分的情况下，市场竞争的价格机制对资源的配置不一定是有效率的，也就是说，即使市场是静态的，自由竞争所形成的均衡也并不一定是有效率的，这种均衡下价格所起的利益调整作用将会加大社会分配的矛盾，最终导致更大的社会经济问题。当前的中国，虽然经过了多年的经济体制改革，但完全自由的竞争机制并没有建立完善，如果没有政府的行政干预，市场经济秩序不会如新古典经济学理论所描述的那样美好，因此政府的作用远比新古典经济理论所划定的范围要大。

新古典经济学者认识到政府在市场经济中的作用，但仍认为，如果市场是有效的，政府不应该以行政权力加以干预，市场拥有自动均衡的能力。而"市场失灵"理论则给予政府更宽泛的行动范围，认为即使是市场经济，政府也必须拥有以下经济职能：一是提供公共物品。公共物品的生产与维护需要成本，但这种成本具有外部性特征，使得成本的承担存在搭便车现象，在市场经济条件下，资本追求利润最大化的本质特征，导致不可能通过市场运作的方式让经济主体为社会提供无利可图的公共物品，因此提供公共物品的责任必然由政府来承担。二是保持宏观经济稳定。现实的市场经济不会完全契合理论的完美假设，个体目标的异化也导致个体理性无法合成社会的整体理性，现实社会的经济运行便常常严重偏离理性预期，宏观经济出现周期性波动。虽然理论证明市场能自动调节并引致经济实现均衡，恢复经济的稳定，但会因漫长的过程而产生较大的经济损失，因此由政府通过加强宏观经济调控实现经济平稳就成为最佳选择项。三是使经济外部性内在化；经济外部性指在社会经济活动中，一个经济主体的行为直接影响另一个相应的经济主体，却没有给予相应支付或得到相应补偿，这实际是利益与责任的非等效转移，进而导致主体间的冲突。庇古早就在分析外部性形成机制的基础上，提出政府干预说，认为政府应利用课税方式来弥补经济活动中边际成本与边际利益的差值，从而实现外部效应的内在化。四是限制垄断；无论是因市场竞争形成的自然性垄断，还是由政府扶持的行政性垄断，都会导致市场主体间权力的失衡，进而导致资源与财富分配的失衡，加大社会不公平。因而从维护社会公平视角，政府制定相应的制度，完善相关法律，约束政府非中性行为并维护市场公平竞争态势。五是调节收入和财富的分配。现有理论及社会发展的现实都已证明，如果初始资源的分配不均衡，完全竞争的市场机制最终将导致资源分配的两极分化，社会不公平将增大矛盾，影响社会稳定，因此政府应采取税收等措施调节财富分配的失衡。六是弥补市场不完全性和信息的不对等性。

根据市场失灵理论，即使市场竞争能相对有效地解决资源配置问题，随之而来的分配格局却不一定是公平的。福利经济学第二定理证明，任何帕累托有效配置都可能在不同价格水平上实现。每种价格水平虽然都可使配置达到市场均衡状态，但其产生的福利分配后果却各不相同，问题是如何确定哪一种配置方式最符合社会认可的公平分配原则。很明显，市场作不了这个选择，因为它根本没有作这种伦理价值判断的功能。而市场不完全性和信息的不对称性则是市场的本质问题，是市场的复杂性和多变性所决定的，单纯依靠市场也无法有效解决，必须借助于政府的力量，只有依靠政府的行政权力才能有效解决公平问题。虽然市场失灵理论认为在一般情况下市场对资源的配置是有效率的，市场失灵只是例外，但格林沃尔德和斯蒂格利茨通过对现实市场的分析，认为市场只是在例外情况下才是有效率的，市场失灵才是一种常态（B. Greemwald & J. E. Stiglitz, 1986）。如果市场在多数情况下都会出现不同程度的失灵，说明缺乏管理的市场并不是资源配置的最有效机制，政府参与市场的管理就成为一种必然。换言之，国家干预的目的是解决市场失灵，保证市场交易的公平性，具体表现为对经济制度的制定和执行。经济制度决定了资源的初始分配及市场运行过程中资源的调整方式，并且不同的制度产生不同的市场结构及市场运行机制。无论是哪种社会形式，都是市场机制与政府调控的混合体，社会的有效运行二者不可或缺，至少到目前为止，政府的行政职能还无法用市场机制来代替。经济学也已证明，单凭供需双方以竞争方式形成的纳什均衡并不体现公平与效率，而追求效率下的社会公平是政府的责任。因此，斯蒂格利茨主张建立一种在市场经济条件下加强政府控制职能的新经济发展战略，在市场成为经济中心的同时，政府必须发挥重要作用。我国原有的公有制经济体制已经使政府具有双重身份，这要求政府不但要保证市场交易的有效性，还要保证交易的公平性。如果在竞争中加入政府权力，通过政府权力的强制性应用，调整市场机制对资源配置的局限性或缺陷性，监督和约束交易过程中权力不对等情况下交易的公平性，则可以达到仅凭市场机制无法达到的体现公平的帕累托最优，实现预期的社会经济目标（见图 3-1）。因此，市场交易公平与否，资源是否被合理利用，不能仅依赖供需双方的市场经济行为，还取决于政府权力的合理运用。

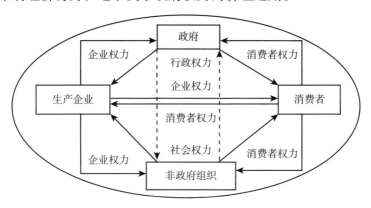

图 3-1 市场经济主体权力关系

3.5 权力的市场表现形式

虽然不同资源都能成为权力的基础，但资源施加影响的形式却并不相同，资源的多样化使得权力的表现形式多元化。在当代社会，某些基于元资源的权力应用方式已失去了其产生作用的社会基础，如武力，在商品社会武力通常已不再是影响利益分配的合法形式。但并不是只有符合社会规则的权力表现形式才能在市场中出现，在某些领域，基于武力的竞争依然存在。同时，社会的发展也使得元资源和衍生资源相结合，共同产生权力效应以达到最佳的影响效果，因而权力的表现形式已不再仅局限于行为人只利用自己生物学能力的范畴，与元资源相结合的各种工具的应用增强了资源的权力效能，并成为现代社会中主要的权力博弈方式，具体表现为武力、操纵及说服应用形式。

（1）武力。

如果说武力是一种生物的本能并不为过，因为武力就是通过物理方法使对手肉体或精神遭受痛苦或损伤的行为（D. H. Wrong），其表现形式通常是暴力，即行为主体利用个体间自然禀赋的差异，通过袭击他人的躯体，使其遭受痛苦、损伤或死亡，来达到行为主体的个人目的。在人类社会的发展历史，无论是原始社会还是现代社会，武力常常作为获取资源的一种重要手段，特别是在资本主义发展的早期，以暴力为主的武力应用成为资本主义国家原始积累的主要方式，强势一方通过武力使得弱势一方被迫接受非公平的交易规则。但随着人类社会的发展，人们也逐渐认识到武力作为一种权力应用方式，在利益分配的过程中存在较大的负面效应，行为人在达到自己目的的同时，也会付出较大的成本代价，且过度应用武力也会使权力本身处于湮灭的危险之中。因为权力是一种相互的影响，需要权力主体与权力客体同时存在，在过度应用武力的情形下，有可能导致权力客体灭失，权力也就失去了存在的基础。因此以极端暴力形式的权力应用在人类社会的发展中渐渐趋于理性，特别在商业社会中，交换成为主要的社会价值转移形式，对自由和公平的要求使暴力方式的权力作用形式失去了相互认同的社会基础。但武力在利益的博弈过程中并未消失，非暴力性的武力仍是主体显示权力的一种方式。按照丹尼斯·朗（Dennis Wrong，2001）所表述的观点："所有对有价值财物的破坏或强加的经济惩罚都属于武力，只是表现的形式较为温和，并且这种武力的展示通常考虑到受影响一方的心理需要和社会需要。"最简单的例子是一个消费者如果了解到在自己的交易过程中因信息不完备而受到交易另一方的主观故意欺骗，那么他可以通过法律的形式来追索自己的损失，法律所认定的经济惩罚就属于武力的范畴。但武力所能达到的目标是有限的，即使行为受到武力的限制，弱势一方也未必能够服从强势一方。而以武力相威胁可能会使被影响者在内心产生更大的恐惧，但并不会取得更好的效果，因此更多时候，武力并不是行为主体真正的行为应用，而仅表现为一种潜在的可能，即使用武力的威胁。潜在的武力与武力的行使有着本质的区别，潜在的武力是社会性的，不是物理性的（D. H. Wrong）。威胁产生的权力效果基于权力双方对武力行使所产生的后果的预知，是一种心理影响，受影响的一方通常将对比抗拒威胁和服从威胁两种选择所得到的博弈支付作为自己决策的依据。

市场交易是一种基于自愿的行为，而武力却具有强迫的性质，并且通常基于武力的利益博弈并不是零和博弈或正和博弈，而是负和博弈。武力使用者即使利用武力得到较大的收益，但博弈的结果并不是帕累托最优，如果仅通过讨价还价就可以解决利益分配问题，武力就不是最佳选择，这也是所有的经济理论在分析市场问题时排斥武力的根本原因。但市场的自由交易也离不开武力的保证，因为任何一个行为主体都具备行使武力的元资源，并且各主体间存在着资源差异，如果个体行为缺乏有效约束，对利益的追求使得行为主体在其他权力失效时，就会选择武力作为最终的解决方式。换言之，武力虽然是一种权力的表现形式，但同时也是权力失去控制的证明。在缺乏国家行为规则的时代，强国与弱国的资源争夺通常都是以战争来解决，如鸦片战争，英国以武力强迫中国开放口岸，使鸦片贸易合法化。而在现代社会，针对石油的竞争也常常演变为武力，如伊拉克入侵科威特和美国入侵伊拉克，无论借口如何，目标都是石油。而在缺乏个人行为约束的国家，黑社会就会猖獗，以价格调整来实现资源分配的市场公平竞争机制就会被武力所取代。市场交易中如果存在武力的直接参与，均衡分析就失去了意义，社会公平自然也就没有了保障。因此，主体对武力资源的使用必须受到相应的约束，防止将武力作为达成交易或取得利益的手段。但从单一市场来看，能对个体的武力起到约束作用的只能是另一种更大的武力，基于目前的社会结构，能够保证市场公平竞争的只有政府。政府的行政权力具有一定的武力特征，至少在行政权力的行使过程中有武力威胁的存在，这表明，在当前社会武力并未消失，只是隐于市场机制的背后，成为保证市场机制正常运行的一种权力，也证明市场并不排斥具有武力特征的行政权力，反而需要行政权力的保护。社会的发展历程也表明，市场经济不会自然而然地在自愿交易中出现，市场经济并不是始于以物易物的自由交换的愿望；相反，以物易物却是市场经济的产物（王绍光，1999），即交易发生时，交易的规则已经存在。朴兰伊（Polanyi，1975）在研究英国发展史时也发现，打开并保持通向自由市场的道路是不断加强中央组织控制与干预的结果。任何国家要建立一个有效的市场经济都需要一个强有力的政府来执行规则、准则和制度，只有当行政权力强大到一定程度，能够保证所建立的完善的市场体系有效运行时，行为主体才会"自愿"遵守市场规则，政府也就不需要对市场进行更多的干预。行政干预不是证明政府的强大，只能证明政府太软弱，无力建立一个有强制性的法制和监管体系。因此，虽然行政权力对市场的直接干预能够破坏自由竞争的市场均衡，但要建立有充分竞争的市场，还必须借助于政府的武力来完善市场交易规则并保证这些规则的有效实施，这完全体现了约束与自由的对立统一关系。

（2）操纵。

市场操纵是一种较难以定义的行为，原因在于操纵手段的多样性及行为的隐蔽性。丹尼斯·朗认为，任何影响他人反应的蓄意而成功的努力，只要他未将所需的反应明确告诉该人，即构成操纵。换言之，当一个行为主体 B 并不了解另一行为主体 A 的真实意图，却在对方的影响下自愿按照 A 的意图行事，则 B 受到了 A 的操纵。更广泛地说，如果是基于利益考虑，为达到一个明确的目标，除了武力以外的一切权力形式，包括武力威胁、为得到服从而给予的奖励等，都可视为操纵。与其他权力作用形式相比，操纵的权力表现形式有着以下特点：

① 操纵是一种具有隐蔽性的非直接的权力作用形式。操纵不是权力的直接展示，通常不会引起权力客体的直接反抗，具有一定的隐蔽性。操纵的发生并不一定能说明权力使用者与受影响一方具有明确的直接的关系，有时权力使用者和受影响者并不知道对方以何种身份存在，这使得受操纵一方难以回避或公开拒绝。在市场中，企业所有的行为都是以利益为最终目的，而价格是市场利益分配的媒介，因此对价格的操纵就经常成为企业展示权力的主要内容。无论是垄断企业通过对市场供应数量的控制保持收益最大化的价格，还是寡头垄断企业之间达成的正式或非正式的联盟价格，都是企业利用自身权力对市场操纵的结果，均衡分析方法只是给这种操纵提供了权力作用强度的参照标准。但对市场的操纵是一种权力广域应用的行为，并没有一个明确的、特定的权力作用对象，企业无法了解哪个潜在的消费者是其操纵市场所受影响的经济个体，而消费者本人也不一定了解企业行动的真实过程和行为动机，不知道权力操纵者的真实意图，因而无法表达自己受操纵影响的意识，使得每个消费者常常被迫接受这种操纵行为。

② 对信息的控制是操纵的主要手段。操纵之所以能达到权力作用的效果，是基于行为主体的任何决策行为都依赖于一定信息资源，而市场信息是不完备的，信息在不同主体间的分配不均衡。信息充分的

行为主体可以通过隐蔽的作用方式，将信息传达给权力作用的对象，或者通过向受影响者有选择地公开传递某些对操纵者有利的信息，使受影响者改变自己的心理及行为，从而控制受影响者。如在市场中，广告是最常用的信息操纵方式，多数消费者缺乏有效的产品信息，生产企业通过广告所做的信息传递，能够影响客体的认知结构，进而影响消费者的判断和选择。

③ 操纵是权力主体基于资源差异对权力客体所做的一种有意识的权力应用，或者说，操纵者都具有主观故意性，并通过操纵获得相应的利益，因此，操纵具有一定的道德困境。虽然操纵行为都是以合法的手段进行，但掌权者并不是为了出于对权力作用对象的关心或维护，而是在利益的驱动下所进行的一种权力应用，这使得被影响者一旦了解到被操纵的事实，将会产生强烈的反感，甚至当被影响者认为存在被操纵的可能，也会对权力拥有者的行为产生怀疑，特别是当被操纵者事后了解被操纵所产生的利益损失时，可能会产生逆反行为，导致权力主客之间的矛盾与冲突。因此资源的均衡，特别是信息资源的均衡可以有效减少操纵行为的发生，信息充分的完全竞争市场虽然是一种理想状态，但也是现实市场完善所追求的目标。

（3）说服。

通常情况下，如果行为主体 A 向 B 提供相应的信息及行为建议，B 经过主观判别，接受 A 的建议作为自己行为的最终依据，则认为 A 成功说服了 B（D. H. Wrong）。将说服定义为一种权力的形式，是因为说服利用了信息资源并产生了影响效果，能够达到说服者的影响目的。说服与操纵有着相似的表现形式，但操纵存在着资源的选择性利用，影响的过程具有一定的隐蔽性，导致选择的结果存在非公平性。而说服的结果是基于主观判别的一种自我选择，虽然说服者通过提供相关的信息参与了被说服者的决策过程，但被说服者可以接受也可以放弃说服者的建议，说服的过程也是公开的，权力作用双方处于一个相对平等的地位，因而选择的结果是较为公平的。也正因为被说服者没有遵从的义务，选择是自由的，符合市场自由竞争的理念，不存在经济伦理的道德困境，不会受到被说服者的敌视，说服也就成为市场中最常见的权力应用形式之一。

但与其他权力作用形式一样，说服也依赖于分配不均的资源，并且资源的范围是广泛的。不同主体所掌握的说服资源不同，导致竞争主体间说服能力的差异。在市场竞争过程中，能够让更多的人按自己的建议进行决策的企业则会在市场中占据主动地位，因此竞争并不仅基于与商品有关的一些变量，还取决于企业利用所掌握的其他资源对市场的影响能力，行业竞争方式因此而表现为多样化。通常情况下，说服主要是对信息资源的利用，说服的应用并不会改变市场商品供需的量，但却可以改变认知、思想及消费行为，进而产生不同的市场效果，这样一来，传统基于供需对商品价格的分析就显得过于简单，现实的交易价格形成机制实际比理论认知复杂得多。

第4章
Chapter 4

基于权力的市场价格分析

4.1 经济学假设的历史演绎及修正

虽然在管理理念上追求主体间的权力均等，但由于市场中的资源种类繁多，且这些资源不可能在个体或组织之间平均分配，个体间自然存在着禀赋的差异，而社会管理过程中某些主体被赋予的法定职务本身也存在阶层的差异，因而权力在不同主体间的分配也就存在非均等性，权力非均等成为社会的一种固有状态。在市场经营中，由于资源具有稀缺性，掌握资源越多的权力主体对市场上其他主体的影响也越大，从经济角度考虑其权力也就越大，也就是说企业权力的大小取决于其所掌握的关键资源在要素市场中相对的稀缺程度或替代难易程度。这里所说的资源并不仅是新古典经济学中生产所需要的土地、资本和劳动力三种投入要素，还包含了信息、技术、品牌及顾客等对市场有较大影响的其他要素，这些要素共同作用形成企业的影响力，即市场中的权力。资源也是具有流动性的，在市场竞争中不停地发生着转移，对资源掌控的个体或组织的权力大小也自然而然地随着资源的转移而不停地发生着变动，即权力具有可调整性。因此分析权力对经济活动的影响时，我们明确以下几点前提假设：

（1）权力的大小与权力主体所掌握的资源数量成正比；

（2）个体存在着制度或自然禀赋的差异，因资源禀赋的差异导致不同经济主体间的权力不是完全对等的，这是个体间存在权力相互影响的基础；

（3）权力与利益存在正相关关系。经济主体权力越大，从市场中能得到的利益越多，即权力与利益分配具有同构性；

（4）权力结构是可变的。即不论是政治权力还是经济权力都可能因制度的变迁及资源流动而发生结构性改变。

有了以上假设，就可以重新认识经济理性的含义。在新古典经济学理论中，"经济人"是一充分体现人类行为倾向的假定，即认定每个个体都是目的性很强的经济人，都会在特定的并且是不断变化的约束条件下，通过明确的或者是潜意识的成本——收益的计算来寻找实现目标的最佳方式，并借助于最佳途径实现他自认最理想的预期结果。经济人个体理性是古典经济学一条无须证明的公理，如亚当·斯密（Adam Smith，2014）所述："每个人都在力图应用他的资本，来使其生产的产品能得到最大的价值"，即个体在市场行为中追求个体利益最大化，并且具有稳定的预期。但斯密无法说清理性经济人的交易行为与社会的关系，也无法解释理性行为人在行为选择过程中的有限性，因此以"看不见的手"这种神秘的虚无主义来解释个人的经济行为。实际上，斯密对理性行为的分析中忽视了其他主体资源对个体行为决策的影响，同时在理论的分析中只考虑短期的经济利益，没有考虑权力与经济的关系及收益的多期性和不确定性。边沁为解释理性经济行为，提出了效用理论，认为理性经济人追求效用最大化，但效用的度量是其在价格理论分析中的最大问题。所以，当杰文斯、门格尔及瓦尔拉斯等提出边际效用理论后，效用理论的应用才得以拓展，价格被认为是消费者根据个人对物品的边际效用所估算的价值。马歇尔结合

091

了边际效用和古典经济学有关个体理性的观点，并将消费者和生产者区分开来，认为消费者追求的是个体效用的最大化，而生产者追求投资利益的最大化，二者在各自目标的驱动下调节自己的经济行为，使之向供求均衡运动，最终达到市场商品供应量的均衡，而此时的交易价格即为均衡价格。但古典及新古典经济理论中的理性有着较强的约束条件：个体对自己所处的环境有完全的知识，有稳定和条理清晰的偏好，有很强的计算能力。在此条件下，理性的实现包括三项程序：列出全部备选方案；确定其中的每一个方案的后果；对这些后果进行评价并选出最优的方案。但西蒙对此提出了异议，他批评了新古典经济学理性的假设条件，认为完全信息的条件并不存在："在不确定条件下及不完全竞争条件下进行决策行为，将出现用有限理性代替古典理论的确凿证据。"因此西蒙认为，"有限理性"的定义将比古典经济学"理性"的定义具有更广泛的应用性和应用价值，能够解决古典经济学理论无法解决的问题。依据"有限理性"的决策方法，不是追求最优的选择而是寻找满意的选择，满意的选择可能不是古典经济理论中的"最大化"，而是资源约束条件下的"最优化"，这样选择的结果就可以转化为一组约束条件下求极值的问题。显而易见，如果没有约束条件，也无法得到所谓的极值。奥斯卡·兰格以"狐兔追捕"的案例进一步探讨了经济人假设中的"最大化"和"最优"的命题①。兰格将狐兔都比喻成经济动物，在狐兔追逃博弈过程中两者都选择了能实现各自目标的策略：最快的速度和最佳的路线，但博弈的结果却给出更多的启示（张宇燕，1992；陶一桃，2002）：首先，信息是不完

---

① 奥斯卡·兰格：《经济控制论导论》，中国社会科学出版社 1981 年版，第 31～32 页。内容是这样表述的：一只狐狸和一只兔子在某时某地不期而遇，为了生存这一最高目标——无疑是它们各自的根本利益所在，狐狸疯狂地追赶以获取生存的食物，而兔子拼命地逃窜以免死于非命。对两者而言，其选择的既定战略显然都是最佳的。在追捕与逃亡的博弈过程中，兔子突然发现前方有一棵大树挡住了去路。为了避免直接撞树而亡，此时，兔子的最佳选择便是急转弯以求绕开大树，尽管一般而言，跑直线对兔子来说可能是最合理的选择。作为追捕者的狐狸，及时修正其追捕的路线，并最终取得了这场狐兔之争的胜利。

备的——兔子并不晓得前面有树，这与西蒙的观点相符合；其次，博弈发生的约束条件不是固定不变的，博弈双方会根据约束的变化及时调整自己的策略；再次，最佳决策并没有带来双方的最佳结果，决策行为与结果的背道而驰表明了最佳选择在不确定条件下只是预期目标实现的必要条件而非充分条件，同时也暗示了用结果好坏来判断行为最佳与否并不合适；最后，博弈的结果，即兔子的悲剧反映了行为者的选择并不只取决于自己的愿望，而同时依赖博弈另一方的行为或拥有的条件。但以上的分析仍遗漏了一些内容，首先，博弈只考虑了短期行为，而没有考虑长期内二者的行为决策，按照进化论，只有最强壮的动物才能在自然界中生存下来，因此，在长期内，狐狸和兔子的最佳选择不一定是跑得最快，而是最强壮，这基于两点认识：一是最强壮是跑得最快的保证；二是狐狸之所以追兔子而不是追大象，也是因为兔子不够强壮。在商业领域，这种自然规则同样存在，理性决策不一定是短期内获得最大收益，同时进行决策也会选择合适的领域及合适的博弈对象。其次，虽然分析了博弈的结果依赖于他人他物的行为或拥有的条件，但没有指出兔子悲剧的形成主要是博弈双方权力不对等造成的，狐狸拥有强势资源，即使兔子选择的是博弈条件约束下的最佳策略，也依然改变不了悲剧的结果。该博弈案例说明当博弈双方存在较大的权力差异时，弱势一方，无论其决策是理性的还是非理性的、其决策方案是最佳的还是次佳的都毫无意义。

商品社会的利益竞争也同样如此，经济个体的首要目标是生存和发展，这与加尔布雷斯所阐述的成熟企业的首要目标是稳定和增长相一致。但人类社会的复杂性使得经济个体的生存和发展需要的并不仅是某一类资源，而需要多种资源的综合。就企业来说，利润只是保证企业稳定和增长的资源之一而不是唯一资源，因此加尔布雷斯批驳了传统经济学关于利润最大化的理性认定，并在经济理性的阐述中引入了权力的分析，提出了消费者主权及生产者主权的概念，生产者和消费者都拥有各自的主权，追求在交易中对另一方的权力控制。加尔布雷斯指出，在工业发展的早期是消费者主权占优的时代，技术的相对简单使得消费者对自己的所需有充分的了解，并将这种主观需求信息传递到市场，引导企业进行生产。但随着人类技术的发展，生产者主权逐渐取代了消费者主权成为控制市场的因素。在生产者主权时代，企业通过提高技术，不断设计并制造新产品，再通过广告宣传等手段引导个体消费，通过广告及品牌效应刺激消费者选择，生产企业的权力在市场供需中成为控制因素，追求权力最大化对生产者来说将更为理性。但追求权力最大化并不等同于追求利润最大化，对生产企业而言，只有当企业规模不断扩大，企业的权力才会不断增大，企业发展不仅需要股东的资本，还需要工人，追求企业利润最大化只对股东有利，却将加大工人的劳动强度，可能导致工人的不满，而工人每天在企业内工作，从事相应的生产工作，比股东更接近企业，对企业的发展有更大的影响，企业管理者会考虑工人的满意程度而放弃对短期利润最大化的追求，这与钱德勒通过大量史料分析所得到的结论是相同的。钱德勒指出：职业管理者出于自身职业生涯的考虑，将自觉抵制损害公司持续发展的短期行为，宁愿选择能促使企业长期稳定和成长的政策（Chandler，1977）。所以，在当期市场博弈中追求利润最大化并不是经济个体理性选择的唯一目标，而追求对市场的控制并保证个体在市场中长期生存才是一个理性主体的最佳选择，当期利益最大化只是企业在市场条件允许的情况下为实现个体理性目标所做的一种可选项。正如加尔布雷斯（1992）所言，现代人的经济行为不仅是一种对财富的追求，同时也是一种对权力的追求。经济理性的含义不再仅局限于当期利益最大，而是长期的综合效益或企业价值最大化，而预期的收益又与当期企业对市场的控制力有关，对市场控制力强的企业，就能得到更大的市场利益。如果考虑到资源与权力的关系，将经济个体的理性认定为追求市场权力最大化具有更为现实的意义。

4.2 权力博弈与价格形成

4.2.1 市场主体间权力博弈

商品经济是人类社会发展到一定阶段时所自然形成的社会成员的经济联系形式，其基本特征是以物与物的交换关系为媒介所建立的人与人的关系。价格作为一种交换的媒介，体现的不仅是物与物的量化关系，还包括人与物以及人与人的社会及经济关系，交易的过程实际是人对物的支配，并通过物权的转换实现资源的流转，因此市场交易中从不缺少权力的影子。在皇权时代，"溥天之下，莫非王土；率土之滨，莫非王臣"①，虽然也存在商品交易，但价格难以体现商品的真实价值，权力的失衡使得市场交易价格由权力大的一方决定，导致交易常出现"半匹红纱一丈绫，系向牛头充炭直"的现象，交易虽然发生，但这样的市场交易无法实现资源的合理分配。同时，资源的过度集中也导致市场经济的发展缺乏广泛的社会基础，交易规模及交易机制便难以随社会的发展而发展，因此在资本主义快速发展时期，中国的经济发展远远落后于西方资本主义国家。新中国成立以后，实行的是计划经济，所有生产与经营都由政府按计划决定，交易价格也由政府给出，基于竞争的价格机制无法发挥作用。改革开放以后，中国建立了有中国特色的市场经济体系，基于竞争的价格机制才逐渐发挥出一定的资源配置作用。

尽管目前已有各种形式的价格理论论述，但对企业进行价格决策的过程仍未形成普遍一致的看法。传统经济理论认为：市场上的自由竞争机制形成价格，价格的波动在需求者和供给者之间传递了某种信

---

① 程俊英，译注. 诗经［M］. 上海：上海古籍出版社，2010.

号，供需双方根据价格进行生产与消费，从而实现了对社会资源的配置和社会财富的分配。所有的价格都由市场所决定，一切决策都是对市场指令的反应，当供与需达到均衡时，市场交易所依据的价格就是合理的均衡价格。虽然理论也分析了商品差异对价格的影响，但仍将价格作为一种"物"性的决定，并且放弃了商品所有者其他资源对价格形成的影响。之所以在价格理论分析中只考虑有限的资源，是因为我们无法了解企业进行决策的所有相关信息，基于行为的推断并不一定是准确的，而且不同企业的管理技能、管理实践和管理者的努力程度存在差异，这些差异都会对决策产生影响。特别是价格决策的方法多种多样，不同的环境条件下行为主体都会根据自己的需要选择价格决策方法，因此将形成不同的价格决策过程。到目前为止，传统价格理论对解释当前市场价格存在局限性已是普遍共识，因此，对价格理论还需要进一步研究。

所以，当科斯提出产权理论以后，将权力引入理论的分析中就成为价格理论研究的方向，使经济研究的权力范式受到越来越多的关注。商品的交易实际是一种私产的权属支配，价格的形成实际是"人"的决定，交易发生的前提是商品拥有明确的产权属性且产权分配于不同的行为主体，因此权力的明晰特别是私有产权明晰是市场交易价格形成的基础。

从权力的角度分析市场问题，给传统的价格理论注入了新的内容：市场首先是"权"的市场，包括产权、契约、规则及交易制度等"权"的因素，其次才是"物"的市场。在现实中，行为主体对物的支配的前提是拥有其财产权或其中的某一权利束，因而，商品的交易首先是产权的交易，是在产权基础上的物的交易，商品交易中物的量比——价格，实质上也是产权转让过程中权力价值的代价比。德姆塞茨曾明确地把价格视为一种权利的价值，而权利又是权力的价值。阿尔钦、菲吕博腾、配杰威齐也认为：价格如何决定的问题，实质上是产权如何界定与交换以及采取何种交换方式的问题，任何物品的交换价值都取决于交易中包含的产权。但产权仅是市场中影响价格的一种权力，在价格的形成还受市场中其他权力资源的影响，包括制度、信息、消费者策略及组织等，因此，一些学者将价格定义为制度、信息等约束下交易者依据契约交易产权的博弈均衡解，但这种定义没有提示资源对价格影响的作用形式。事实上，权力是资源起到影响作用的核心形式，市场中所有的资源对价格都是通过权力进行博弈的，与其说价格是在制度、信息等约束条件下交易者依据契约交易产权的博弈均衡解，不如说价格是在制度、信息等约束条件下交易者所依据的各自市场权力的博弈均衡解。也正因为价格是由权力决定的，价格总是体现强势一方的意识，更有利于强势一方利用这种交换媒介获取更多的利益。因此，如果市场的权力是非均衡的，价格仅能刺激效率而无法保证利益分配的公平性。

4.2.2　基于权力的价格均衡

我们已经将权力主体分为消费者、生产者、社会组织和政府四种类型，但除了政府外，其他三个经济主体在市场中的个体数量是众多的，因此，竞争并不仅存在于不同类型的主体之间，也存在于同一类型的主体之间。各主体间的权力竞争形成一个复杂的社会关系网络，每个主体处于其他主体的权力影响之中，并通过各自的权力相互作用，实现权力结构的稳定均衡，并在该权力均衡下实现利益分配的均衡，体现在市场中即某一时刻相对稳定的交易价格。但这种均衡并不是稳定的，权力资源的初始分配本身就是不均衡的，权力分配不均并非纯粹是个人品质和能力分配不均的结果，也是社会主要机构以及这些机构的合法性运作的反映，而资源的流动又使得各主体的权力处于变动当中，当权力结构不足以支持既有的利益分配模式时，均衡将被打破，反映在市场中则表现为价格的波动。

如果在分析价格的形成机制时考虑决定市场价格的各种权力资源，

价格理论的分析将变得极为复杂，但这种复杂反映的却是社会的现实。现有的经济理论对价格机制虽然有较多的论述，但所有的论述都过于理想化，难以解释市场现状。市场经济发展到现在，许多市场主体的思想已经不再是市场经济发展初期的质朴状态，所有决策过程中充满了各种谋略，主体之间的利益博弈显现了各自的权力因素，使得现实的经济社会的复杂程度远高于资本主义发展的初期阶段，理想化的理论解读与复杂的社会现实之间的差距越来越大，这也是发达资本主义国家许多市场问题无法克服的原因之一。与西方发达的资本主义国家相比，中国经济发展的历程更为独特，在短时期内从计划经济过渡到市场经济，都是在政府的引导下完成的，市场制度改变的过程，实际上也是权力结构调整的过程，是一个社会对制度结构和产权结构的选择，这种选择并不是政府对所有制的偏好，更多的是通过结构的改变对整个社会现有收益及预期收益的调整，改变资源及利益分配的格局，使社会的资源从计划经济机制向市场经济机制转变。这种转变的过程并没有一个参照的标准，使得社会资源从当初既有的非均衡转变为另一种形式的非均衡。虽然生产效率得到了提高，但又产生了新问题，对效率的追求又产生了分配的不公平性，因此目前对整个资源分配的公平性调整依然是政府不可替代的职能，而价格是政府调整策略中必不可少的因素。

分析价格权力范式的难题是权力的数学表达。在前面的论述中，已经将市场经济主体的经济理性行为从追求收益最大化转变为追求权力最大化，问题是如何合理界定权力并应用于价格的分析。收益最大化的理性假定使得价格的分析只考虑单一或有限的变量，可以借助于数学工具，以相应的数学模型推导出一个满意的结果。但如果从权力的角度分析，虽然理论上已经获得共识，权力来源于主体所掌握的资源，但权力资源的广泛性使得难以用数学方法来表达权力。在此，我们定义经济主体的权力 $Q_p = \alpha \times R$，其中：

$$\alpha = \begin{pmatrix} a_1 & a_2 & a_3 & \cdots & a_n \end{pmatrix}, R = \begin{pmatrix} R_1 & R_2 & R_3 & \cdots & R_n \end{pmatrix}^T$$

$$(4-1)$$

式（4-1）可以说明，权力是行为主体依据所掌握的各种资源所产生的综合影响力。式中：R_i 是经济主体所掌握的第 i 类资源，a_i 是第 i 类资源的权力系数。同质资源具有相同的权力系数，不同主体存在种类和资源量的差异，每个主体所掌握的资源都是有限的，因此，权力也是有界的。

如果说价格是不同经济主体间权力博弈的结果，则某一均衡价格的形成必然体现博弈双方对市场利益的权力要求，即博弈支付与权力是对等的。假设两个博弈主体为 A 和 B 争夺长度为 1 的市场资源，则根据各自权力的大小分别获得：A 为 $Q_{pa}/(Q_{pa}+Q_{pb})$，B 为 $Q_{pb}/(Q_{pa}+Q_{pb})$（张屹山和金成晓，2004），其中 Q_{pa}、Q_{pb} 分别是 A 与 B 依据各自所掌握的资源所拥有的权力。因此，市场价格的形成并不仅决定于产品本身的属性，而是依赖于企业所拥有的资源，是企业间权力博弈的均衡解。如果 $Q_{pa}=Q_{pb}$，市场资源在 A、B 间公平分配，二者权力若不均等，权力大的一方将获得更多的资源。如果市场竞争是自由的，这样的分配结果必然由价格来实现，在前面的假设中已经提出，权力存在着制度或自然禀赋的差异，不同经济主体间的权力不是完全对等的，因此市场利益的分配也就不可能是均等的。基于权力的价格分析可以说明，完全竞争的市场价格机制只能促进生产效率与无法保证社会公平，只有主体间权力资源平等基础上的市场均衡才能保证利益分配的公平。

由于企业的资源是多维的，不同的企业即使同一种类资源存在差异，但所有资源所产生的综合权力可能会是均衡的；或者某些资源是相同的，但因其他资源存在差异，因而综合权力是不同的。反映在市场中，因权力对价格的影响，同质商品可能存在价格差异或不同质商品却具有相同的价格。也正因为权力资源的多维性，因此在分析均衡价格时不必过分追求博弈双方某一资源量的对等，如双寡头垄断市场中，企业的产量及规模可以存在较大差异，产量高的企业存在规模效应，而产量低的企业可能拥有较先进的生产技术，两种不同的资源却能导致相同的产品成本。或者即使存在成本差异，高成本企业却拥有影响消费者的其他资源，如品牌资源及良好的企业形象等，同样可以在市场上产生相同的权力作用效果，使竞争处于权力均衡状态，并形成相对稳定的均衡价格。

4.3 不同市场结构的价格均衡分析

4.3.1 完全垄断市场

完全垄断是指市场中存在一个且仅有一个卖者，按新古典经济理论，在该市场消费者没有其他选择的余地，垄断企业对价格具有较大的控制权，市场价值规律在垄断市场的作用只不过把供求关系作为垄断企业计算在不同价格水平下拥有相应需求量的工具，价格究竟定为多少，取决于该价格下企业能否取得最大收益，而不是实现平均成本最低。但现实的市场中，并不是所有的垄断企业都采用垄断价格，垄断企业虽然对价格有较大的控制权，但价格的高低还取决于企业的策略选择。

（1）垄断企业的当期策略选择。

根据经济学原理，需求是价格的函数，在不同的价格下市场拥有不同的需求量，即：

$Q = F(P, M)$ 或 $P = F'(Q, M)$，其中 Q 为需求量，P 为商品价格，M 为市场其他因素。

假设需求曲线和供给曲线都是线性的：$D(p) = a - bp$，$S(p) = c + dp$，其中 a，b，c，d 都为大于 0 的线性参数。当 $p = 0$ 时，$D(p) = a$，而 $S(p) = c$，根据商品的稀缺性，应该有 $a > c$。如果按照供需相等原则确定均衡价格，则有 $D(p) = S(p)$，可得：$p^* = \dfrac{a - c}{b + d}$，均衡需求与

供给量都为 $D(p^*) = S(p^*) = \dfrac{ad+bc}{b+d}$，但如果垄断企业并不考虑均衡价格供需双方因素，而只考虑不同价格下市场需求与企业利益最大化的关系，即市场需求量与价格乘积的一阶导数为零时，企业收益最大，当生产企业仅把经济收益作为最大化目标时，数量的控制则成为企业控制价格的手段，数量与价格在市场起到相同的信号作用（J. P. Benassy，1982）。根据公式有：

$\partial[D(p) \times p]/\partial p = 0$，求得 $p' = \dfrac{a}{2b}$，在此价格下市场需求的商品数量为：$D(p') = a - b \times \dfrac{a}{2b} = \dfrac{a}{2}$，即垄断状态的古诺均衡产量，而不是

供需相等时的均衡产量 $\dfrac{ad+bc}{b+d}$，在该价格下企业愿意提供的商品数量为 $S(p') = c + d \times \dfrac{a}{2b} = \dfrac{ad+2bc}{2b}$，需求与供给的差额为：

$$\Delta Q = D(p') - S(p') = \frac{a}{2} - \frac{ad+2bc}{2b} = \frac{ab-ad-2bc}{2b} \qquad (4-2)$$

而此时均衡供给与需求的差额为：

$$\Delta Q' = S(p^*) - D(p') = \frac{ad+bc}{b+d} - \frac{a}{2} = \frac{ad+2bc-ab}{2(b+d)} \qquad (4-3)$$

当 $\Delta Q = 0$ 时，则 $\Delta Q' = 0$，市场均衡数量与企业供应数量及市场需求数量相等，但如果 $\Delta Q > 0$，则 $\Delta Q' < 0$，即市场需求数量大于供给数量时，供给数量小于均衡数量。$\Delta Q < 0$，则 $\Delta Q' > 0$，即市场需求数量小于供给数量时，供给数量大于均衡数量。

从前面的推导可以看出，垄断价格的高低取决于供需的价格弹性。如果供给与需求有相同的价格弹性，即 $b = d$，则均衡价格为 $\dfrac{a-c}{2b}$，小于企业收益最大时的价格 $\dfrac{a}{2b}$，市场需求的数量 $\dfrac{a}{2}$ 小于均衡数量 $\dfrac{a+c}{2}$，均衡数量小于企业在该价格下所愿意供给的数量 $\dfrac{a+2c}{2}$。但 $\dfrac{a+2c}{2}$ 只是

企业理论上的意愿供应量，实际市场中企业不会按此数量供应，否则会因企业的供应量大于市场需求量，市场价格将随之而下降，实际价格将低于企业收益最大时的价格，因此现实中的企业都会选择最大收益市场价格下的市场需求数量 $\dfrac{a}{2}$ 来作为自己的供应量，从而以最小的投入获得最大的收益。

以上的数量分析仅仅是企业市场价格决策的理论依据，由 $\Delta Q' > 0$，可以得出 $b < \dfrac{ad}{a-2c}$（当 $a-2c > 0$ 时），即当需求的价格弹性与供给的价格弹性之比 $\dfrac{b}{d} < \dfrac{a}{a-2c}$，垄断企业都可以通过产品数量的调整获得较供需均衡时更大的收益。对于垄断市场来说，市场供应曲线也就是垄断企业的供应曲线，供应参数 c 和 d 是由垄断企业所决定的，因此市场并不存在一个固定的供应曲线，垄断企业完全可以利用已掌握的市场信息并依据这些信息计算得出的数值调整供应量，使价格高于均衡价格，企业能够以较低的生产代价得到最大的收益。相对于生产企业而言，消费者数量众多，需求曲线将不受个别消费者行为的影响，即需求参数 a、b 在一定时期内是相对稳定的。由此可见，垄断市场中决定价格的并不是市场供求关系，而是对市场的垄断力，即企业所拥有的经济权力，垄断企业完全可以通过供应量的调整来获取企业的最大利益，均衡分析只是垄断企业制定最佳策略的理论工具。

但通常情况下，垄断企业所制定的市场价格都低于理论上的垄断价格，垄断企业并不是仅根据数量与价格的简单关系并通过操纵供应量达到获取垄断利润的目的，这并不是垄断企业道德层面的行为善意，而是市场价格、产量及利润之间并不是简单的量比关系，产量作为价格的决定变量与生产成本有密切的关系。因此，企业不但要考虑市场上供应量与价格的关系，还要了解产出与成本的关系。

根据克里斯坦森（Christensen）、乔根森（Jorgenson）与劳（lau）发展的对数变换成本函数，对于有多种投入的生产形式，其具有不变替代弹性的成本函数可以表示为：

$$\ln C = a_0 + a_q \ln q + \frac{1}{2} a_{qq} (\ln q)^2 + \sum_{j=1}^{J} a_j \ln \omega_j + \frac{1}{2} \sum_{i} \sum_{j} a_{ij} \ln \omega_i \omega_j$$

$$+ \sum_{j=1}^{J} a_{qj} \ln q \ln \omega_j \qquad\qquad (4-4)$$

其中，ω 是投入品价格，该公式表明，生产成本与产量、投入品价格及投入品之间的替代关系存在相应的关联，企业要了解成本函数是否存在规模效应，并据此确定规模产量与垄断产量之间的关联。生产企业在追求市场利润的同时，也追求各种资源的合理投入使得成本最小，但最小成本点的产量 q_2 与垄断价格的产量 q_1 并不一定相同，由此可见，价格的决定并不仅是供与需的问题，还存在其他市场相关因素，因而理论计算得到的垄断价格的供应量，也就不一定成为企业在当期确定产品价格时的唯一变量（见图 4-1）。

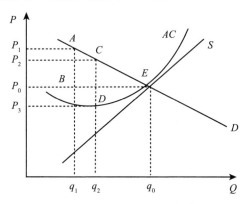

图 4-1　垄断企业产量、成本与价格关系

（2）垄断企业的长期策略选择。

虽然在理论上垄断市场中的企业完全可以制定对企业最有利的价格，该价格可以使企业以最小的生产成本得到最大收益，体现出生产企业对市场的控制能力及主体经济理性。但通常企业的理性经济行为并不仅表现在对经济利润的追求这一个方面，加尔布雷斯认为：成熟企业的首要目标是稳定和增长，或者说，企业所追求的是长期利益最大化，为此，获得对当期市场的控制权是必要的，谁在市场竞争中获得更大的权力，谁就能够获得更多的利益。市场中影响企业权力的因素较多，企业的权力不仅是其所占有的生产资料稀缺性单一因素所决定的，其他市场因素如顾客数量、生产规模、企业形象、品牌知名度等都对企业权力的产生影响。就需求而言，顾客也是市场上的一种稀缺资源，拥有忠诚顾客的数量也同样可以影响生产企业市场权力的大小。垄断企业还可能考虑时间的经济效应，即未来经济的预期收益，向市场投放古诺均衡产量的产品只能获得最大的当期利润，在市场长期存在并持续获取利益更可能成为企业的追求目标。如果将企业的收益作为一种可支配资源对应于经济人的消费支出，参照弗里德曼的持久收入假定和莫迪利安尼的生命周期假定，企业的有机组成使企业在行为上常具有理性经济人特征。企业若想保持收入的长期性和持久性，使企业的生产经营保持相对稳定，防止潜在竞争者加入，决不会最大限度地抽取短期利润，就像经济人在短期内不会全部消费其所有的财富一样，垄断企业也会将其收益尽可能在整个企业生命周期中保持收入的稳定及持久性，使垄断企业可以得到预期的长期收入。持久收入大致可以根据所观察到的若干年收入的数值的加权平均数来计算。假定可估算的时间为 t，持久收入的计算公式是：

$$Y_{pt} = (1 - \theta) \sum_{i=1}^{t-1} Y_i + \theta Y_t = (1 - \theta) Y_{t-1} + \theta Y_t \qquad (0 < \theta < 1)$$

$$(4-5)$$

式（4-5）中，Y_{pt} 为现期持久收入，Y_t 为现期的预期收入，Y_i 为前期收入，Y_{t-1} 是前期总收之和，θ 为加权数。该公式说明，现期的持久收入等于现期的预期收入和前期收入的加权平均数。加权数 θ 的大小取决于企业对未来收入的预期。

如果将可支配资源作为企业市场权力的体现，根据持久收入的估算公式，生产企业的权力函数可以写为：

$$P_t = cY_{pt} = c\theta Y_t + c(1 - \theta) Y_{t-1} \qquad (4-6)$$

式（4-6）中，c 为权力系数，公式表明企业权力的大小不仅与其当期收入有关，而且与企业的规模有关。该函数可以解释为什么企业在垄断市场中所采用的价格并不是理论上企业获得短期利益最大化的价格，原因是该垄断价格较高，降低了市场需求，导致企业的市场销量减少，影响了企业生产规模的扩张，从而影响了企业权力的增长。而企业在当期收益及规模之间，可能更重视企业规模对权力的影响性，实际上当企业对未来收入的预期较高时，当期收益对企业的决策影响的权数较低，规模的影响更大，对规模的追求等同于对权力的追求，而权力能保证企业长期收益最大化。马歇尔（Marshall，1997）也指出："一种东西的需求在很大程度上取决于人们对它的习惯；如果他用略低于给他提供最大纯收入的那种价格可以增加他的销量，那么，他的商品的畅销不久就会补偿他现在的损失。"因此当市场价格降低时，市场的需求将扩大，垄断企业为了达到扩大规模进而扩大自身权力的目的，不但不会减少市场供应，反而会增加产量。而当市场价格升高时，垄断企业也不一定会如传统经济理论分析所表明，扩大自己的供应量，而可能会进一步加强对商品投放的控制，减少供应量而加剧价格上涨，使企业可以获得更多的边际收益。因此，仅用勒纳指数 $L=(P-MC)/P$ 来表达垄断企业权力的大小存在片面性，价格并不是垄断企业展示权力的唯一方式，企业规模及基于数量调整的市场操纵性更能体现完全垄断企业的市场权力。

不论是从量调整还是从价调整，都是企业对自有资源的自主利用，或者说，对调整方式的选择本身就是企业的一种权力运用，所有的市场变量和推演结果都是企业选择调整方式及调整力度的参考数据而已。

（3）潜在竞争者对垄断市场的影响性分析。

在现实的市场中，个别行业虽然存在暂时的垄断现象，但资源的可获得性在绝大多数情况下并不是唯一的，行业的进入壁垒即使很高，也难以阻挡后来者进入，潜在的竞争威胁一直存在，这种威胁的可能性后果将导致市场竞争者之间竞争态势的改变。因此即使是完全垄断市场，垄断生产商在制定价格策略时，不能不考虑潜在竞争的影响。

通常情况下，垄断者会考虑在获得应得利益的同时，如何尽快占领市场，以抵制潜在竞争者的进入，因此其当期的价格策略就不可能是获取最大垄断利润。如果垄断者定价过高，其他企业就有了进入市场的利润空间。

贝恩（Bain，1956）最早研究了阻止进入定价的问题，在贝恩的限制进入定价模型中，假定在位企业设定一较低的价格水平，能够实现现有生产能力的市场出清，如果潜在竞争者进入市场，行业总产量就等于新进入企业与在位企业产出之和，超额供给将导致价格下跌，使该行业企业不再能够获取利润，潜在竞争者考虑到这种可能性后果，自然就会放弃进入该市场。但贝恩的假定存在难以自圆其说的缺陷：价格的承诺只具有短期效果，在位企业制定阻止进入价格的目的是在排除竞争对手之后，重新获得垄断利润，因此，很难令潜在进入者相信市场价格会长期保持低价水平，所以增加投资提高产能往往比低价更能形成进入阻碍；而且在位企业能够以价格作为一种威胁的手段，新进入企业当然也可以用产能反威胁，毕竟如果新企业有进入某个市场的计划，一定已经掌握一定的资源，如果新的生产技术或价格更低的生产原料，但模型中并没有考虑这些变化的市场因素，因此，贝恩所提出的阻止模型就变得不可置信。

米尔格罗姆和罗伯茨（P. Milgrom and J. Roberts，1982）从不确定性角度研究阻止进入定价问题，建立了较为经典的垄断限制定价模型，用以解释现实的垄断企业没有按最优垄断价定价，而将定价低于垄断价格。目的是当潜在进入者不清楚市场在位垄断企业的成本信息时，在位企业便通过低价告诉潜在进入者自己的生产成本很低，新进入者将无利可图。

该模型假定市场存在两个时期，即模型是两阶段博弈，市场存在两个企业：在位者企业 1 与潜在进入者企业 2。

在第 1 期，市场在位垄断企业 1 制定的价格为 P_1，市场信息是不对称的，企业 2 并不了解企业 1 的成本信息，在决策是否进入之前只能依据概率分布对企业 1 的成本进行判断, 企业 1 的成本有两种可能类型: 低成本 L 的概率为 x, 高成本 H 的概率为 $1-x$。令 $M_1^t(p_1)$ 代表在位者价格为 P_1 时的最大化垄断利润, 且 $M_1^t(p_1)$ 在 P_1 严格为凹, 其中 $t=L$ 或 H (分别代表低成本和高成本), 令 p_m^L 和 p_m^H 分别代表在位企业低成本和高成本时所定的垄断价格, 则有 $p_m^L < p_m^H$, $M_1^L > M_1^H$。

令 D_1^t 和 D_2^t 分别代表第 1 个企业成本类型为 t 时两个企业在第二阶段的双寡头利润, 当且仅当第 1 个企业为高成本时第 2 个企业才会进入, 即有 $D_2^H > 0 > D_2^L$。由于 $M_1^t > D_1^t$, 企业 1 显然希望传递有关信息, 使潜在进入者相信自己是低成本企业, 企业 1 的这种信息表达目的是让企业 2 相信它有能力制定 p_1^L 价格, 从而阻止企业 2 进入。而企业 2 如果知道在位者撒谎, 并不一定就此放弃进入。这样一来, 就构成了一个不完全信息动态博弈, 该博弈存在两种均衡: 分离均衡和混同均衡。

① 分离均衡。如果潜在竞争者进入市场后能了解在位者的真实成本, 高成本在位垄断企业的最优选择是 $p_1^H = p_m^H$, 即短期垄断价格。其总利润为 $M_1^H + \delta D_1^H$, δ 为两企业的共同的贴现率。假设低成本在位者选择 p_1^L, 如果高成本在位者也选择同样的价格, 则高成本在位企业的总利润则为 $M_1^H(p_1^L) + \delta M_1^H$。

但当 $M_1^H - M_1^H(p_1^L) \geq \delta(M_1^H - D_1^H)$ 时, 高成本在位者就不会模仿低成本, 即不选择低成本企业的均衡价格 p_1^L。否则, 模仿策略所获得的收益还不如直接暴露自身成本所获取的利益。同样, 对于低成本企业, 只有当 $M_1^L - M_1^L(p_1^L) \leq \delta(M_1^L - D_1^L)$ 时, 低成本企业才会选择 p_1^L, 而不是选择短期垄断价格。同时假定不存在 $p_1^L = p_m^L$ 的分离均衡, 即 $p_1^L \neq p_m^L$, 高成本企业会希望和低成本企业混同, 于是有: $M_1^H - M_1^H(p_m^L) < \delta(M_1^H - D_1^H)$, 这意味着在位的低成本企业为阻止高成本企业的模仿必须选择一个足够低的价格 (低于短期垄断价格 p_m^L), 使高成本企业的模仿成本过高; 但同时该价格下低成本在位企业的总利润比直接选择短期垄

断价格并导致潜在进入者进入时所得的总利润要高。根据斯宾斯——莫里斯条件，当潜在进入者观察到价格不是 p_1^L 或 p_m^H 时，就可以认为在位者是高成本而选择进入。

② 混同均衡。混同均衡的存在与否取决于下述条件：$xD_2^L + (1 - x)D_2^H < 0$。

如果上式不满足，表明短期利润大于 0，潜在者会选择进入，此时，在位者无法阻止潜在者进入。

如果潜在竞争者进入市场，在位的两类企业会分别选择短期垄断价格，以实现最优。如果上式满足，为阻止潜在者进入，高、低成本在位者都应选定价格 p_1，且对低成本在位企业应满足：$M_1^L - M_1^L(p_1) \leqslant \delta(M_1^L - D_1^L)$，对高成本在位企业应满足 $M_1^H - M_1^H(p_1) \leqslant \delta(M_1^H - D_1^H)$。式中的 p_1 是高低成本企业都选定的混同均衡价格，混同的意义在于高成本在位企业把自己混同于低成本在位企业，与其采取相同的价格策略从而阻止潜在竞争者进入。

米尔格罗姆——罗伯茨模型虽然以严格的逻辑证明了市场在位企业选择阻止进入定价确定会发生，但并不能说明模型就很完美。第一，各个时期并不具有完全的独立性，企业的策略选择必须知道或者估计现在与任意未来时期对利润产生影响的所有因素的关系，如消费者反应、竞争者、潜在竞争者反应，以及真实收入过程等，而这样的市场是不存在的，决定现期与企业未来价值之间关系有大多数因素都是未知的，尤其是更远的将来，如在位企业无法预知潜在竞争者何时进入——这是比企业生产成本更难以掌握的信息，因此在位企业的策略选择更多的是基于当前利益的考虑，并对变化——如新企业进入——进行及时的策略调整。第二，理论的分析只考虑了在位者的成本问题，而没有考虑潜在进入者的成本，只是隐含的假设新进入者与在位者有相同的成本结构，但生产技术是不断发展的，新企业将拥有在技术方面的后发优势，新企业会有更高的生产效率及更低的生产成本，在位企业即使采用了最低价格，新企业依然可以获得利润，低价阻止策略也就无法阻止新企业进入，此时，进入的主动权掌握在新企业手中。第三，信息技术的发展使得成本信息的获得并不困难，所有的原材料价格都是市场上的已知数据，而生产的基本投入也有行业的要求，所以潜在进入者在进入之前就可能了解在位的成本信息，是否选择进入问题就变得相对简单。第四，如果潜在者决意进入，博弈理论已经证明，以低价的阻碍行为并不是纳什均衡策略，因此低价就成为一种不可置信的威胁。第五，以价格阻止仅是在位者的一种威胁行为，其行为是否有效取决于策略结果对双方的影响程度，而这涉及在位者和潜在者的资源量的对比，富登伯格和泰勒尔（Fudenberg and Tirole，1985）已经证明，在资本市场发育不完善的条件下，如果新进入者拥有较大的规模和财力，不但能承担在位企业低价策略所带来的损失，还可能执行更低的掠夺性定价策略对在位者进行惩罚性报复，这虽然不是经济意义上的理性行为，但如果新进入者利用自身的资源优势，将在位者驱出市场，将会形成新的垄断，然后再提高价格来获取垄断利润，因此长期来看还是有利的。

在此可以从资源及权力的角度进行分析，假设在位垄断企业所拥有的资源为 A，其衍生的权力为 p_a，制定的价格为 p，$p = f(p_a)$，潜在进入企业所拥有的资源为 B，权力为 p_b，二者对应的支付为 a，b，潜在企业进入后二者共同决定形成的价格 $p' = f(p_a, p_b)$，则有 $p' = f(p_a, p_b) < p = f(p_a)$，通常权力大的一方对价格的影响也大，这一点符合市场行为规则，即 p' 的大小对权力大的一方更为有利。则博弈的结果可以显示为：

潜在进入企业

		不进入	进入
垄断厂商	默许	$f(p_a) \times Q,\ 0$	$f(p_a, p_b) \times Q_a,\quad f(p_a, p_b) \times Q_b$
	反抗	$f(p_a) \times Q - a,\ 0$	$f(p_a, p_b) \times Q_a - a,\quad f(p_a, p_b) \times Q_b - b$

根据上述博弈结果，垄断企业与潜在进入企业之间的博弈的结果不仅取决于潜在的企业是否进入，还取决于两个企业对市场资源的控

制能力，即竞争者之间的权力大小。

对于垄断企业而言，其最大收益是潜在竞争者不进入而其选择默许，但如果垄断企业选择默许，潜在竞争者是一定会选择进入的，因而垄断企业为阻止其进入会做出反抗的承诺，潜在进入者是否选择进入取决于对该承诺可信性的判断，或者说，取决于垄断企业的行动信念。泽尔腾（1965）曾对该动态博弈进行了分析并完善了其纳什均衡，他在分析的过程中剔除了不可置信的威胁，认为如果垄断企业选择斗争，潜在进入者的利润一定为负，即 $f(p_a, p_b) \times Q_b - b < 0$，因而潜在进入者考虑到将面临的损失而会选择放弃该市场，在此情况下，原垄断企业的收益也大大降低，即：

$f(p_a) \times Q - a < f(p_a, p_b) \times Q_a$，然而如果进入者已经决定进入该市场的情况下，（反抗，不进入）并不是一个精练纳什均衡，而（默许，进入）才是唯一的精练纳什均衡。

但泽尔腾并没有考虑博弈双方力量的对比及经营者垄断偏好，如果垄断企业了解到潜在进入者的力量小于自己，即 $p_a > p_b$，垄断者就能够利用市场前势主动地位，即使潜在者已进入市场依然采取反抗策略，采用较低的价格以降低进入者的利润空间，价格则成为垄断企业展示力量的一种威胁手段，其所能采用的价格将使已经进入的潜在竞争者的利润为负，即 $f(p_a, p_b) \times Q_b - b < 0, f(p_a, p_b) < b/Q_b$，其代价是垄断企业并不能获得理论上的垄断利润。如果 $p_a < p_b$，原垄断者将没有市场价格的主导权，新进入者能够控制并制定出适合自己的市场价格，使得 $f(p_a, p_b) \times Q_b - b > 0$，原垄断者无法完全剥夺潜在进入者的利润，原垄断企业的反抗策略并不能阻止潜在进入者，其明智的选择是默许，此时（默许，进入）才成为精练纳什均衡。

需要强调的是，垄断企业在通过价格制定实现利润最大化的过程遵循于前势主导型的制度安排，即先行的市场垄断企业已经通过既有的交易方式与交易规则形成了较为固定的交易群体，在竞争中便具有了优势地位和市场影响力，通常在市场、技术、资源等方面能够影响整个行业的发展方向和发展趋势，因而也拥有对新加入者的主导作用。其根本原因在于，改变既存群体的交易规则成本较大，使得现行交易规则具有黏滞性，这些现行的制度安排能够维护现有垄断企业的利益和地位，因此，在条件相同的情况下在位企业比新进入企业拥有更大的竞争优势。

如果考虑到企业所掌控的资源所产生的权力效应，在位企业所表现的进入威胁并不仅仅表现在价格一个方面。虽然在位企业制定一个较低的价格对防止潜在者进入有一定的作用，但许多垄断企业并不是按照以上的单一收益最大的计算方法来制定价格，而是在追求利润的同时，还重视其他一些市场指标，如产品差异、市场占有率以及社会效益。这些指标也是企业对市场资源掌控能力大小进行判断的重要标准，高市场占有率的企业拥有较大的市场规则制定权，如参与制定行业或产品标准，申请与产品有关的专利，以标准或技术壁垒限制其他企业进入，或向市场传递更多的对企业有利的信息，以影响消费者选择，使企业占据有利的市场竞争地位，从而能拥有更大的市场权力。同时在位企业也可以通过规模向潜在进入者显示其威胁性，证明企业可以减少新企业的发展空间，影响其他企业的进入策略。而产品差异可以避免与对手的直接竞争，增加企业对行为决策的自我控制能力。因此，与单纯的利润最大化相比，市场占有率以及其他一些指标也是企业追求的权力目标，在位企业通过价格策略提升市场竞争力仅是企业众多可选策略的一种而已。

4.3.2 寡头垄断市场

寡头市场只有少数的几个企业，彼此间存在着真实的和可信的高度依存关系，以至每个寡头垄断制定决策时，都必须考虑到决策对其竞争对手的影响。寡头垄断市场的价格形成在传统经济理论中已有了较多的论述，建立了许多较为经典的价格模型，如古诺模型、伯川德模型、斯塔克尔伯格模型、埃奇沃斯模型等，每种模型都基于不同的假设条件分析了企业的价格策略，并得出博弈的均衡价格。由于寡头垄断行业中企业的数目屈指可数，因此，一家企业价格或企业其他任何竞争策略的调整都将影响竞争者的销售和利润。此外，每个企业都必须认识到，其自身策略的调整可能还会诱发竞争对手策略的改变。某一企业的最佳决策取决于其他企业将如何决策，且冲突和合作的机会并存，但选择合作还是选择竞争，则是企业在利益衡量下的自我行为决策，是企业经济权力的体现。

（1）基于有限权力资源的价格分析。

影响寡头市场价格的权力因素较多，为简化分析，在此只考虑企业规模和生产成本两个因素（技术的差异体现在成本中），并假设市场只存在两个生产同一类型产品但生产数量不同的寡头企业，且市场需求函数已知，为线性需求函数，产品价格与两企业产品的生产数量相关联，不同产量对价格的影响能力不同，用公式表示为：

$$p = \alpha - \beta q_1 - \gamma q_2 \tag{4-7}$$

式（4-7）中 q_1，q_2 分别为两企业的产量，α 为消费者所能接受的最高价格，β、γ 为两个企业产量的价格弹性，如果市场是出清的，则两企业的利润函数可以表示为：

$$v_1 = q_1(p - k_1 q_1) = pq_1 - k_1 q_1^2 \tag{4-8}$$

$$v_1 = q_2(p - k_2 q_2) = pq_2 - k_2 q_2^2 \tag{4-9}$$

式（4-9）中 k_1、k_2 分别为两企业的成本系数，传统的经济理论对寡头市场的分析，都假设企业的生产成本是相同的，但事实上同质的产品未必有相同的成本。因此，本文的分析假设寡头企业的成本不同，并假定竞争企业追求规模化。根据经济学理论，由式（4-7）、式（4-8）、式（4-9）可以求得两个企业的均衡产量分别为：

$$q_1 = \frac{\alpha\gamma + 2\alpha k_2}{3\beta\gamma + 4\gamma k_1 + 4\beta k_2 + 4k_1 k_2} \tag{4-10}$$

$$q_2 = \frac{\alpha\beta + 2\alpha k_1}{3\beta\gamma + 4\gamma k_1 + 4\beta k_2 + 4k_1 k_2} \tag{4-11}$$

112

如果两企业有相同的成本系数，即 $k_1 = k_2$ 时，若 $q_1 > q_2$，有 $\beta < \gamma$，这表明企业规模越大，产量的价格弹性越小，单位产品的变动对价格的影响越低，企业进行产量调整对均衡价格的影响越小，市场均衡价格对其规模的扩大更有利，在均衡价格决定过程中其控制力越强。如果企业有不同的生产成本系数，在产量相同的情况下有：$\alpha\gamma + 2\alpha k_2 = \alpha\beta + 2\alpha k_1$，可推知：$k_1/k_2 = \beta/\gamma$，即成本与产量的价格弹性成正比，成本大的企业其产量的变动对价格的变动影响也大，说明成本越高其对价格的控制力越弱，在价格的决策过程中其权力越小。企业的生产成本通常由生产技术所决定，因此，规模与生产技术等相关因素影响企业的市场控制能力，并影响企业对价格制定的参与权。

（2）寡头企业的合谋。

企业权力具有一定的矢量特性，相对竞争导致权力互相抵消，而合谋则可以扩大权力的应用效果。因此，在许多寡头垄断市场中，某种程度的合作行为极有可能出现，并成为市场行为的准则。但并不是所有合谋的意愿都能在寡头垄断市场中转化为有效的行动，并取得预期的合谋效果，合谋存在一些先决条件。在寡头垄断市场中，虽然每个寡头企业在制定价格时并不像完全垄断市场中那样，只考虑单一企业，但未形成价格合谋时，各寡头是相互独立的，企业所掌控的资源数量越多，包括生产原材料、资金、技术、管理水平以及信息等，则对市场的控制力越大，越能得到对其更有利的价格，从市场上所获得的利益越多，企业价格的制定还是体现了垄断寡头之间竞争，且竞争的结果是各种资源的进一步集中，企业间权力差异的扩大（金成晓和张屹山，2004）。这说明如果企业资源是不对等的，具有不同的成本结构或者产品差别化程度较大时，要实现合谋定价往往很困难，企业间形成价格联盟的可能性并不大。即使企业能达成合谋定价，具有不同成本、生产能力和产品质量的企业遵从合谋定价的激励也不同，具有价格控制权的企业将会利用自己的竞争优势采用最有利的价格，导致价格合谋破裂，并凭借竞争优势尽可能掠夺对手的市场空间，最终达到完全垄断市场的目的。

只有在企业生产规模及生产技术等都较为相近的情况下，为了获得更大利益，寡头企业才会考虑其竞争成本而采取适当的谈判策略，制定联盟价格。安纳特历（Anatoly Vishevsky，1986）依据颠倒（topsy - turvy）原理，指出企业竞争条件越相似，行为的竞争性越强，竞争所产生的利益损失越大，合谋得以产生并维持的可能性越大。此外，平坦的边际成本曲线和过剩产能也是促进合谋的因素，在市场供大于求时，为避免过度竞争，企业有更大的合谋动机，博弈论现已证实了合谋和过剩生产能力之间的正相关性。在供大于求的市场中，价格如果按照市场供求关系来决定，企业则无利可图，而联盟价格都会高于市场均衡价格，消费者的选择权被联盟企业剥夺，因此价格的控制权成为企业获取额外利润的工具。

但联盟价格的形成也存在许多市场阻碍，其一是企业间谈判的成本与企业间联盟形成后在该价格体系下所获利益的比较结果，我们假设市场上存在 n 家企业，在自由竞争状态下，市场均衡价格为 p，第 i 家企业的产销量为 q_i，每家企业与对手的谈判成本为 a_{ij}，谈判后形成的价格为 p_m，市场产销量为 q_i^m，如果：

$$\sum_{i=1}^{n} a_{ij} > q_i^m p_m - q_i p \qquad (4-12)$$

即企业间的谈判成本高于企业从谈判中所获得的利益，则企业不会形成价格联盟，至少不会形成整个市场范围内的价格联盟。如果：

$$\sum_{i=1}^{n} a_{ij} < q_i^m p_m - q_i p \qquad (4-13)$$

即企业间的谈判成本低于企业从谈判中的收益，则企业在联盟中所获得的利益大于自由竞争状态下的市场收益，就会达成价格联盟。

虽然在寡头垄断市场中可以形成垄断价格联盟，但这种联盟是市场中各企业权力相互博弈的结果，市场中的企业之间的权力是不均衡的，因此在联盟中不同企业所获得的利益也是不同的，利益的分配与企业之间的权力相对应。一旦联盟价格形成，各个企业是否能够按照该联盟价格制定相应的市场营销策略，取决于企业违反联盟价格所得到的收益与违约所支付的成本之间的比较。如果收益大于成本，则价格联盟体系难以维持，企业基于自利一定会违反该联盟契约而执行对自己更有利的价格。如果合谋的价格为 p_m，N 家企业共同分享市场利润 π，企业的生产成本为 c，总产量 $Q(p_m)$ 是价格的函数，企业间是多期博弈，各期的贴现率为 δ，维持合谋的前提条件是：

$$(p_m - c) Q(p_m) \leqslant \frac{(p_m - c) Q(p_m)}{N(1 - \delta)} \qquad (4-14)$$

即 $N \leqslant \dfrac{1}{1-\delta}$ 时合谋得以维持（杨农，2001），当贴现率 δ 固定时，企业数量越多，越难以形成合谋，这与前面所论述的结果相同，因此，垄断联盟的阻碍之一是市场中企业的数量和各企业的收益贴现率。市场中企业的数量越多，合谋成立要求企业的贴现率越高，当 $N \to \infty$ 时，$\delta \to 1$，即未来的收益等同于当期的收益，但如此高的贴现率是不现实的。而当企业数量一定时，贴现率越低，即当期的违约在后期的惩罚越小，合谋越难以持久。如果贴现率不同，贴现率低的企业将会率先打破合谋以争取最大利益，因此企业是否选择合谋还是从自身利益出发，所有的决策都是在现有资源条件下企业自身利益最大化的决策，这是企业自身拥有的经济权力的体现。事实上，垄断价格联盟由于违背自由竞争原则，一般不受法律保护，甚至受到法律的制约，而没有了法律的约束，建立在利益基础之上联盟契约就会缺乏必要的惩罚手段，个别企业是否违反价格联盟就会基于自利的考量，因违约成本相对较小，市场一旦出现对个别企业有利的因素，价格联盟就很容易瓦解。20 世纪末，中国家电市场就是如此，各电器生产企业因为市场价格竞争太激烈，而采取了价格联盟。但联盟的协议签完不久，有的企业便开始违约，以低于联盟的价格与经销商达成交易，导致联盟解体。

垄断价格联盟的阻碍之二是企业策略上的差异，福格（Fog，1956）对此做了一些分析，他认为，在位企业面对潜在竞争者进入，权衡短期利益和长期营利性问题时，联盟成员会产生根本性差异。大企业通常在行业中投入了大量资源，希望维持市场份额，一般都偏好于较低的价格以扩大市场需求，以此来满足企业大规模生产的要求，或者说，大企业比较偏好长期发展的市场效应。但小企业则相反，因为短期利益对小企业的生存至关重要，因此其制定的价格往往更有利于短期收益，两类企业因利益原则不同导致的策略差异使企业间在价格上难以达成合谋。

形成垄断价格联盟的阻碍之三是政府。政府有保护市场自由、公平竞争的权责，保护市场权力较弱的一方在竞争中不受非公平交易的损害。为此，政府应是独立于供方与需方的第三方，不受供需双方利益与情感的影响，保持行为中性，以便在供需双方权力失衡时对强势一方加以约束，保证供需双方的权力不至于过度失衡，并在权力调整过程中接受双方的监督。政府的管理手段是为防止形成垄断价格制定相关的法规，法规的制定以有利于整个社会资源合理配置为标准。这些法规因有国家的强制执行手段作保证，企业违反法规所受到的惩罚能够得以实行，且这种惩罚常常大于企业参与垄断价格联盟的收益，故政府对垄断的限制是防止垄断形成的主要障碍。正因为有了政府的阻碍，寡头企业的合谋通常采用一种变通的形式，合谋并不签署正式的协议，即"默契合谋"。

弗里德曼（Friedman，1971）分析了两个同质企业默契合谋得以维持的条件，他假设合谋已经建立，并且市场存在多期性，在市场稳定的情况下，每个参与者的合谋收益大于各成员竞争状态的收益，这一点理论与现实都已得到证明。参与合谋者是否遵守合谋契约并没有制度上的违约惩罚，仅存在其他合谋者在后期对违约者的反报复行为，在市场中不再与违约者合作，违约者因此将在以后多期减少收益。在默契合谋中，任何参与者都没有被剥夺企业自主决策的权力，因此在合作开始时并无法确定哪一个参与者是可信的。默契合谋者是否遵守默契契约取决于取决参与者违约之后的当期收益与以后多期合作收益的综合利益比较。以双寡头为例，可以清楚说明博弈过程。

假设市场存在同质双寡头 1 和 2，市场价格 $p = f(Q) = f(q_1 + q_2)$，则其利润函数可表示为 $\pi_i = q_i f(q_1 + q_2) - c(q_i)$，假设 $dq_1/dq_2 = dq_2/dq_1 = 0$，即两企业都推测相互的产量影响为零，两企业的反应函数就可以根据利润最大化的一阶条件推导出来：

企业 1： $$f(q_1 + q_2) - c + q_1 \frac{df}{dQ} = 0 \qquad (4-15)$$

企业 2： $$f(q_1 + q_2) - c + q_2 \frac{df}{dQ} = 0 \qquad (4-16)$$

以图形来表示两企业的反应函数，在图中分别为 RF1 和 RF2（见图 4-2），如果两企业是自由竞争的，NC 为其均衡解点，两企业分析获得 π_2 的收益，如果两企业达成"默契合谋"，则 A 点为均衡点，两企业分别获得 π_3 的收益，假设企业 1 违约，则其当期收益为 π_4，而对手收益为 π_1，以后各期因竞争者采取非合作策略使得收益降为 π_2，根据博弈原理，将有 $\pi_4 > \pi_3 > \pi_2 > \pi_1$。如果双方的贴现率为 r，则维持默契合谋的条件为：$(\pi_3 - \pi_2)\left(\dfrac{1 - 1/r^n}{1 - 1/r}\right) > (\pi_4 - \pi_3)$。在短时期内，高利率或通货膨胀的市场，合谋不易维持，竞争会更加激烈。而如果市场存在的时间足够长，$\dfrac{1 - 1/r^n}{1 - 1/r}$ 将无限大，使任何企业都存在合谋的动机。

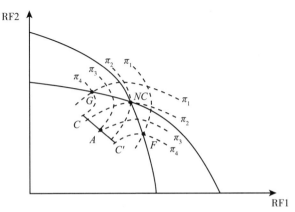

图 4-2 双寡头利润博弈模型

但如果两个企业是非同质的，企业的推测变化就不会为零，反应函数则改变为：

企业1： $\qquad f(q_1 + q_2) - c_1 + q_1 \dfrac{df}{dQ}\left(1 + \dfrac{dq_2}{dq_1}\right) = 0 \qquad$ (4-17)

企业2： $\qquad f(q_1 + q_2) - c_2 + q_2 \dfrac{df}{dQ}\left(1 + \dfrac{dq_1}{dq_2}\right) = 0 \qquad$ (4-18)

如果将产量作为竞争的手段，当默契合谋中的企业2改变产量，企业1也以产量的调整作为回应。如果企业1有更强势的资源，如更大的产能调整区间，能够对企业2的违约行为采用更为强势的报复行为，则有 $dq_1/dq_2 > dq_2/dq_1 > 0$，通常情况下，企业都会追求自身规模的扩张，数量调整只能是增加产量的方向。因此，无论哪个企业的产量发生改变都会导致市场价格 $f(Q)$ 的降低，但企业2的产量变动导致企业1的报复从而使产量发生更大的变化，引起价格的变化更大，企业2的价格弹性将超过企业自己的预期，因此数量的调整并不会使企业的利润增加，反而会产生较大的利益损失，虽然企业1因报复行为会同样有利益的损失并且损失额度会更高，但作为一种可信威胁，策略的结果是使得企业2为避免损失而不会主动做策略的改变。而企业1的数量调整则与之相反，数量的调整即使遭到企业2的反抗也不会改变企业1当期预期的结果。因此弱势企业更偏好于合作，而强势企业则偏好于竞争，企业间是否能达到默契合谋的主动权掌握在强势企业手中。

4.3.3 垄断竞争市场

在垄断竞争市场中，大多数商品不管出自哪个企业，在性质和质量上都不可能像完全竞争市场所假设的那样是均一的，各个企业的产品都有一定程度的差别，这种差别的存在使得企业对其产品具有一定的垄断性，导致企业对其自己生产的产品价格有一定的控制权，与其他产品的差别越大，被其他企业产品所替代的可能性越低，企业对产品价格的决定权越大，因此产品的异质性是各企业竞争的主要内容。如果考虑市场中生产企业的数量及每个产品的差异维度，我们可以构建一个基本的模型。

（1）模型的建立。

在某种产品（实际上是有替代关系的产品组，production group）市场上，有 m 个厂商，每个厂商各自拥有一个品牌，不同品牌的产品在 n 个维度上展开竞争，每个维度代表商品的一种功能属性，能满足消费者的某种功能，它也是产品差异竞争的一个因素。如果把每一品牌在每一维度上能够提供的功能价值都用一个参数来表示，于是我们便可得出一个产品功能价值矩阵（见表 4-1）。

表 4-1 产品功能价值矩阵

厂商（品牌）	维度 1	维度 2	⋯	维度 n
厂商（品牌）1	a_{11}	a_{12}	⋯	a_{1n}
厂商（品牌）2	a_{21}	a_{22}	⋯	a_{2n}
⋮	⋮	⋮	⋮	⋮
厂商（品牌）m	a_{m1}	a_{m2}	⋯	a_{mn}

其中，参数 a_{ij}（≥ 0）代表一单位的产品 i 在维度 j 上所具有的功能价值，a_{ij} 越大，功能价值越高。当竞争的维度是实在的物质方面时，参数 a_{ij} 是可以客观测量的，不因消费者的主观感觉而不同；当竞争的维度是心理方面时，该参数会因消费者而异。但由于本书用一个"典型消费者"来代表众多消费者的统计特征，参数 a_{ij} 仍可唯一地确定。即如果大多数消费者认为在维度 j 上，产品 1 比产品 2 好，则我们取 $a_{1j} > a_{2j}$。

假定每个厂商 i 都为自己的产品确定了价格 P_i，这时，如果典型消费者的消费组合为 $(q_1, q_2, \cdots, q_m)$，那么他将在每一个功能维度都获得一个功能价值 $(v_1, v_2, \cdots, v_n)$（见表 4-2）。

表 4 – 2   品牌的功能维度价值

厂商（品牌）	维度 1	维度 2	⋯	维度 n	厂商定价	消费数量
厂商（品牌）1	a_{11}	a_{12}	⋯	a_{1n}	p_1	q_1
厂商（品牌）2	a_{21}	a_{22}	⋯	a_{2n}	p_2	q_2
⋮	⋮	⋮			⋮	⋮
厂商（品牌）m	a_{m1}	a_{m2}	⋯	a_{mn}	p_m	q_m

其中，

$$v_1 = a_{11}q_1 + a_{21}q_2 + \cdots + a_{m1}q_m = \sum_{i=1}^{m} a_{i1}q_i$$

$$v_2 = a_{12}q_1 + a_{22}q_2 + \cdots + a_{m2}q_m = \sum_{i=1}^{m} a_{i2}q_i$$

$$\vdots$$

$$v_n = a_{1n}q_1 + a_{2n}q_2 + \cdots + a_{mn}q_m = \sum_{i=1}^{m} a_{n2}q_i$$

用矩阵表示为：

$$\mathbf{v} = \mathbf{A}^T\mathbf{q} \tag{4-19}$$

其中，$\mathbf{v} = \begin{pmatrix} v_1 \\ v_2 \\ \vdots \\ v_n \end{pmatrix}$，$\mathbf{q} = \begin{pmatrix} q_1 \\ q_2 \\ \vdots \\ q_m \end{pmatrix}$，$\mathbf{A}^T$ 为产品矩阵的转置，这表明存在着一个

从 $\mathbf{q} \in R^m$ 到 $\mathbf{v} \in R^n$ 的函数。

对应于每一个功能组合 $\mathbf{v} = (v_1, v_2, \cdots, v_n)$，消费者都有一个实数 u 来反映其效用的大小。这是一个从 $\mathbf{v} \in R^n$ 到 $u \in R$ 的函数：

$$u = u(\mathbf{v}) \tag{4-20}$$

由式（4 – 20）和式（4 – 21）决定了一个从 $\mathbf{q}$ 到 u 的函数

$$u = u(\mathbf{v}) = u(\mathbf{A}^T\mathbf{q}) \tag{4-21}$$

即消费者每取一个消费组合，就会有一个相应的效用值。消费者所面临的问题，就是在预算约束下，选择一个消费组合 $\mathbf{q} = (q_1, q_2, \cdots,$

q_m），使得其效用 u 最大化。该问题的数学表示为：

$$\max_{q} \quad u = u(\mathbf{A}^{\mathrm{T}}\mathbf{q})$$

$$s.\, t. \qquad \sum_{i=1}^{m} p_i q_i \leqslant w$$

$$q_i \geqslant 0$$

其中，w 为消费者可用于这 m 个产品的全部支出。

（2）解的存在性证明。

从数学原理（Weierstrass 定理）看，如果函数 $f(x_1, x_2, \cdots, x_n)$ 是连续的，并且 x 在一个紧集 D（n 维子空间）上取值，则 $f(x_1, x_2, \cdots, x_n)$ 在 D 上必有（全局）最大值和最小值。下面用该定理判断效用函数 $u = u(\mathbf{A}^{\mathrm{T}}\mathbf{q})$ 在约束集 $\{(q_1, q_2, \cdots, q_m): \sum_{i=1}^{m} p_i q_i \leqslant w\}$ 上是否有最大值。

首先，$p_i q_i \leqslant w$ 中的"$\leqslant$"号表明，约束集包括边界点，所以它是一个闭集；其次，由于 w 是一定的，$(q_1, q_2, \cdots, q_m)$ 不可能无限大，所以约束集又是有界的。按定义，有界的闭集就是紧集（见图 4-3）。

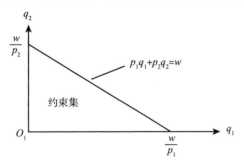

图 4-3　约束集 $\{x \mid p_1 x_1 + p_1 x_2 \leqslant w\}$ 的性质

又由于效用函数 $u = u(\mathbf{A}^{\mathrm{T}}\mathbf{q})$ 由 $\mathbf{v} = \mathbf{A}^{\mathrm{T}}\mathbf{q}$ 和 $u = u(\mathbf{v})$ 复合而成。$\mathbf{v} = \mathbf{A}^{\mathrm{T}}\mathbf{q}$ 是一个线性函数，是连续的；如果给定如下三个的假设：

① 功能偏好的完备性：消费者能够说出任意两个功能组合 $\mathbf{v}^1 = (v_1^1, v_2^1, \cdots, v_n^1)$、$\mathbf{v}^2 = (v_1^2, v_2^2, \cdots, v_n^2)$ 中它更喜欢哪一个或者两个无差异；

② 功能偏好的传递性：如果消费者认为 $\mathbf{v}^1$ 不次于 $\mathbf{v}^2$，$\mathbf{v}^2$ 不次于

$\mathbf{v}^3$，则它一定认为 $\mathbf{v}^1$ 不次于 $\mathbf{v}^3$；

③ 功能偏好的连续性：即消费者的功能偏好不会出现突然的跳跃；

则 $u = u(\mathbf{v})$ 也是连续的。这样，$u = u(\mathbf{A}^{\mathrm{T}}\mathbf{q})$ 就是连续的，在约束集中就有最大值与最小值，因此方程组有解。

（3）最优解的唯一性。

从数学原理看，如果约束集是凸集，并且效用函数是严格拟凹的，则最优解 $\mathbf{q}^*$ 是唯一的（见图 4 - 4）。

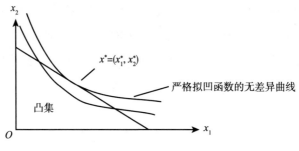

图 4 - 4   最优解的唯一性

首先，可以肯定，约束集 $\{(q_1, q_2, \cdots, q_m): \sum_{i=1}^{m} p_i q_i \leqslant w\}$ 是凸集。只要证明效用函数 $u = u(\mathbf{A}^{\mathrm{T}}\mathbf{q})$ 是严格拟凹的，就可以得出存在最优的唯一解。为此，要假设 u 关于 $\mathbf{v}$ 的函数 $u = u(\mathbf{v})$ 是严格拟凹的（见图 4 - 5）。

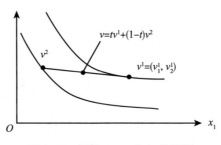

图 4 - 5   函数 $u = u(\mathbf{v})$ 的凹性

即对于任给的 $\mathbf{v}^1$、$\mathbf{v}^2$，$u(\mathbf{v}) > \min[u(\mathbf{v}^1), u(\mathbf{v}^2)]$，这意味着，消费者喜欢多样化的功能组合。因此，只要设 $\mathbf{q}^1$、$\mathbf{q}^2$ 是消费者的任意两个消费组合，不失一般性设 $\mathbf{v}^1 = \mathbf{A}^{\mathrm{T}}\mathbf{q}^1 \geqslant \mathbf{v}^2 = \mathbf{A}^{\mathrm{T}}\mathbf{q}^2$。对 $u[\mathbf{A}^{\mathrm{T}}(t\mathbf{q}^1 + (1 -$

$t)\mathbf{q}^2)]$进行分析，可知：

$$u[\mathbf{A}^\mathrm{T}(t\mathbf{q}^1+(1-t)\mathbf{q}^2)]=u[t\mathbf{A}^\mathrm{T}\mathbf{q}^1+(1-t)\mathbf{A}^\mathrm{T}\mathbf{q}^2]$$
$$=u[t\mathbf{v}^1+(1-t)\mathbf{v}^2]>u(\mathbf{v}^2)=u(\mathbf{A}^\mathrm{T}\mathbf{q}^2)$$

所以 u 关于 q 是严格拟凹的，结合约束集是凸集的结论，可以得出，只有唯一一个点 $\bar{\mathbf{q}}$，使得 $u=u(\mathbf{A}^\mathrm{T}\mathbf{q})$ 在约束集中取最大值，因此函数有唯一最优解。

（4）最优解 $\bar{\mathbf{q}}$ 的影响因素。

我们可以从效用函数 $u=u(\mathbf{A}^\mathrm{T}\mathbf{q})$ 取得最大值时，相关拉格朗日函数对 q_1，$\cdots$，q_n，λ 等变量一阶导数为零来分析最优解 $\bar{\mathbf{q}}$ 的影响因素（指 p_i，a_{ij} 等参数）。但基于分析的简化，本书以二个厂商，两个功能维度为例，从几何图形上直观的分析 p_i，a_{ij} 等参数对 $\bar{\mathbf{q}}$ 的影响。

从功能价值函数 v_1，v_2 的几何图形到效用函数 $u=u(\mathbf{A}^\mathrm{T}\mathbf{q})$ 的图形

$$v_1=a_{11}q_1+a_{21}q_2$$
$$v_2=a_{12}q_1+a_{22}q_2$$

给定 v_1 的值 v_1'，v_1''，$\cdots$，在 $q_1 \overset{\leftrightarrow}{-} q_2$ 平面上画出 v_1 的等值线（见图 4 − 6）。

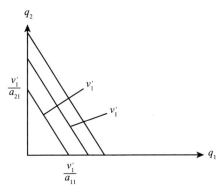

图 4 − 6　函数 $v_1=a_{11}q_1+a_{21}q_2$ 的等值线

产品 1 的功能参数 a_{11} 越大，该等值线越陡。v_1 等值线的斜率反映了产品 1，2 在功能维度 1 上的相对强弱。产品功能参数越大，消费者为获得更高的效用越偏好于消费该产品，产品在消费者消费总量中所

占的份额也就越大。

同理，将 v_2 等值线也画在 $q_1 \overset{\leftrightarrow}{-} q_2$ 平面上，得图 4-7。

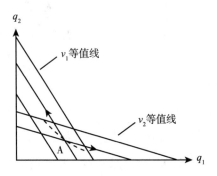

图 4-7 函数 v_1、v_2 与 u （q_1，q_2）等值线图的关系

给定 $q_1 \overset{\leftrightarrow}{-} q_2$ 平面上任何一点，都可以确定该点所对应的 v_1，v_2 的值。从 A 点沿箭头向左上方移动，v_1 不变，v_2 增加，效用 $u(v_1,v_2)$ 增大，从 A 点沿箭头向右下方移动，v_2 不变，v_1 增加，效用 $u(v_1,v_2)$ 也增大，通过这种分析，可知在 A 点效用函数的无差异曲线的方向如图中虚线所示。再结合效用函数 $u = u(\mathbf{A}^{\mathrm{T}}\mathbf{q})$ 是严格拟凹（凸向原点的，见图 4-3）的结论，可以画出效用函数的无差异曲线（见图 4-8）。

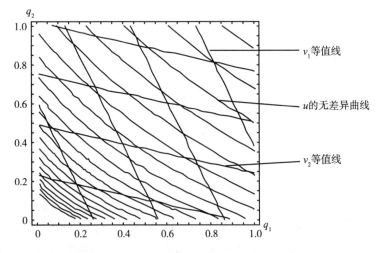

图 4-8 根据 v_1（q_1，q_2）和 v_2（q_1，q_2）绘出的 u（q_1，q_2）等值线模拟

如果再把预算约束线 $p_1q_1 + p_2q_2 = w$ 画在图上，就可以分析 p_i，a_{ij} 等参数对 $\bar{\mathbf{q}}$ 的影响了，p1 增大，$\bar{\mathbf{q}}_1$ 减少（见图 4 - 9）。

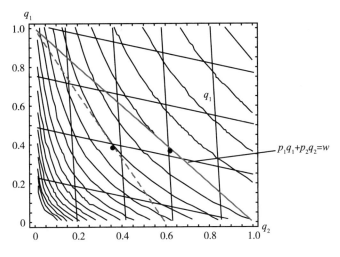

图 4 - 9　商品 1 价格变化对其需求量的影响

从图形中可以看出，消费者的最大效用不在 q_1、q_2 两个轴上，而位于图形的中间，即产品存在差异性对消费者来说在一定的收入水平下可以获得更大的效用，因此可以吸引更多的消费者。并且，当 a_{11} 增大，a_{12} 减少时，效用曲线与预算线的切点将向 q_1 运动，即可增加效用的功能性差异越大，生产企业取得的竞争优势也越大，企业对市场的主导权也就越大。以上分析说明，企业之所以争先恐后地推陈出新，不断宣传自己产品的特性，无非是想通过产品的差异性来获得对同类商品某种功能的垄断性，从而掌握定价的主动权，以实现企业利润或者价值的最大化。

产品异质性体现在多个方面，如产品成本、产品功能、产品质量、包装设计等，产品差异也是企业资源差异的市场综合表现。企业资源的差异是多维的，并且这些差异因素对价格都有影响，但却难以计量。垄断竞争的市场结构更接近于现实的市场，而现实的市场是复杂的，这也是垄断竞争市场价格分析时难以采用统一均衡模型的原因。

垄断竞争市场中产品不具有完全的替代性，企业数量虽然众多，但也不是每个企业的竞争力都微不足道，技术与信息等资源的差异导致不同企业对价格的影响力不同，而产品差异又导致消费者选择行为的差异，不同消费者对不同产品有不同偏好，因此，每个企业的需求曲线有着不同的价格弹性，价格的改变对不同企业的影响程度不同。同时，由于产品之间有一定的替代性，市场总的需求曲线的弹性将大于每一个企业的需求弹性，这样的垄断竞争市场结构的前提假设与现实是相符的。

垄断市场的竞争企业期望本企业产品的价格弹性小于其他企业的价格弹性，为此企业可以采用多种方式。一是降低产品成本，在寡头垄断分析中已经得知，$k_1/k_2 = \beta/\gamma$，其中 k_1、k_2 为两企业的成本系数，β、γ 为产量对价格的影响系数，即成本越低其价格弹性越小。因此，改进技术以降低成本将增加企业的市场价格控制力。二是增加消费者认同，这需要企业在市场中进行各种有效的促销行为来完成，当垄断企业能够通过各种有效的方式让消费者认同并接受本企业产品时，企业将对价格有更多的控制权。垄断市场的信息是不完全的，信息也可以作为竞争中可利用的一种资源，企业还可以通过对信息有选择地传递达到对消费者操纵的目的。因此具有垄断竞争特点的行业一般都投入巨额广告费，广告有助于增强广告投放企业对消费者的认知影响，进而增强企业对市场的垄断权力，使其有更多的机会提高价格和利润。根据威廉·威尔逊的研究，某一行业的广告开支与销售额的比率越高，该行业的利润率也就越高。品牌借助广告得到客户认同，广告使顾客更加笃信这些品牌，那么，卖者就能够适当提高产品价格而不影响产品的市场销售。

虽然从理论上垄断竞争企业有追求产品差异性并控制价格制定权的要求，但如果各企业在竞争过程中出现权力不均衡现象，个别企业的产品质量较好，市场占有率较高，具有影响消费者并控制市场的能力，产品的差异性则可以增强企业的权力，并成为企业在竞争中向竞争对手施加压力的有力武器，强势企业不但可以制定一个对自己有利的价格还可以有效避免其他企业产品的替代性竞争。但对于弱势企业，这种差异性反倒成为其消费者放弃选择其产品的区别标志，因此从博弈理论分析，弱势企业将会希望尽可能减少与强势企业产品的差异，我们可以称其为市场的生存拟态，如果产品的差异度较小，则弱势企业便可以借助强势企业的市场效应，在广告支出、市场开拓等策略上，采用智猪博弈中小猪的策略，以降低自己的成本，提高竞争能力。而强势企业会采用法律或产品改进等相关手段，避免这种情况发生。因此，产品的差异性并不是对所有企业来说，都是越大越好，市场中控制权力越大的企业越是追求产品差异性。

4.3.4　完全竞争市场

根据传统经济学理论，在完全竞争市场上，众多的生产企业生产同质的产品供应众多的消费者，单一的买方需求和卖方供给都只占市场份额很小的一部分，消费者和企业都是市场价格的接受者，此时生产企业并不是不想对价格的制定进行控制，但由于缺乏对价格的控制力，只能被动地接受市场价格，每个企业的经济权力在价格的制定过程中，仍旧发挥着一定的作用，只是其作用较小并且各企业之间作用力相互均衡而已。而事实上虽然存在众多的生产企业，且每一生产企业的产量都只占市场的极小的一部分，价格的变动对整个市场的影响微乎其微，但仍旧会有影响，并且这种影响会随着信息传递速度的增加或范围的扩大而日益增强，如果一个企业在价格的变动中获得比其他竞争者高的利润，且这种信息是公开的，那就会影响了解信息的企业，在利益最大化的理性决策下，随之调整自己的价格策略。虽然每个企业的价格是随行就市的，但事实上并没有丧失对自己企业产品价格的控制权，只是企业在利益最大化的理性驱动下，会衡量其违背市场价格时所支付的成本大小。一般情况下，如果市场达到了供需平衡，并形成了一个固定的市场价格，此时产品的价格弹性无限大，企业如果制定高于市场均衡价格的价格，则其产品会受到市场抵制而无法售出，自然也无法获得利润。如果制定的价格低于市场均衡价格，产品虽然能够很快出售，但企业所获得的利润也低于在均衡价格下所获得的利润，企业明显存在着损失。所以市场供需保持均衡且不发生变化的情况下，企业的最佳策略就是以市场价格出售自己的产品。

　　但完全竞争的市场也不保证需求不发生变化，假设市场是多期的，在 t 期市场已达均衡状态时总产销量为 Q，市场存在 N 家企业，假设每家企业的产量都是平均的，市场均衡价格为 P。如果供需平衡，价格自然不会改变。但如果在 $t+1$ 期需求减少，假设减少量为 ΔQ，假设每家企业都按原市场价格出售产品，则每家企业在原产量的状态下会出现 $\Delta Q/N$ 的剩余，收益减少量为 $P\Delta Q/N$。但企业是理性决策者，如果出现剩余，则会寻找能够将剩余产品销售出去的解决办法，解决的办法有两种：一种是在 $t+2$ 期每家企业减少 $\Delta Q/N$ 的生产量而保持价格不变，另一种是市场均衡价格降低 ΔP 以扩大市场需求，由两者的均衡关系为 $(P-\Delta P) \times Q = (Q-\Delta Q) \times P$ 可知推出，$\Delta P = \dfrac{P \times \Delta Q}{Q}$。对于任一企业，这是一个静态博弈①。

		其他企业	
		降价	降产
企业 i	降价	$-\dfrac{P \times \Delta Q^2}{NQ}, -\dfrac{P \times \Delta Q^2}{NQ}$	$-\dfrac{P \times \Delta Q^2}{N^2 Q}, -\dfrac{P \times \Delta Q}{N}$
	降产	$-\dfrac{P \times \Delta Q}{N}, -\dfrac{P \times \Delta Q^2 (N-1)}{N^2 Q}$	$-\dfrac{P \times \Delta Q^2}{NQ}, -\dfrac{P \times \Delta Q^2}{NQ}$

需

　　博弈的结果是（降价，降价）为纳什均衡，因此在市场需求减少时，企业首先选择的是降价而不是减少产量。虽然在经济学假设中，市场信息是完全公开的，企业都能够了解市场上各种变化的相关信息，

---

① 博弈的前提条件是当企业 i 降价时，其他企业都不降价而降产；当企业 i 降产时，其他企业都不降产而降价，需求增加时与此相同。

但不同企业对信息有不同的反应时滞。假设其中一家企业 A 首先对市场供需变化做出反应，在其他企业保持原市场价格不变的情况下，它并不需要考虑市场总的需求变化 ΔQ，而只需考虑本企业的剩余量 $\Delta Q/N$，只要降低价格使市场的需求量增加 $\Delta Q/N$ 即可，我们可以将该价格降低量设为 ΔP_a，可推知 $\Delta P_a = \dfrac{P \times \Delta Q}{NQ} < \Delta P$，由于 A 企业首先对价格作出调整，其价格低于市场价格，而消费者由于对市场信息也完全了解，会尽可能选择市场价格最低的产品，A 企业的产品将在 $(P - \Delta P_a)$ 价格下销售一空，在原价格下 A 企业的市场剩余 $\Delta Q/N$ 将被其他 $(N-1)$ 家企业所承担，即每家企业将出现 $\Delta Q/(N-1)$ 的剩余。A 企业由于降低了产品的价格，其损失为 $\Delta P_a \times \dfrac{\Delta Q}{N} = \dfrac{P \times \Delta Q^2}{N^2 Q}$，

小于当所有企业全部降价时企业的损失 $\dfrac{P \times \Delta Q^2}{NQ}$，因此市场的企业数目越多，每个企业主动先行降价的动机越大。当 A 企业因降价而在市场将产品出清以后，A 企业应该承担的市场剩余被其他企业所承担，此时如果 B 企业如果采取同样的策略，此时 B 企业将承担 $\Delta Q/(N-1)$ 的市场剩余，剩余量大于 A 企业在降价时所承担的剩余量 $\Delta Q/N$，即使 B 企业也采取与 A 企业同样的价格策略，其降价的幅度 $\Delta P_b = \dfrac{P \times \Delta Q}{(N-1)Q}$ 大于 ΔP_a，因此 B 企业因降价产生的损失也大于 A 企业。这就表明，首先降价的 A 企业将市场需求变化的风险转移给其他企业，这一点我们可将其称为企业价格策略的"先行效应"，即在市场需求减少的情况下，首先降价的企业所承担的风险最小。这也说明为什么当一家企业降低价格时，其他企业会迅速采取相同策略，目的是减少先降价企业在市场单独低价销售产品的时间，使消费者没有对其降价产生反应的时间，降低其风险转移的效果，如果所有的企业都采取同样的行为，市场价格将定位新的需求与供给均衡状态。这表明，在完全竞争市场，如果信息是充分的，需求减少时价格的调整也将是

迅速的，价格将迅速形成新的均衡。因此，在完全竞争市场，企业并不是没有对自己产品的价格制定权，而是基于企业利益考虑，在不同的市场状态下执行对企业最有利的价格策略。

如果市场的需求增加，企业应该如何调整价格策略呢？其他假设不变，市场需求增加 ΔQ 时，企业也同样存在两种选择：一是在下期提高产品价格，二是增加供应产量。如果产量的增长没有资源约束，企业 i 与其他企业的策略选择博弈结果如下：

其他企业

		涨价	增产
	涨价	$\dfrac{P \times \Delta Q^2}{NQ}, \dfrac{P \times \Delta Q^2}{NQ}$	$-\dfrac{P \times Q}{N}, \dfrac{P(Q + N\Delta Q)}{N(N-1)}$
企业 i	增产	$\dfrac{P[Q(N-1) + N\Delta Q]}{N}, -\dfrac{PQ(N-1)}{N}$	$\dfrac{P \times \Delta Q^2}{NQ}, \dfrac{P \times \Delta Q^2}{NQ}$

需

虽然企业同步行动时涨价和增产具有相等的收益，但（增产，增产）却是纳什均衡。因此在完全信息而产量无约束时，完全竞争市场不具有价格上升的可能性，反应迅速的企业将分享更多的市场份额，如果市场存在多期波动，其多期叠加的影响将导致企业间规模的差异，最终将形成寡头垄断。实际的市场信息是不完全的，但也存在着同样的情况，数量的调整速度快于价格的调整速度（凯恩斯，1968）。只有在产量存在资源性约束，在短期内无法满足增长的需求时，企业才会有进行价格调整的动机。

从以上分析可以得知，在信息完全公开、企业众多的自由竞争市场中，每个企业之所以严格按市场均衡价格出售产品，也是决策过程中权力博弈的结果，在供求相对稳定的时期，之所以存在一个相对稳定的均衡价格，是因为企业之间的权力相对均衡，权力对等，任何企业价格策略的调整都会受到其他企业的经济惩罚。但企业并不是失去了对本企业产品的价格控制权，一旦市场发生了需求的变化，无论这种变化是增加还是减少，企业都会迅速采取有力措施，力争占有价格策略的市场先行效应，并会引导其他企业采取相同的市场策略，最终形成新的均衡。

4.4 价格机制中的政府权力

4.4.1 政府对市场权力的调整

政府虽然不是市场交易过程中的直接参与者，但并不是说政府没有市场参与的权力，自从人类有交易记录以来，政府与市场就是同期发展的，从商品的投放到价格制定，都可以发现政府影响的证据。西方发达国家虽然在资本主义萌芽和发展时期鼓励市场自由竞争，反对政府对市场的直接参与，但这只是当时理论上的阐述，事实上在资本主义经济发展过程中，政府从没停止过对市场的干预。在英国的重商主义时期，英国政府不但颁布相关法令干预市场交易及价格，还直接制定某些商品价格及工人工资。20 世纪 30 年代的资本主义经济危机，导致凯恩斯的政府干预思想又重新成为人人接受的理论，使政府对市场的干预成为合理行为。而 20 世纪社会主义国家普遍采用的计划经济体系，完全排除了竞争机制，是政府对交易价格的完全控制，虽然计划经济的价格体系存在着缺陷，但无法否认在特定历史时期政府对市场控制或干预所起到的作用。到目前为止，经济理论业已证明，完全依靠市场会产生市场失灵，因此现有的经济理论都赞同政府对市场应采用有限的管理，而作为掌握一定资源的行为主体，政府在市场中所起的作用是不可或缺的。通常情况下政府在市场拥有以下权力：

（1）政府可以通过向市场投放所掌控的资源改变市场的供需结构。这是政府以交易人身份直接参与市场交易行为，通过改变市场中供需的量比，进而改变市场交易价格。此时政府的身份是一个市场中的普通经济主体，其行为对价格产生的影响与不同市场竞争结构下企

131

业的行为具有一致性。

（2）政府通过调整宏观经济政策改变价格的组成结构。经济理论都已认识到价格不是成本的市场映像，也不仅仅受供需关系的影响，宏观与微观的经济变动都会改变产品价格的组成结构，因此，政府可以通过各种政策手段对市场价格进行调控。在宏观方面，可以控制货币投放数量及资本利息，通过调整市场货币供应及通货膨胀水平进而改变市场商品价格。在微观方面，可以通过改变税收结构及税收额度，调整社会资源再分配结构，从而改变企业生产成本与消费者的可支配收入，从供需两方面影响市场商品的价格。

（3）政府通过行政手段直接改变供需双方的权力结构。政府拥有的行政权力在权力效能方面比市场经济主体的经济权力更大，行政权力存在的职责就是约束并调整市场中不同主体间的权力，防止相互之间的权力失衡，在保证市场效率的同时，维护市场交易的公平性。具体方式就是通过立法或相关政策，建立对市场行为主体具有约束能力的经济制度，并以行政机关加以落实。立法主要是保证市场机制的有效运行，依赖于一个稳定的制度框架，使市场经济活动的结果更有预见性。如果没有政府的管制，经济个体就会表现出完全的自利性，市场将如哈耶克所说的："自利的本能将产生机会主义行为，导致市场竞争的无序化。"法律的存在就是防止各种可能出现的利用自己所拥有的权力侵犯他人权利的行为，搭建一个公平交易的平台。

4.4.2　政府对垄断市场的权力制约

政府一方面以一定的资源参与市场行为，另一方面作为管理者对市场进行规制，在对市场权力博弈格局的调节中起着至关重要的作用。当生产企业与消费者之间的权力相差悬殊时，政府的参与就是必要的。当消费者在市场中具有弱势地位时，消费者在价格形成过程中将拥有较少的参与权，但价格是社会资源分配的载体，当企业对商品价格拥有较大的控制权时，所形成的商品价格就会对企业更为有利，消费者在市场初次分配中的利益将被剥夺。如果这种权力博弈格局长期保持，将会导致整个社会资源分配的失衡，社会财富将向企业集中，消费者的利益无法得到保证。如果出现这种情况，政府可以利用所拥有的权力，约束企业的某些行为，如价格管制，政府直接制定产品价格，或降低企业对价格的控制权，还可以采用特殊的税收政策，将企业不合理利益转用于社会福利，以政府的强制性行为调节市场中的利益分配结构，削弱价格的利益分配功能，从而达到社会财富的合理分配。

在完全垄断市场中，如果拥有绝对的垄断资源或该市场的进入壁垒足以阻挡住其他企业的进入，市场失去了潜在进入者的威胁，垄断企业就拥有了价格的完全制定权，消费者在垄断市场中更没有选择的余地，其选择权被完全剥夺，处于被动和被支配的地位，几乎没有对产品价格形成的影响力。为控制垄断企业的垄断价格过度抬高，政府可以利用所拥有的权力参与市场博弈，一方面限制垄断企业的权力，另一方面增加消费者的权力，使其获得与强者同样的谈判权，使消费者作为一个群体与垄断企业博弈从而影响价格。

但政府对市场主体权力博弈结构的调整必须是双向的，只单纯地限制垄断企业的某一方面的权力而不改变消费者的权力结构是无法达到目的的。弗里德曼指出，在要素市场任何消费者都会根据对自己能力的评估而预期未来收入，由于个体对环境的局限性，信息不完全导致个体对预期收入评估不会是一个确定值，而是一个区间，即最低收入 w_1 和最高收入 w_2。在 $[w_1, w_2]$ 内的任一收益值都可以被消费者接受，其实际最可能的收益值 $w = w_1 f_1 + w_2 f_2$，f_1，f_2 是最低收入及最高收入的概率，$f_1 + f_2 = 1$，不同收入水平下消费者所能接受的商品价格存在差异，在等量消费水平下高收入时可接受商品的价格会高于低收入时可接受价格，但不同价格下其心理满足程度存在差别，价格越高，满意度越低。假设企业的收益 v 也存在同样的情况，$v = v_1 F_1 + v_2 F_2$，v_1、v_2 是企业根据自己所掌握资源所能接受的最低收入和最高收入，F_1、F_2 是两种收入的概率，以价格为媒介的利益分配在双方可接受范围内都可能实现，达到均衡状态。如果市场利益为1，最满意均衡在 T 点形成，T 点是纳什均衡点，从博弈结果可知，此时消费者获得的利益为 $m = \dfrac{w}{w+v}$，企业获得的利益为 $M = \dfrac{v}{w+v}$，$T = m/M$。在正常的利益博弈中，如果不存在改变均衡的外界因素，F 和 f 等于零的概率非常小，因此均衡点 T 在双方可接受的最低利益分配界点重合的可能性也非常小，即正常情况下不太可能出现 $T = \dfrac{w_1}{v+w}$ 或 $T = \dfrac{v_1}{v+w}$。

因为预期的收益不是一定固定值，而是一个区间，因此博弈双方对价格的可接受性也并不在一个固定的点上，也是一个区间，市场均衡并不是点均衡而是区间均衡。在区间均衡内，存在着价格稳定程度的差别，当 $T = m/M$，即双方预期的最大概率时，均衡是双方最愿意接受的，也是最稳定的。如果价格导致的利益分配处于一方预期的最低点，则均衡也处于临界点，向均衡区间以外的任何一个微小的变化都会导致均衡的改变，因此交易双方都会尽可能使均衡保持在最稳定状态而不是处于临界点上。如果政府仅以宏观政策施加影响，在不改变博弈双方权力结构的情况下，减少强势一方的所得收益，如限制产品的最高价格，使垄断企业的收益减少到 M'，价格降低使市场总体利益减少，假设 $M - M' = \Delta$，Δ 为政府调控下预期企业的利益损失。但如果政府的调控措施并不能改变交易双方的权力结构，垄断企业在既得利益损失的情况下，会在不改变与消费者博弈均衡稳定的前提下，调整利益分配的满意常数 T 值，使之能够将政府调控下企业的利益损失 Δ 全部或部分转嫁给消费者，尽可能保持在政府权力参与之前垄断企业在与消费者博弈过程中所获得的收益，在 $\left(0, \dfrac{w - w_1}{v + w}\right)$ 区间内，都可以成为企业转嫁利益损失的范围，调整后的博结果仍在博弈双方均衡区间内，均衡并不会被破坏。只有当企业的损失转嫁数额大于 $\dfrac{w - w_1}{v + w}$ 时，消费者才会拒绝并要求改变交易规则。如垄断企业可以采用降低产品及服务质量等策略来应对政府对价格方面的限制，或者在消费者急需的情况下降低供应量而制造短边经济效应，消费者会主动提高购买价格而破坏政府对自己的保护措施，虽然市场交易仍会得以保持，但交易过程中利益的调整并不是帕累托最优改进，消费者的利益将受到损失，满意度降低，同时利益分配的不均衡性反而加大。如果商品是稀缺的，需求存在数量约束时，供需双方权力的差异将导致这种情况发生的可能性极大。因此，政府在限制垄断者权力的同时，要增加市场弱势一方的权力，即同时调整双方的权力结构。只有博弈双方的权力对等，双方的利益分配才是均衡的，价格才能维持在保证社会最稳定运行的均衡价格点上。

第5章

Chapter 5

相关行业市场价格的
权力视角分析

5.1 房地产市场价格问题分析

5.1.1 地产价格理论及房地产市场现状

房地产价格问题是许多资本主义国家在发展过程中所曾关注过的问题，弗里德曼在其经济学论著中就住房价格等问题做过专门论述，其他学者也对房地产价格问题做过多方面的研究，提出了许多模型，如丹尼斯·迪帕斯奎尔的存量—流量模型：

$$P^* = \frac{(a_0 - S^*/H_t)}{a_1(M_t - I_t)} \tag{5-1}$$

其中，P^* 为房地产价格，a_0 是购房年成本为零时拥有住宅的家庭比例，S^* 是当期供给数量，H_t 是当前家庭数，a_1 为价格弹性，M_t 为当期贷款利率，I_t 为房地产价格预期增长率。根据该模型，房价与家庭数量、房地产价格预期增长率呈正相关，与供给数量、价格弹性及当期贷款利率呈负相关。而卡廷卡·豪特将住房认定为一项投资，并假定短期内供给不发生变化的情况下，从期望投资等量收益的角度建立了住宅服务流量模型，将房地产价格表示为：

$$P^* = g[RUN, \delta, \Delta Y, \Delta N, Y, N, C, (1 - t_p)] \qquad (5-2)$$

式（5-2）中：RUN 为实际用户成本，δ 为外生变量，ΔY 表示人均收入增长率，ΔN 表示人口增长率，Y 为人均收入，N 为人口数量，C 为建造成本，t_p 为相关税率。模型表明房地产价格与人口、收入、利率、建造成本、未来住宅价格上升的预期值有关。而其他西方学者也都采用类似的数学模型，单纯以市场经济相关变量来分析房地产价格问题，如盖特（Gete，2015）认为人口、贷款价值比和对商品房价格的预期将刺激对商品房的需求，而房价的提升是对住房需求不断增长所导致的，同时房地产投入的增长，会减少贸易品的生产，从而降低一国的国际贸易，并促使贸易赤字增加。葛星（2020）认为，中国商品房价格具有空间变动的传递效应，从中心大城市向次级中心的价格信息扩散影响了全国商品房价格的变动。熊宜强（2021）认为，中国商品房价格不仅受供需影响，也与投资需求及房产的金融属性相关，基于未来预期高涨的地产趋势，将商品房作为一种投资，不断强化商品房的金融属性，推动了中国房地产价格的上涨，而房价上涨反过来更加促进了地产的金融化，两者呈现出相互推动、螺旋上升的格局。但现对房地产价格的分析都将重点放在房地产相关的经济指标上，即分析都以市场上的经济变量为主。之所以仅考虑相关的市场经济变量，是因为分析都是从市场的视角出发，仅分析价格形成的市场经济表象，没有深入探究影响价格的非市场因素，不愿从政府或权力视角对地产行业进行分析。事实上，地产行业与政府之间有着极强的关联，或者说地产行业发展的背后都有政府推动的力量，但这种力量难以被量化，是经济分析的难点，单纯从市场表象分析商品房价格是一条简便易行的捷径。但这种忽略了政府作用机制的分析难以揭示房地产发展的本质，自然也无法找到正确解决房地产问题的方法，使得房地产价格严重偏离合理均衡价格，行业不断出现难以把控的大问题，对整个行业的发展极为不利。

　　我国房地产市场存续的时间并不很长，从新中国成立到 1996 年，计划经济的资源分配机制是城市每个家庭解决住房问题唯一有效的方式，福利式分房制度使市场价格机制在个人解决住房问题方面起不到任何影响作用，住房成为一种公共物品。在多年的经济改革后，虽然经济得到了快速的发展，政府和各个部门加大了对住房建设的投入，但因为存在着理论上的"公共的悲剧"，福利式分房存在较多的人为影响因素，资源本来就稀缺，分配自然也无法保证公平性，整个社会对住房投入的规模远远满足不了快速增长的住房需求。因此，自 1998 年取消以实物形式的福利分房制度以来，房地产市场发展迅速，在短短几年之内，成为促进各地方经济发展的主导产业，大量的资本流向房地产行业，投资规模及建筑面积都呈现几何级数的快速增长。但在社会资源大量投入的同时，房地产价格也一路上扬（见图 5 – 1）。

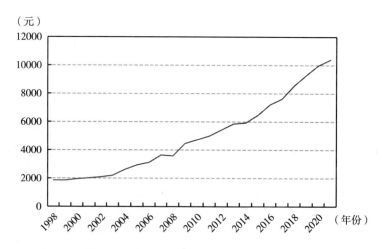

图 5 – 1　1998～2020 年中国住宅价格曲线
资料来源：国家统计局数据。

商品房价格的不断上涨，最高年份商品房价上涨幅度已超过了34%（见图 5-2），已导致一些地区的房地产价格超过了普通居民的购买力，北京、上海、广州等大城市的商品房价格已经高于许多发达国家的一线城市。虽然近两年因宏观经济因素及疫情影响，各地的商品房价格有所回落，但房地产价格仍高于普通工薪阶层的心理预期及购买能力。虽然经过 20 多年的房地产改革，居民住房得到了一定的改善，但商品房价格高企也成为加大普通百姓生活压力的主要经济因素。因此近几年来，国内对房地产价格的讨论如火如荼，学术界也采用各种理论方法探讨了房地产价格的合理性，结果都证明价格存在虚高成分，房地产有降价的空间。早在 2001 年，房树田根据成本理论，从房地产价格的成本构成分析，考虑了征地与拆迁补偿费、勘察设计与前期工程费、建筑安全工程费、住宅基础建设及非营业配套设施建设费、管理费、资金利息、开发利润、税金八项，最后得出的结论是住宅价格还存在 30% 的降价空间，虽然随着房地产热的持续，建筑原材料成本有所上升，但原材料价格增长的幅度远远小于房价上升的幅度，整个地产行业的利润率远远高于市场各行业的平均利润水平，房地产价格过高已是不争的事实。金凯璇（2018）利用回归模型分析了我国不同地区商品房价格的影响因素，结论显示虽然不同地区的房价影响因素不尽相同，但整体上各地区房价与地区宏观经济形势、消费者未来预期、建造成本、土地成本、信贷成本等密切相关。此外不同地区还有一些独特的影响因素，如人口密度、城镇化水平、消费者可任意支配收入、地域性交通条件等。多数学者对中国商品房价格的分析都仅提及供需问题，却很少将供需看作影响商品房价格的主要因素。这说明供需虽然对价格有一定的影响，但无论是房地产企业，还是消费者在购买商品房时都很少考虑市场商品房的供需结构，且供需的市场数据也不是每个消费者都能了解的。因此商品房价格的形成机制与其他消费品相比就有了较大的差异。

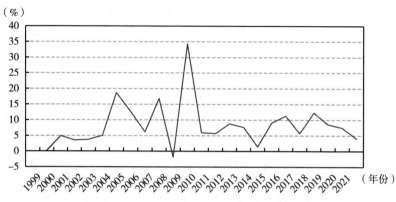

图 5 - 2   1999~2021 年商品房价格增长率
资料来源：国家统计局数据。

但这种直接的成本分析方法无法显示市场供需关系及消费者偏好，因此只能为政策的制定提供参考。除此之外，按照世界银行的标准，发达国家的房价—家庭收入比一般在 1.5~5.5 倍，发展中国家合理的房价收入比应在 3~6 倍。而中国的数据已介于 8~10，大大超出合理范围（见表 5-1）。因此，房地产价格过高已是不争的事实。房地产价格快速上升速度及幅度已经导致社会资源分配结构的改变，产生了一系列社会问题，如何制定并保持一个合理的房地产价格，已经成为政府及理论界研究的重点。

表 5 - 1   1998~2021 年房价收入比统计

年份	平均价格 （元/平方米）	90 平方米商品房 总价（元）	城镇人均可支配 收入（元）	平均家庭 人口	家庭可支配 收入（元）	房价 收入比
1998	1854	166860	5425.1	3.63	19693	10.62
1999	1857	167310	5854.0	3.58	20957	11.29
2000	1948	175320	6255.7	3.44	21520	11.05
2001	2017	181530	6824.0	3.46	23611	11.71
2002	2092	188280	7652.4	3.39	25942	12.40
2003	2197	197730	8405.5	3.38	28411	12.93
2004	2608	234720	9334.8	3.36	31365	12.03
2005	2937	264330	10382.3	3.13	32497	11.06
2006	3119	280710	11619.7	3.17	36834	11.81

年份	平均价格（元/平方米）	90 平方米商品房总价（元）	城镇人均可支配收入（元）	平均家庭人口	家庭可支配收入（元）	房价收入比
2007	3645	328050	13602. 5	3. 17	43120	11. 83
2008	3576	321840	15549. 4	3. 16	49136	13. 74
2009	4459	401310	16900. 5	3. 15	53237	11. 94
2010	4725	425250	18779. 1	3. 10	58215	12. 32
2011	4993	449370	21426. 9	3. 02	64709	12. 96
2012	5430	488700	24126. 7	3. 02	72863	13. 42
2013	5850	526500	26467. 0	2. 98	78872	13. 48
2014	5933	533970	28843. 9	2. 97	85666	14. 44
2015	6473	582570	31194. 8	3. 10	96704	14. 94
2016	7203	648270	33616. 2	3. 11	104546	14. 51
2017	7614	685260	36396. 2	3. 03	110280	14. 48
2018	8553	769770	39250. 8	3. 00	117752	13. 77
2019	9287	835830	42358. 8	2. 92	123688	13. 32
2020	9980	898200	43833. 8	2. 62	114845	11. 51
2021	10396	935640	47411. 9	2. 77	131331	12. 63

资料来源：国家统计局官方网站。

5.1.2 地产价格上涨的原因分析

从统计数据来看，中国房地产市场在发展过程中，虽然个别年份价格有些许回落，但总体价格呈现出持续上升的特征，特别是除了 2008 年受金融危机影响，1998～2017 年的 20 年间，房价收入比一直呈上升趋势，说明房价的上涨速度超过了居民收入的上涨速度，消费者不得不承受更大的购房经济压力。多年来商品房价格持续高涨已受到各方关注，许多学者分析了地产价格高涨的原因，但基本从市场角度，以单纯经济因素分析房价上升的原因，归纳起来有如下几点。

（1）房地产市场的供需矛盾。

在房地产市场化以前，人口的快速增长，但计划经济时代的住房分配模式无法跟随人口增长的脚步，特别是大中城市，人均居住面积仅几平方米，远低于发达国家，居住成了中国城市居民最大的难题。改革开放虽然让中国走上了经济快速发展的轨道，但财政收入仍无法满足多方投资的需要，以政府主导的建房、分房模式短时间内难以解决城市居民对住房的需求，将房地产市场化，以市场力量解决中国人的住房问题成了唯一的可选项。需要供需矛盾巨大，特别是从政府的分配模式转为市场购买模式导致的低收入者的心理恐慌，更放大了供需矛盾的心理效应，使得房地产市场化之后，商品房价格迅速提高。这既体现了当期的市场供需矛盾，也反映了消费者对市场的未来预期。让消费者对住房商品化担心的另一个问题是土地供应，房地产建设离不开建房用地，但土地作为一种自然资源，相对于中国庞大的人口数量，其本身就是一种稀缺资源，且在短期内不具有再生性，土地供应的稀缺将导致商品房供应的稀缺，因此在商品房供应方面存在资源的局限性。与此相反，对商品房的需求本就因计划时代的短缺而存在巨大的市场消费潜力，又因改革开放让普通居民有了一定的购买能力，高速增长的宏观经济形势、城乡间人口流动导致的城市人口增长，更是刺激了消费者的购买欲望，导致供需矛盾随商品房市场化改革的深入不断放大。在市场化初期供需巨大的剪刀差让房价不断上涨，而房价持续的上涨趋势反过来又加大了消费者未来市场供应紧张的心理预期，使得供需矛盾成为房地产市场化初期的主要问题。供需关系是经济学中影响价格的基本原理，同样适用于房地产市场，供需的失衡成为房地产市价格不断上涨的主要因素。

（2）房地产商品的价格弹性较小。

房地产作为一种商品与其他商品有着共同的属性，但与其他商品相比，房地产又具有本身的特性。房屋不是普通商品而是一种生活必需品，因此存在刚性需求，并且缺乏有效的替代品。中国的传统文化中强调家庭观念，住房作为家庭的重要组成部分，一直被视为个人和家庭的安身立命之本，拥有一套自己的住房是多数中国人一生的追求，取消福利分房后，购买商品房成为解决中国人住房焦虑的唯一方式，这导致商品房的价格弹性较小，无论商品房价格如何上涨，房改初期的住房刚需仍能维持房地产企业的交易需求。特别是当房地产存在一定的垄断性，或者作为房地产必需的投入要素——土地资源存在一定的垄断性时，其价格弹性更小，不断上涨的商品房价格不但不会减少市场需求，反而因房价不断上涨，导致消费者预期未来市场价格仍会上涨，更加大了居民即期对商品房的消费欲望。

房地产的规模效应及需求与供应的区域性形成了一定区域内房地产市场的垄断竞争格局。经济学理论指出，如果市场存在一定的垄断性，生产企业的利润可以表示为：$m = \alpha \dfrac{s}{\varepsilon}$，其中 m 为生产企业的利润，α 为影响系数，s 为企业的市场份额，ε 为商品的价格弹性。

面对较低弹性的商品，房地产企业提高房屋价格成为生产企业获得高额利润的有效手段，市场自由交易理论又给这种获得高额利润的行为披上了一层合法的外衣。作为房地产必需的生产要素，土地资源也存在同样的问题，土地资源是有限的，且完全由政府掌控，因此土地的供给也缺乏弹性，较高的价格也不会有竞争者在市场大量投放。因此，当政府将自己视为一个市场经济主体，与企业一样以市场机制作为获取利润的理论依据时，其最佳选择的策略就是不断提高其价格以获取最大利润。

（3）房地产市场存在投机行为。

商品房不仅是普通消费品，满足消费者居住的需求，还因具有较长的使用年限及不断上升的价格，符合投资与投机的条件。行为理论阐明如果经济主体对某一商品的未来价格能做出正确的预期，则其即可利用市场交易行为从中获利。在网络时代，相关信息的快速传播又能够促使所有的经济主体对市场相关因素的变化迅速作出反应，使预期具备了传导的条件，加大了投机行为的产生可能性。江春等（2022）通过对资产价格（房价、股价）、投资者风险偏好及预期关系的研究证实了投资者风险偏好会促进房价的上涨，同时房价的上涨和预期价

143

格升值又刺激了投资者更转向风险偏好。货币资本拥有者通过购买、出租和二次出售获取利润成为房地产市场的一种常见现象。中国在商品房市场化初期，本来市场供需矛盾就很大，商品房价格不断高涨，而一些先富者为了进一步攫取市场利益而进行的房地产投机进一步加大了市场供需矛盾，而管理部门无法判定购房者的购买意图，特别是在政府鼓励房地产市场化的过程中，对商品房的购买并没有任何限制性措施，导致房地产市场化初期的市场行情高涨，价格持续走高，购房成本超过了大多数普通城镇居民的购买能力。保守的估计每年市场销售的10%以上的商品房是用来投机的，根据北京房改初期的调查结果显示，投资性购房占总购买量的17%，个别项目高达60%以上，地区经济越发达，投资性购房比例越高。而当商品房价格过高，引起市场民怨时，政府的相关政策又相对滞后，使得房地产市场投机行为缺乏有效制约，进一步推动了房价的高企，在很长时间内，房地产交易价格反映的并不是实际的供需关系，商品房的市场价格严重偏离了合理价格区间，增加了真正的住房消费者的经济负担。从美国、日本等发达国家的房地产市场演变过程中也可以发现，当市场存在投机机会时，不但引致经济主体参与，还促使金融机构放松金融管制，并通过各种金融工具或经济手段参与其中，推动市场的快速发展，甚至引起行业发展的泡沫化风险，而这种金融风险在中国也同样存在。2019年中国上市公司研究院发布了"上市公司房产投资榜"，排名前十位的上市公司持有投资性房产近4000亿元，并根据市场行情测算出2018年这些公司通过炒房收入超过100亿元。反过来，房地产价格的持续上涨又促进了投机行为的增长，形成恶性循环，进一步导致供求及商品房价格的失衡。根据国家统计局最新的统计数据，我国城镇家庭户数为3.2亿户，但2020年的住房拥有量高达4.9亿套，城镇居民家庭住房拥有率为96.0%，有一套住房的家庭占比为58.4%，有两套住房的家庭占比为31.0%，有三套及以上住房的家庭占比为10.5%。这说明，经过二十多年的市场化改革，中国已经基本解决了国人的住房需求问题，市场也已发生了从供不应求到供大于求的转变，但商品房价格已经被推到高点，且因有投机者的存在，以及大宗消费品的价格黏性，现有房价很难在短时间内恢复到合理价格区间。

（4）区域性的供给竞争与广域性的需求竞争。

房地产商品不像工业商品，在一定的区域内增加投资可以扩大产能。土地资源的约束限制了在一定区域内产品的供应量，也给潜在进入者设置了较高的进入壁垒，因此在一定区域内只能存在有限的开发商，缺少潜在竞争威胁，竞争不可能是完全的。受限于地区性的土地资源，在一定的区域内便只能存在有限的商品房产品。供应有限的房地产市场必定会导致未来房价的上升，而这种对未来房地产市场形势的预期反过来又影响市场供应者的策略，多数房地产商囤地囤房、捂盘惜售，造成市场供应进一步紧张，甚至房地产商自我参与投机，刺激房价一路飙升。而对住房的需求却与此相反，在改革开放后，中国逐渐取消了人口流动的户籍限制，在城市的快速发展过程中，大量的农村劳动力向城市迁移，或从经济不发达地区涌向经济发达地区，城市人口不断增加。同时高校也在不断扩大招生数量，并在毕业时可自由选择分配去向，导致大量的年轻的、受过高等教育的群体加入人口流动大军，使得发达地区的城市人口激增，增加了对住房的需求。政府推行的城镇化建设也为人口流动提供了便利条件，人口的集聚效应更加明显。人口普查数据显示，1982 年我国流动人口 657 万人，到2020 年我国人口流动量已达到 4.93 亿人，且呈现出向沿海发达地区及内地大城市集聚的趋势。城镇人口比例从 2010 年的 49.68% 上升到2020 年的 63.89%，十年间年平均增长 1.3%。特别是在户籍制度改革后，许多地区为吸引人才及推动房地产行业的发展，放宽了城市户口落户的条件，这也加大了人口流动的趋势。统计数据也表明，流动人口的结构也在发生着改变，从最初的以农民工为主到近期的年轻化、高学历化为主的转变，流动人口总体处于工作能力最强、职业机会最好的阶段，收入水平足以支撑其购房需求。焦妮妮（2022）利用中国省会城市的数据，分析了高学历流动人口对所有城市住房价格的影响，结论显示流动人口的教育程度对其所在城市的房价上升有显著的推动作用，特别是 27～37 岁的高学历流动人口对房价推动的作用最大，这也是北京、上海、广州等一线城市房价高启的原因之一。同时，发达的信息传播网络又让房价形成从一线城市向其他地区的传导效应，引致全国范围内房价的整体上升。

（5）产品存在较大的差异性。

房屋虽然具有相同的使用功能，但实际却是一种差异化较大的产品，差异并不体现在质量、内部结构等产品固有的特性，而表现区位性差异，如地理位置、周边环境、交通条件、生活及教育配套设施等非产品特性。产品固有的特性差异可以通过技术改进等相应手段缩小其差距，但非产品特性差异超出了企业能力的范围，难以克服，对价格也就产生更大的影响，这与豪泰龄（Hotelling，1929）基于线性空间的产品差异分析所得的结果是完全不同的，即房地产企业永远不会在地理位置方面达到一致。西方学者对此早有研究，切希尔（Cheshire，1995）的研究表明，房价会随着公共服务设施可达性水平的提高而上涨。特恩布尔（Turnbull，2018）等研究结论显示，一个区域内学校的教学质量与该区域房价有相互的促进作用，在经济发达地区，这种影响表现得更为明显。国内不少学者也基于对不同城市房价与公共服务设施关系的研究，发现区域内服务设施的完备对该区域的房价有较大的影响。如温海珍（2004）分析了杭州的房地产的特征价格，发现在杭州与西湖的距离比离中心商业区的距离对住宅价格的影响更大。郑芷青（2001）探讨了广州市商品房价格时空分布规律及影响因素，认为商品房价格主要受地价、城市形态与功能结构、交通与绿化环境、生产服务设施以及物业管理水平等因素影响较大。池茵（2022）通过对广州市公办学校对房价的影响分析，指出教育集团化对该地区的房价有正向影响。郝君豪（2022）以北京为例，分析了区域内高校、医院对房地产价格的影响，研究表明公共服务能够正向资本化到房价中，同时，是否是优质学区、距离 CBD 远近、附近是否存在地铁站点、公园等因素也对该区域的房价有较大的影响性。吴倩文（2023）通过对烟台市 2017～2022 年学区房价格的影响因素分析，认为教育因素对学区房的价格影响较为显著。正因为有区域性的、非产品性差异存在，导致相邻地区房地产企业的产品非完全同质化，相互间的竞争较弱，使得整个房地产行业竞争不充分，各开发商有充分的定价权，价格难以通过市场自由竞争方式有效调整。

（6）我国现有的土地管理制度因素。

新中国成立后，我国的土地管理模式经历了一系的变化，中华人民共和国成立初期，土地由中央政府统管，这是为了迅速恢复土地生产，实现耕者有其田的土地制度理念所采取的一种临时政策，土地国有化为实施土地改革提供了必要的条件。从 1955 年到改革开放初期，土地都是以中央与职能部门分管的方式进行管理，农业部管理农村土地，房产局管理城市用地，林业用地管理归林业部，水利部管理水利工程用地等。多头管理使土地资源的使用及开发存在较多的问题。因此，1986 年成立了国家土地管理局，并建立了从中央到地方的多级土地管理部门，对全国土地实行统一管理。但无论管理模式如何变化，土地的法权属性却是固定的，中华人民共和国成立初期虽然未以法律形式确定土地权属，但 1986 年通过的《中华人民共和国土地管理法》做出了明确的法律规定："中华人民共和国实行土地的社会主义公有制，即全民所有制和劳动群众集体所有制。全民所有，即国家所有土地的所有权由国务院代表国家行使"。但因土地的区域属性及中央政府有限的管理幅度，由国务院直接管理很难实现，因此在实际管理中采用分级代理机制，由各省、市、县、乡等各级政府代理行使土地管理权，行使相应的土地管理职能。

以法律的形式明确了土地所有制，即一切土地都是公有的，使得政府在土地利用方面拥有较大的权限。特别在房地产市场化之后，政府集土地所有者、管理者及经营者多种身份于一体，完全垄断了土地资源的投入。同时，政府又以一般的经济主体对土地资源进行市场化交易，对土地资源实行招、拍、挂。正因为政府在土地使开发用中的多重身份，特别是作为资源拥有者及管理者，导致房地产开发用地成为由政府垄断的稀缺资源，在相互的利益博弈中，难免会出现利益优先的决策行为，失去了作为管理者理应行为中性的行动原则。特别是1992年我国实行分税制度以来，中央政府对地方的财政收入产生了挤压效应，促使地方政府不得不采取更多的手段提高本地财政收入，而土地是最易于转化为财政收入的资源。同时分税制又将中央与地方对土地资源的市场化利益以合法形式进行分配，强化了政府作为土地经营者的市场角色，推动土地资源价格快速上涨成为各级政府的理性选择。许多学者也在分析的基础上指出了房价上涨与政府土地资源管理的关系，吴晓灵（2005）认为当前的土地供给制度、中央与地方的分税制度、相关的政府财政与金融政策等导致了房价的非理性上升。张岑遥（2005）则认为房价上升是地方政府在"双重压力"下对房地产深度介入的结果。第一重压力是地方政府的事权高于财权导致的经济压力，中央政府把更多的事务性责任下放到地方，但地方政府却没有得到相应的财政补偿，促使地方政府及其管理者不得不深度介入房地产市场，充分利用政府对土地资源的掌控能力及土地与房地产市场的高度关联性，推动房地产经济的快速发展，缓解地方就业及财政压力，以至于在房地产市场最活跃的时期，土地出让金已经成为许多地方政府财政收入的主要来源。第二重压力来自地方政府作为中央政府的代理性身份，科层制的管理体系构建，加上中央对地方官员以经济发展为主要考核指标的管理方式，促使地方政府必须配合中央政府的发展规划，由于房地产行业的发展不但能解决百姓的住房焦虑，还对钢铁、建筑、建材、装修等行业具有引领作用，加上对就业的带动作用，使得中央政府一直在积极推动房地产行业快速发展，政府扮演的是一个理性经济人的角色，特别是在土地供应上采取相应的控制措施，加大土地供应的紧张程度，并通过政府控制的媒体进行市场引导，不断推动土地价格上涨。钟岩、张勇（2006）也指出土地产权制度性缺陷是导致我国房地产高烧不退的根源。王欣（2012）以北京市住宅价格数据，分析了土地财政与房价的关系，结论表明土地财政在一定程度上推高了房价。虽然土地价格在商品房价格中所占的比例逐年提高，对商品房价格的影响还不仅是简单的经济计算问题，一方面土地价格的上升给开发商提高商品房价格提供了相当合理的借口；另一方面加重了预期购房者的心理恐慌，促进了即期购买的心理，使供需矛盾进一步加大。

5.1.3　房地产价格的政府调控

利益制约是对人类行为制约的终极形式，政治市场的参与者必然效仿经济市场中的"经济人"的行为方式，无论其处于什么地位，都可能以追求个人利益或效用的最大化作为行为的出发点。因而，在理论上把社会个体抽象成"经济人"，是有其合理性的。基于这一假设，布坎南认为，政府作为公共利益的保证人，他并不是神的造物，他并没有无所不在和正确无误的天赋。作为一种人类的组织，其行为主体即政府官员也是具有理性和私利的经济人。林毅夫（1989）也曾阐明，政府机关中每一个官僚机构本身都是一个理性的个体，它的利益从来没有和统治者完全吻合过，结果是设计成统治者偏好最大化的政策，却扭曲成使官僚机构本身受惠。因此，政府及其管理者同样关心自己在政治活动中的成本和收益，在交易过程中同样追求利益最大化，就成为一项无可厚非的理性抉择。但是，政府作为整个社会的管理者，不应该过度追求经济利益，无视社会效益，这将让政府丧失保证社会公平的职责，不利于社会经济的稳定与协调发展。

住房价格问题的产生并发展到成为百姓关注的焦点问题，政府有着不可推卸的责任。在房地产市场化初期，政府为了缩短市场化过程，出台了一系列相关的政策，如 1998 年为了扩大内需，颁布了中国人民银行《关于加大住房信贷投入，支持住房建设与消费的通知》（银发[1998] 169 号），提出加大住房信贷投入，推动住宅成为新的经济增长点，并免去 1998 年 6 月 30 日以前的商业用房、写字楼的营业税、契税及行政事业性收费。2000 年为了促进房地产业的发展，对住房公积金贷款的个人和银行都实行免税政策，刺激消费者住房信贷。2002 年进一步降低住房公积金存、贷款利率，5 年以上贷款利率由 4.59% 降至 4.05%，降息信号鼓励了市场的住房消费[①]。2004 年，以强化土地资源及房地产市场管理为由，严格控制房地产土地供应，加大了市场供需失衡度，促使商品房价格上扬。在政府相关政策的推动下，房地产市场快速成长，房价上升的速度超过了宏观经济的增长速度。针对房价快速上涨这一现象，一些学者认为，政府解决住房问题的政策并没有考虑当前中国市场机制的完善程度，对经济发展的迫切追求导致政府将一种有关民生的产品在快速推向监督及管理机制都尚未健全的市场中，使价格成为个别利益集团获取社会资源的合理工具，矛盾的根源是社会政策的制定没有参考现实的社会经济基础。住房作为人们生活居住的空间，它既是一种高附加值的物品，又是城镇居民的生活必需品；保障城镇居民的住房权利，是政府义不容辞的责任，但在中华人民共和国成立之初到房地产改革时期，落后的经济基础及过度追求公平的制度设计，使住房成为百姓求而不得的财富，住房紧张、为住房焦虑成为城镇居民的日常生活状态。很多国家把获得适当的住房确定为公民的基本人权，将住房作为现代文明社会民众生活权利的一部分予以保障，严重的住房短缺产生的社会矛盾也成为政府迫切需要解决的问题。但住房紧张是多因素、长期积累形成的一个社会局面，不可能、也不应当在短期内通过完全市场竞争来实现供求均衡，政府更不应该在市场化过程中，以管理者、参与者等多重身份积极推动房价上涨以获取其中的利益。房价问题关系国计民生，政府既要尽快解

---

① 中国人民银行（2002）57 号文件。

决百姓住房紧张问题，又不能放任市场化导致的房价野蛮上涨。当价格问题过于突出，市场失灵时，政府有必要干预市场，保障公民的生存权利。我国政府已认识到目前房地产市场存在的问题，过高的房价使社会财富向少数人集中，而大多数人无力承担购房成本，社会矛盾加大，房地产在成为经济主导产业的同时，也成为引致社会不稳定的根源。因此，面对高涨的房价及沸腾的民意，政府不得不多次出台抑制房价的政策，2003 年 6 月中国人民银行会同发改委、银监会等部门，颁发了《关于进一步加强房地产信贷业务管理的通知》，对房地产市场进行了全面的金融调控；同年 7 月，国务院出台了《关于清理整顿各类开发区，加强建设用地管理的通知》，对土地管理制度实行严格控制，防止开发商圈地炒地行为，同时，国务院办公厅发布了《关于暂停审批各类开发区的紧急通知》，暂停审批新设立和扩建各类开发区。2004 年，为控制房地产发展过热，从供需两方面进行了调控，紧缩信贷并提高住房贷款利率，减少房地产开发及购买的外部资金支持；2005 年，政府又将房地产行业作为重点调控对象，国务院连续下发了《关于切实稳定住房价格的通知》《加强房地产市场引导和调控的八点措施》《关于做好稳定住房价格工作的意见》等多个指导性文件，虽然产生了一定的社会影响，但并没有遏制房地产价格上升的势头，而且因土地资源的减少使开发商更多地建造大面积高档房屋，在供求数量失衡的同时又出现商品的结构性失衡。2006 年 5 月针对此问题，建设部、发改委等九部委联合发布了《关于调整住房供应结构稳定住房价格的意见》，对住房结构及价格问题提出六条具体措施：一是切实调整住房供应结构，发展中低价位、中小套型普通商品住房、经济适用房和廉租住房；二是进一步发挥税收、信贷、土地政策的调节作用，严格实行住房开发、销售有关政策，完善住房转让环节税收政策，有区别地适度调整信贷政策，引导和调节住房需求。科学确定房地产开发土地供应规模，加强土地使用监管，制止囤积土地行为；三是合理控制城市规模和进度，减缓被动住房需求过快增长；四是进一步整顿和规范房地产市场秩序，加强房地产市场开发建设全过程监管，制止擅自变更项目、违规交易、囤积房源和哄抬房价行为；五是加强城镇廉租房建设，规范发展经济适用住房，积极发展住房二级市场和租赁市场；六是完善房地产统计和信息披露制度，增强房地产市场信息透明度，全面、及时、准确地发布市场供求信息，坚持正确的舆论导向。2007年建设部在国六条的基础上，又提出加强金融监管、切实整顿和规范市场秩序的建议，强化法治，严肃查处违法违规销售行为。但这些措施对房价的上涨仅取得的效果非常有限，并没有改变房地产价格持续上升的趋势。截至2007年7月，全国房地产价格比上年同期增长了7.1%，个别地区达到两位数以上，政府的宏观调控并没有改变市场供需现状，房价上涨过快问题依然存在并有扩大的趋势。直到2008年的金融危机，宏观经济不振，才对房地产市场产生一些不利的影响，但政府在楼市遇冷之后却迅速反应，投资4万亿元以促进宏观经济增长，又出台了一些刺激消费的政策，使房地产市场快速反弹，以至于2009年的商品房销售面积比上一年增加了43.6%，销售额更是同比增加了75.5%，整个房地产市场迅速回暖，房价自然也同步上升①。到了2013年，针对越来越高的房价，政府不得不重新出台调控政策，以抑制房价的过快上涨，但这种调控仅是政府的短期行为，2014年之后，各地便又重新开始对房地产行业进行消费刺激，直到2020年的新冠疫情，房地产市场才因市场流动性缺失而导致房价逐渐下滑。而新冠疫情解除后，面对逐渐萎靡的行情，政府又开始出台了各种利好政策激发房地产活力。

从整个房地产市场的发展历程来看，政府不断在刺激与抑制市场两种调控策略中反复跳跃，但总的来说，对市场刺激消费的时期更长一些，抑制都是相对短期的行为，政府之所以采取措施对房地产市场进行调控，主要目的是维护房地产市场的有序发展，特别是房改初期

①　根据中国统计年鉴整理得到。

152

的政策对房地产市场的形成与发展起到了相当积极的作用，使得房价一路高涨。只有当房价上升过快时，才会相应出台一些措施安抚民众，目前政府所采取的调控措施通常有以下类型：①货币政策。即通过货币供应量、向市场投放的贷款发放额度及贷款利率等相关的金融政策影响房地产的供需；②税收政策。主要是调整土地增值税、营业税、物业税、房产税、交易税等税收来间接影响市场供需成本，进而影响供需数量；③土地政策。城市土地规划、建设规划、土地拍卖机制等控制市场土地供应；④产业政策。即以指导性政策调整商品房供给结构、产品结构，或直接影响市场产品价格；⑤行政政策。政府通过行政方式直接规定市场交易行为或交易条件，如规定首付比例、商品房限购、商品房与户籍关联等影响市场。但目前政府所采用的所有宏观调控都是一些指导性意见，多数措施的实施需要房地产开发企业的主动配合，措施本身无法对开发商形成有效的强制性约制，以税收或相应的经济政策所进行的调整也是较为间接的，不会对房地产企业产生更为有效的影响，房地产市场的发展数据就证明了这一点。2003 年我国房地产市场投资额为 10153 亿元，但此后几年每年的投资额都会翻一番，2017 年房地产行业的投资额已经是 2003 年的十几倍。事实上，政府掌握着主要的房地产行业的相关资源，如土地、资金及信息媒体等，还拥有比其他国家政府更大的市场控制能力，如果政府有决心在短时间内对地产行业进行有效调控，完全可以调动掌控的资源，对企业的经营进行直接干预，或选择最为有效的政策来限制商品房价格，如允许单位集资建房以扩大市场供应、征收固定资产税或直接限制投机行为、建设更多的经济适用房或廉租房、提高投机性住房的交易所得税等。对于政府所采取的调控政策有效性问题，许多学者还在理论上做了一些分析。沈超群（2006）分析了宏观金融调控政策对房地产价格的影响，认为国家针对房地产的金融调控政策相对来说力度太小，无法遏制住房地产业投资过热的势头；而通过对土地政策的分析，况伟大（2004）认为房地产价格居高不下的原因是政府在土地出让过程中采用许可制所产生的进入壁垒与土地使用权转让后开发商的垄断行为；韩德军、宫玉泉（2005）认为是土地利用结构的不合理是调控无效的主因，大量土地被用于高档住宅，而用于中低价位商品房的比例过低，政府应调整土地利用结构，增加低价商品房的建筑面积，这也给后期的政策调控提供了理论依据；聂学峰（2005）利用 1999~2005 年的数据，检验了货币政策对房地产市场的影响，认为在货币政策中，货币供应量和名义利率虽然都影响房地产投资，但只有货币供应量能够显著影响房地产价格，名义利率对房地产价格的影响并不显著，因此房地产调控应从有效控制货币供应量入手。但单一的调整策略能否解决房地产问题值得怀疑，赵晓（2005）认为，中国房地产存在的问题是"制度问题"和"宏观问题"，房地产宏观调控应分为"价格调控型"和"非价格调控型"，政府进行调控时，应该充分利用"中国政府强大的组织资源"，多部门齐头并进共同调控；曾五一（2006）在讨论中国房地产价格指数的模拟和预测时，认为利率和居民消费价格指数、城镇家庭人均可支配收入、货币和准货币以及社会消费品零售总额等方面影响房地产价格的波动，因此宏观调控也应该从这些方面入手。马萍（2007）利用 1999~2006 年房屋销售价格指数、土地购置面积、房地产开发投资资金中的国内贷款和住房贷款利率的月度数据建立了四元 SVAR 模型，分析了房地产宏观调控的效果。结果显示，政府紧缩国内贷款只能在短时间内起到一定的平抑价格的作用，这主要是因为我国房地行业普遍采用期房预售制度，产业开发投资对国内贷款的依赖较小，因此紧缩房地产业的国内贷款来控制房地产商品的供给的效果不明显是必然的结果；住房贷款利率对房屋价格指数的影响表现出短期的时滞，且影响的幅度非常小，说明政府通过提高住房贷款利率几乎不能对抑制房价起到预期的作用。原因在于我国现有的利率比较低，增加利率的幅度有限，且大多数消费者购房时都将贷款作为一种辅助手段而不是主要依靠，特别是房屋价格上升的幅度大于调整后的利率水平，无论是投机还是自用，当期购买还是最佳选择；

只有土地的购置面积对房屋价格指数产生较大的影响，但影响却是正负交替的，并且负向影响大于正向影响。原因在于土地政策性调控存在中央和地方政府间的权力博弈，地方政府为了局部利益常常对中央政策的执行"前紧后松"，而开发商还利用政府的土地调整政策来散布土地资源紧张的信息，造成市场供应紧张的预期，反而促进了房价的上涨。董兴等（2021）以 2009～2014 年 35 个主要城市的房地产价格为样本，分析了限购与限贷政策的有效性，结果表明限购与提高首付比例虽然能在短期内有效抑制商品房价格的增速，但政府的调控目标及调控政策对两种非普通住宅和两种非住宅的价格及其增速没有显著影响，长期内最佳商品房价的调控政策是增加土地供给，特别是在"宏观经济增长"及"财政收入"的双重压力下，各地方政府都对相应的调控政策相机抉择，常常放弃稳定房价，并把房地产市场的增长作为当地宏观经济增长的主要手段，使调控流于形式。

经过近 30 年的市场化改革，中国房地产行业已经进入了成熟期，特别受新冠疫情的影响，宏观经济增速减缓，市场价格指数及消费指数增长乏力，导致房地产行业也呈现出下降态势。据统计，2022 年 11 月，北京、上海、深圳的新房价格都有所下降，北京新房价格环比下降 0.2%，二手房价格环比下降 0.4%，上海的新房价格环比下降 0.5%，二手房价格环比下降 0.4%，深圳的新房价格环比下降 0.3%，二手房价格环比下降 0.5%。而二线城市受主要城市房价下降的影响，房价也出现了不同程度的下降。而国家统计局数据显示，2023 年上半年全国商品房销售面积 59515 万平方米，同比下降 5.3%，2023 年 6 月末，商品房待售面积 64159 万平方米，同比增长 17%，住宅待售面积增长 18%，房地产市场开发景气指数为 94.06%[1]，从整个房地产市场来看，虽然房价仍然保持相对稳定，但价格下行的压力较为明显，多数消费者采取观望态度，根据市场行情的变化来决定购买时机，这种心

---

① 国家统计局《中国统计年鉴 2022》。

态影响房地产市场的走势，导致在短期内房地产市场的不确定性增强。

面对低迷的市场形势，各地政府迅速出台了一系列稳定房地产市场的措施。如继续降低首套房首付比例和贷款利率政策，以支持住房改善性需求，降低换房成本，刺激消费动力；进一步优化公积金贷款政策，包括提高公积金最高可贷额度、降低公积金贷款首二套首付比例、支持提取公积金付首付以及延长贷款年限等多项内容；落实改善性需求换房的税费减免政策，第二套住房购买者采取与首套房相同的首付比例和贷款利率，降低住房改善性需求的成本；推进有序落户城镇政策，充分尊重搬迁人口落户城镇意愿，因地制宜制定具体落户办法，采取购房即可落户的措施，提高户籍登记和迁移便利度，鼓励支持有条件有意愿的搬迁群众进城落户。

政府之所以在房地产市场不景气时出台刺激政策，以信息引导市场回暖，在理念上都是为了稳定商品房市场，改善国民住房条件外，实现宏观经济的增长。但既有研究结论并不完全支持房地产能够促进宏观经济增长这一论点。王文春等（2014）分析了 35 个大中城市的工业企业数据，发现在具有融资约束的条件下，房价上涨越快，工业企业就会将更多的资金投向房地产，减少创新研发的投入，从长期看对经济的增长存在负面影响；余泳泽等（2017）基于上市公司数据的分析也得出了同样的观点，过高的商品房价格将影响企业的投资方向与结构，对创新资金形成挤占效应，导致企业创新不足并最终损害经济产出。何青等（2015）则以名义价格刚性和抵押约束为条件，构建了一个 DSGE 模型，分析结果显示政府行政性的宏观调控政策会对房地产市场造成冲击，如果存在信贷约束，该冲击将会扩散至整个宏观经济体系，导致经济的经期性波动，影响宏观经济的稳定持续发展；陈斌开，黄少安，欧阳涤非（2018）也利用城市房地产数据及企业数据，分析了住房价格对经济增长的影响，研究发现住房价格推高了企业人力成本，降低了工业企业的利润率，进而影响经济增长。若住房价格上涨一倍，企业人力成本占工业增加值的比重将上升 16.3%，利润率下降 20.9%，经济增长率下降 4.1 个百分点。西耶等（Hsieh et al.，2019）则采用空间均衡模型，以美国 220 个大都市地区的数据分析了各城市劳动力的空间错配数量及其总成本，结果表明对高生产率的大城市采取严格的住房供应限制会对高生产率工人产生挤出作用，导致美国 1964 ~ 2009 年的总增长率降低了 36%。周建军等（2020）利用中国 2004 ~ 2016 年 30 个省份的面板数据分析了房价波动对经济的影响，得出了高房价会从多个方面对经济增长产生负面作用的结论：一是房价持续上涨会增加居民的生活成本，对劳动力产生挤出作用，减少了劳动力要素供给；二是高企的房价间接提高了用工成本，但劳动生产率未能实现同步提升，挤压企业利润的同时又损害了整体的经济效率，从而制约经济增长；三是房价的攀升驱动了资本的逐利本性，使资本过度涌入房地产业，导致企业投资结构扭曲，挤占企业的创新研发投入，抑制技术创新。虽然也有学者如郑思齐（2014）、原鹏飞（2014）等的研究论证了房地产市场化对经济的正向推动作用，但所有研究都因模型方法及相关因素选择的不足，无法对商品房价格与经济增长的关系做出绝对性的判定，因此以单纯的经济目标来解读政府对房地产市场的宏观调控难以解读现实社会的复杂性。

5.1.4 基于权力的房地产价格问题分析

无论是定性的分析还是定量的分析，都只是针对市场所暴露出的问题，现有研究也发现了政府的宏观调控政策对抑制房价上涨作用有限，但对如何进行政策改进都没有提出更有效的办法，特别是在商品房价格下降时，一些地方政府以行政命令的方式限制房地产开发企业降价，无论出于何种原因，都违背了市场自由交易的原则，是政府对曾经推行的市场化机制的一种自毁。

房地产价格显现的不仅是特定市场条件的供需关系，也体现市场各种经济主体的利益关系，市场上的所有交易本质都是利益的一种分配，分配合理与否取决于价格是否合理。张屹山（2013）曾指出："利益分配机制的形成是各种权力博弈的结果，权力的格局决定分配的格局，分配体系与权力体系是同构的。而权力结构是由经济主体所掌控的资源的重要性、稀缺性和可替代性决定的。为了达到资源的充分利用和最优配置，进而实现社会利益和社会福利的优化，在同一层级内对于不同经济主体权力应对等，同一经济主体权力与责任应对称。"

中国现有的社会制度及初始资源的分配结构，使中国的市场经济在运行及管理方面与西方国家有着较大的差别，一方面我们期望能够以市场机制来实现社会资源的合理配置，另一方面大量的土地资源掌握在政府手中，土地资源的配置过程中政府有较大的权力决定土地资源分配的结构，土地资源配置不是完全以市场机制来实现的。特别是初始资源分配严重失衡，导致市场主体在博弈的初始阶段已经权力失衡，而市场机制又尚未完善，完全以市场自由竞争的机制来实现资源的合理分配就成为一项不可能的任务，房地产市场的现状就是最好的例证。房价不合理的根源不完全取决于供需的失衡，更主要的原因在于房地产市场资源分配的不均衡，导致供需双方在市场博弈过程中权力的失衡，价格失衡是权力失衡后的必然结果。从市场表象看，中国房地产行业市场化已经进行了二十多年，市场中存在众多的企业，市场并不缺乏行业竞争，但根据阿什和希内卡（Asch and Seneca）研究，如果存在着适当的条件，企业都有建立合谋的动机，而企业数量对合谋产生的影响是微乎其微的。特别是当市场管理者或资源掌控者参与合谋，市场竞争机制对资源的分配作用就会更加弱化。总结中国房地产市场的现状，并从权力视角分析房地产市场的演化机制，并借用传统经济学理论内容，对解释房地产市场的价格及其波动更为契合。因此，房地产市场的调控首先应该调整市场博弈各方的权力结构，市场各方权力均衡则价格也会自然回归理性。

总而言之，中国房地产市场之所以存在价格非理性、政府调控效果不明显等问题，主要原因还是市场的权力结构不合理，导致市场权力失衡的原因有以下几个原因。

（1）政府的土地使用及管理政策。

我国虽然实行的是土地公有制，但土地的产权形式是有区别的，农村土地归劳动群众集体所有，土地所有者是属地村社全体居民，城镇土地归国家所有。按照产权理论任何所有制下的产权都具有同等的法律地位，况且两种产权都是公有制的不同形式。但在现实中却是两种产权在法律定位上存在着不平等，这也是当初制定相应制度时的理论缺陷。国有土地所有权凌驾于集体土地所有权之上，对两种权力的流转及使用方面有着不同的法律规定。针对房地产，法律规定可以在市场上交易的房产必须是国有土地上的房产，《中华人民共和国土地管理法》第六十三条规定："农民集体所有的土地的使用权不得出让、转让或者出租用于非农业建设。"这样就剥夺了农民土地所有权的流动性。虽然集体所有土地上的农民可以有一块宅基地用来建设自用住宅，拥有完全产权，但他的房子是不能进入房地产市场销售的，任何一位非本地户籍的外来者，特别是城市户口的居民购买农民自建房，很难获得法律上的保障，这实际上是政府以法律形式所建立的一个难以突破的地产行业进入壁垒。而同时，集体所有制也是一种公有形式，当房地产开发需要获得集体所有制的土地时，国家还可以通过"征用"的方式，依靠国家强制力临时或永久改变土地所有权的归属，将集体所有的土地转变国家所有，虽然有一定经济补偿，但并不以市场交易形式进行，而仅依据政府单方制定的交易规则，转让方并没有进行讨价还价的权力，因此所支付的补偿并不体现土地的实际价值，市场机制在该项交易中也就无法发挥其作用，自然难以保证价格的公正。产权是交易的基础，被限制交易的产权就失去了产权所应有的权力属性，中国的土地制度导致政府对土地资源具有完全的垄断权力。也正因为如此，政府可以完全控制对所垄断的土地资源的投放数量，从市场建立之初的审批制度，转变为目前所采用的招、拍、挂制度，出发点就是为了获取土地资源的最大价值，只不过将获利的手段从隐蔽转为公开，从行政手段转为市场交易，作为管理者政府以合法的方式将利益转给自己，将一种固定的自然资源转变成可自由流动的货币资源。中国作为一个农业大国，过多的人口及有限的土地资源使政府对土地的限量投放有了充分的理由。房地产虽然实行了市场化，但房地产所必需的投入资源——土地——没有也不可能实现完全的市场化，表面的自由竞争仅仅掩盖了垄断的真相，这表明土地资源本质还是按权力分配的，房地产市场中土地的招、拍、挂只不过是将垄断资源利益最大化的一种合理手段。

除了对不同土地产权类型的制度约束，消费者在土地资源的应用方面还受到其他约束，其中影响较大的是土地出让方式及城市规划。在土地市场化过程中，虽然政府对土地使用权的转让已经从行政审批方式改为招、拍、挂方式，但所转让的土地都是以整块的形式进行，这有利于在开发建设过程中的管理，符合城市发展规划的要求，但这种转让的形式导致个人无力承担高昂的土地成本，使房地产开发成为一种对资金要求较高的行业，普通消费者不具备参与的能力，只能依赖开发商提供的商品房。而对于拥有土地资源的单位或个人自建房，政府却实施了许多限制性规定并加大政府审批的难度。如土地使用限制，规定对集资建房的土地必须为国有土地，且需要通过正规的招、拍、挂程序获得土地使用权，且不能将土地用于房地产开发等非公益性项目。对集资建房的资金来源也进行了约束，资金必须来自参与集资建房的单位或个人，不能有外部资金介入，并对集资的总额度和个人出资额度进行了限制，名义是防止对个人或单位的财务造成过大的负担，但实际是通过资金额度的限制约束自建房屋的规模，同时规定集资建房的产权归属于集资者共有，而不能归属于某个个人或单位独有，因此对个人来说，集资所建申办个人产权就存在较大的困难，这对于未来的房屋出租、转让有较大的障碍，一些地区甚至直接限制集资建房的出售与转让，并对集资建房在建筑标准、质量标准、环保标准提出要求，要符合国家与地方政府的相关规定。这些规定给个人或单位集资建房设置较大的困难，减轻了集资房对商品房市场的冲击。虽然部分城市已经放松了对个人集资建房的限制，但由于缺乏相关的管理和组织，难以解决在建房过程中出现的众多问题，使个人集资建房即使在经济发达地区也步履维艰。城市规划是政府的一项重要职能，特别是房地产行业的土地使用必须经过城市规划等部门的审批，它限制了拥有土地使用权的单位和个人对私有产权的自由支配，使房地产在市场化的同时还存在非市场化的政府制约。这说明房地产市场中，政府作为一个控制主要资源的经济主体，拥有较大的政治权力及经济权力，其所制定的政策及其行为对市场机制的运行过程有较大的影响，价格自然也就无法表现市场的竞争关系。

（2）开发商的市场操纵。

经济理论早已证实，在不完全竞争市场中，哪一方拥有对市场的控制权，哪一方就能获得更多利益，因此垄断企业自然可获得垄断利润。各国的房地产市场化进程中，都存在着房地产开发商对市场的操纵行为。第一，房地产开发商是政府获得土地利益的直接操作者，土地价值通过房地产的开发活动，利用商品房转嫁给消费者，商品房价格越高，开发商收益越大，掌控了土地开发资源的房地产企业自然会有采取各种手段操纵市场以获得高额利润的动机。第二，地产的开发带动了一系列相关产业，活跃了地方经济。但由于房地产本身有强大的关联效应，如钢铁、水泥、电解铝、合金等行业就是深受房地产影响，其投资的规模也随着房地产投资的增长而增长，对区域性的经济影响还是比较大的，从统计数据中也能发现房地产行业对地区经济的作用性。2000 年，全国房地产投资对经济增长的贡献率为 12.05%，到 2003 年，已经增加到 19.91%；2005 年达到 21.41%。而对于个别地区来说，房地产的经济作用更大，2000 年北京房地产的经济贡献率为 33.07%，2003 年则高达 53.37%。地方经济的发展状况是政府考核地方官员政绩的主要指标，房价上升将带动投资及相关行业的增长，进而促进地方经济的快速发展，引导或操纵房价上升成为受政府支持的企业愿望。第三，开发商在获得高额利润的同时，也不断通过资本的权力操纵舆论激发市场需求，如散播"房价上涨是正常的市场行为""商品房价格还没有体现房屋应有的价值""房价还应该进一步上涨"等鼓动房价上升的言论。通过这些信息加重消费者的心理恐慌，加大消费者当期购买的愿望。

相对于普通消费者，地产开发商掌握着更多的资源，不仅拥有大量的生产性资源，还掌握大量的信息资源和与政府及金融等相关部门的关系资源，因而在市场的供需博弈中，地产开发商占有更大的权力优势，不但可以对市场采取数量的调控，还可以利用信息的选择性投放，对消费者进行操纵，控制并诱导消费行为。甚至可以对政府施加影响，使政府做出有利自己的政策措施。

虽然中国的土地资源供应相对紧张，但并没有达到使消费者产生恐慌的程度，特别近十年来，各地区都加大了对土地的征用力度，据《2022 年中国自然资源统计公报》数据，2022 年全国建设用地供应达 76.6 万公顷，同比增长 10.9%，出让建设用地 30.7 万公顷，这还不包括每年的老城区的改造面积。但国家对房地产的土地投入并不能迅速转化为市场可用资源，原因在于当土地的使用权转移到地产开发商手中之后，具体的市场投放数量就受控于开发商的决策权力（见图 5-3）。垄断的经济效应已经成为理论常识，开发商自然会选择能够使自己收益最大化的策略。因此囤积土地及成品房，控制商品数量，人为制造供应紧张则成为一些开发商特别是大开发商市场决策的指导思想，这种现象在房地产市场化早期尤为常见。2005 年，七部委新政调查组报告指出，北京开发商手里掌握的土地够用十年。从目前广州等地对闲置土地的收缴来看，有的已经闲置长达十余年，广东碧桂园为例，其今年前三季度新增土地储备 3700 万平方米，增长 200% 以上，以年开发量 200 万平方米计算，其目前高达 4500 万平方米的土地储备足够其开发 27 年，囤地 10 平方公里以上的房地产上市公司不下 10 家。一旦将这些土地盘活，等于释放出当年 10 倍左右的土地供应量。从 2022 年

土地储备前十大地产企业的数据来看，中国房地产行业土地储备规模
仍较大（见图5-4），如果开发商不大量囤积土地，从数量来看土地
供应并没有那么紧张。正因为企业的囤积，政府通过增加对市场的土
地资源投放量并不能解决房地产市场土地资源紧张问题，相反，随着
每年不断的大量投放，政府手中可供应的土地越来越少，开发商就可
以凭借手中囤积的土地资源达到控制市场的目的，政府单纯增加土地
供应反而促进了市场的垄断效应。而在房地产市场快速成长期，面对
不断上升的房价，市场严重供不应求的环境下，地产商对成品房的囤
积也非常严重，2006年4月，北京市建委对北京市房地产的生产及销
售情况做了一次调查。数据显示，北京期房项目中有10.9万套住宅未
售，现房项目中有17815套未签约，共计12.7万套。期房未售面积
1541.39万平方米，现房面积289万平方米，约有65.7%的房源未被
售出，但所有的开发商都对外宣称房屋已售完，人为的量的控制导致
价格自然也随之而涨①。直到2008年的金融危机之后，房地产企业资
金紧张，不得不通过销售现回笼资金，这一现象才逐渐减少。这足以
说明，拥有资源的一方完全可以通过对资源的应用来控制市场，利用
自身的权力影响市场供需态势，进而达到获取更高利润的目的。

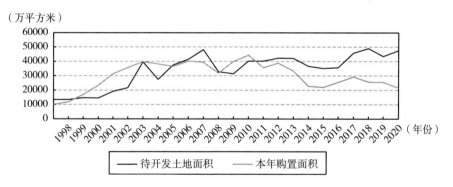

图5-3 1998~2020年土地购置及待开发面积
资料来源：国家统计局。

---

① 强制公布空置率 戳破北京楼盘"基本售完"谎言 [N]. 中国新闻网，2006-05-08.

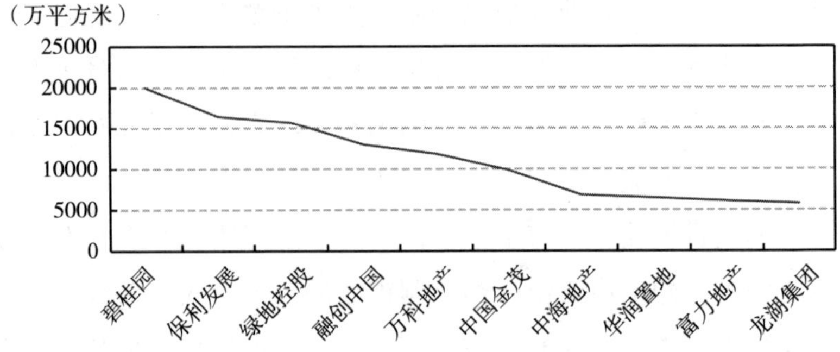

市场交易价格形成的博弈分析
—— 权力对交易价格形成的作用机制

图5-4　2022年土地储备前十房地产企业

资料来源：中国房地产报。

　　除了对商品投放量的人为控制，对信息的操纵也是房地产开发商展示其权力的主要方式。经济学家卢卡斯认为，人们对未来的预期可以转化为现实的需求，而预期是信息影响下的心理活动，因而市场信息对消费行为有较大的影响。开发商对房地产供求核心信息的掌控具有排他性，在一个信息不透明的市场，一切维系开发商与购房人之间信息不对称现状的因素，都有可能被开发商为己所用，对人们的未来消费预期产生影响。因此，基于市场产品投放量的控制仅是开发商对市场进行操纵的行为之一，利用信息对市场进行操纵也是开发商常用的手段。开发商总是利用媒体散布土地资源稀缺的信息，"房价还会上涨"成了地产开发商常说的一句话，让消费者产生市场供需不均衡的心理认知。开发商还凭借自己的资源优势，购买媒体资源，使一些媒体成为开发商操纵市场的信息工具，主要媒体的主要版面，都被房地产的广告所占据，而与价格有关的信息也都常常受开发商的控制。与此同时，对消费者有利的信息开发商却全力隐藏，在市场上难以搜寻，如房屋建筑成本、成品房空置率以及对消费者有利的市场调研数据等。建筑成本是消费者判断商品房价格是否合理的主要依据，虽然存在着建筑质量、地理位置等影响因素，但建筑材料的市场价格应该是一致的，因此成本差别的主要部分是土地价格。但所有的成本信息对普通消费者来说都是隐藏的，使消费者面对高昂的房价难以判断其是否合理。空置率是中央出台调控政策，决定调控强度的重要依据，空置率的高低反映了市场供需的态势。但由于利益等因素，对突围率的计算一直缺乏明确的标准，建设部公布的空置率通常都小于国家统计局等部门公布的空置率。

（3）消费者权力的弱化。

传统经济理论中，消费者与企业的市场地位是相等的，但这种认知仅是从法理上的一种理念表达，现实中的市场中消费者通常都是处于弱势地位。与企业相比，消费者在信息获取、经济财富数量、组织化程度等方面都相对较弱，而企业则可以通过广告宣传、促销等形式影响消费者，因此双方在交易过程中并不完全平等，消费者的权力受到削弱，特别在垄断市场中更是如此。房地产市场便是这种企业占优、供需双方权力不均衡的典型市场。

房地产市场化的目的是通过市场资源的配置，提高中国住房的市场供应量，缓解城镇居民住房紧张的状况，但从福利分房到房地产市场化，政府并没有分析普通消费者的经济能力及这种制度变革对普通居民的影响，制度改变所带来的恐慌及对未来不确定性的担忧，让消费者更加急迫想解决自己的住房问题，这种整体性的需求释放助推了市场供需的矛盾，促使商品房价格的不断上涨。面对不断增长的商品房价格，开发商总是将原因归于市场的供需紧张，而没有从更深的层面分析根本原因。住房问题是中国普通居民从历史文化中传承的人生追求，安居方能乐业一直被视为理想的生活状态，儒家思想中也强调家庭、社会和国家的和谐与稳定，而安居是稳定的前提。正是在这样的文化氛围中，房地产市场化才让国人不得不被动接受，哪怕这种改变的未来是更好的一种状态，但转变的过程却是有代价的。首先，在房地产市场的起始期，虽然改革开放让中国人的收入有了较大的提升，但住房的价格仍是大多数消费者难以承受的，许多家庭一辈子的财富积累不但无法购买一套中意的住房，还需要通过银行信贷来满足住房需求，住房成为这一时期家庭的最大支出项，严重降低了居民的流动资产，并降低了其他家庭支出，面对不断上涨的房价，消费者也无从选择，住房成为中国大多数家庭最大的财富。其次，在房地产市场化期间，我国的 GDP 虽然仍保持快速的增长，但居民收入的增长却不是与发展同步的，更无法与房价提升的速度相比了。国家发改委在其官方网站公布的《中国居民收入分配年度报告 2006》中指出："从资金流量核算结果来看，20 世纪 90 年代以来，我国国民收入分配出现了向政府和企业倾斜的现象，政府部门可支配收入占国民可支配收入的比重不断上升；企业部门可支配收入占国民可支配收入的比重在波动中上升；与此同时，居民可支配收入占国民可支配收入的比重持续下降。"统计数字也表明，我国居民工资占 GDP 的比例，从 1989 年的 16% 下降到 2003 年的 12%。换言之，普通消费者并没有从中国宏观经济的高速发展过程中得到合理的收益，自然也不会产生如此大的购买力。从房地产市场化改革以来的个人收入增长率与房价增长率的对比即可发现，个人收入的增长速度远低于房价的增长速度，房地产市场化明显抵消了居民的可支配收入的增长，也使基于 GDP 增长导致房价上涨的理由难以成立。最后，以供需紧张来解读房价提升仅是地产企业的一个借口。在房地产市场化初期，商品房的供应量的确远低于需求量，但随着市场化的发展，国家土地资源的不断投放及各方资金的进入，房地产企业数量迅速扩大，商品房供应紧张问题很快就得到了缓解，房地产市场化十几年之后，市场就实现了从供不应求到供大于求的状态。2006 年国家发展改革委发布的《宏观经济研究院经济形势分析课题组报告》指出："2006 年中国大陆销售面积平均增长率持续下降，已降至 1999 年以来的最低点，过去五年来，住宅投资增长和施工面积增长速度明显高于销售速度，预示经过一段时间后将出现住宅市场的供大于求局面。"统计数据也表明，在房地产市场化以来的多数年份，房地产的供应量都超过购买量（见图 5-5）。从事实上，但绝大多数消费者不了解相关信息，只看到了不断上涨的价格，却不了解在权力不均衡的市场中，具有权力优势的开发商并不是根据供需确定自己产品的价格，而是根据自己所掌握的权力来决定并通过信息操纵使消费者被迫接受。如果没有各种操纵因素，供大于求的局面或许已经清晰显现。

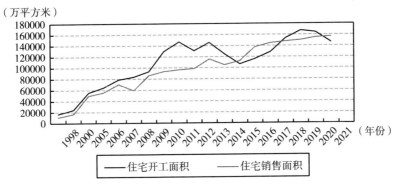

（万平方米）

图 5-5　历年房地产开工面积与销售面积

注：因为国家统计年鉴上 2005 年前的统计项不完整，所以只列出两个年度的。
资料来源：中国统计年鉴。

　　除了资源数量的差异导致的权力不对等，消费者的选择权还常常受到开发商的挤压和剥夺，前面提到的土地使用与管理政策已经约束了消费者的一种选择，而政府仍在新的政策中对个人解决住房问题加以约束。单位集资建房本来是解决住房问题的一种非常有效的办法，也符合国家相关的法律法规，但新的政策却对此做了一些限制，《国务院关于解决城市低收入家庭住房困难的若干意见》（国发［2007］24 号）规定，不允许国家机关集资建房；符合集资建房条件的单位，集资合作建房要纳入经济适用住房政策的范畴进行管理。所谓按照经济适用住房政策范畴管理主要体现在两条，一个是要纳入经济适用住房的计划；二是它的建筑标准、供应对象和产权关系等，都是按照经济适用住房政策和有关规定来执行。经济适用住房的建设标准面积明确规定是 60 平方米左右，供应对象就是城市低收入家庭，实行限产权管理。需要特别注意的是，只有两类企业可申请单位集资合作建房，一类是远离城区的独立工矿企业，第二类是住房困难户较多的企业。此外还要满足三个条件，一是必须经人民政府批准，二是必须符合城市的规划，三是企业必须拥有自己的土地，而且这个土地是必须符合城市规划，可以用于建设住房的，不能是工业性质的土地。本来集资建房就与地方政府城市经营和创造财富的经济理念有较大的冲突，几乎所有的地方政府都对此持消极态度，该文件的出台使地方政府对集资建房有了更多的限制的理由，更加弱化了普通消费者自我解决住房问题的权力。甚至在现实的管理过程中，多数地方政府都在审批中严格约束，相关的审批极难通过，以至于单位自建住房在房地产改革后不久在许多地方便失去了存在的土壤，为房地产企业推高商品房价格提供了极好的环境条件。

5.1.5 房地产价格有效调控策略探讨

以供需关系分析价格问题是传统经济理论的核心内容，借助传统经济学的供需均衡理论分析商品房价格，很容易就能找到相关数据及合适的模型推导出一个理论上的均衡数值，并借此将商品房价格及其变动归因于此。如果在一个人人权力平等的社会中，这样的方法是适用的，但社会的发展已经使市场变得越来越复杂，影响价格的已经不再是单纯供需一个因素，在如房地产这样的许多行业中，每个参与交易的主体都尽自己最大的权力对市场进行操纵及控制，进而影响该企业产品的价格，这种非供需因素的影响在一些行业中已经超过了供需因素对价格的影响，仅以供需分析价格明显把市场看得过于理想化，虽然对市场问题有了理论的解读，但其分析过程已然失去了解读现实的意义。住房是普通百姓的一项社会福利，住房问题本是政府应该关注的民生问题，不应该为追求经济效益而完全依靠市场的自我调节，政府应承担一定的社会责任。按有关学者的说法，当前，我国政府对房地产的调控目标实际上有三点，按重要性排序分别是：①保持房地产投资的合理增长，其本质上是经济增长导向和经济效率目标；②控制房地产价格上涨过快，这是保持市场稳定的政府愿望；③保障居民基本住房需求，其本质上是社会公平目标，但这三重目标本身就有一定的冲突性。房地产市场的快速发展有政府推动的力量，包括政策引导、金融支持、舆论鼓动等，但当住房投资快速增长时，价格不断上涨时，政府便采取紧缩银根、控制土地等政策，虽然控制住了总需求，但同时也减少了住房的供给，使房地产市场供求失衡，进而导致住房价格上涨，居民的购房能力下降。近些年来，我国政府对房地产市场的调控始终在这三个相互冲突的目标之间徘徊，尤其是在前两个目标和后一个目标之间摇摆不定，因此所采取的调控政策都达不到期望的目标。政府调控政策效果不佳的原因就在于对市场的调控主要是维护房地产市场的良性发展，而不是以真正解决居民住房为根本目的，其所选择的调控措施并没有针对问题的根源，而仅是不让市场过度失衡导致市场无法持续，因而在进行房地产市场调控时并没有选择最有效的措施，而一旦房地产价格出现快速下降的趋势，便会出台稳定市场的举措，甚至以行政命令阻止企业降价销售。如果想解决房地产价格高涨的问题，必须首先坚持房地产市场化改革的初衷，以解决百姓住房问题为宗旨，针对市场问题的关键出台有针对性的政策，即调整政府的市场各主体特别是供需双方的权力结构，特别是应提升住房刚需消费者的权力，限制企业及非刚需购房者的投机行为，只有当供需双方权力均衡，双方权力的相互制约才能使价格回归到合理的水平。具体可以采取以下措施：

（1）强化政府保护社会弱势群体的责任。

政府拥有强势的行政权力，该权力来源于公民的授予，成立政府的目的就是维护社会持续稳定发展，因此在利益分配过程应保护弱者，保证社会各主体间利益分配的公平。市场的竞争机制追求的是经济公平，市场并没有维护社会公平的职责与能力，面对缺少权力资源的低收入群体，不能期望市场机制解决资源分配不公平问题。对于住房这样的民生产品市场，政府必须承担起应负的责任，保证弱势群体的基本权利，基于既有的资源分配格局及中国政府的市场地位，对房地产调控的最好方式是政府利用掌控的资源，为城市低收入者提供租房补

169

贴、廉租房或经济适用房。其中廉租房制度是许多发达国家解决低收入者住房问题最常用的方式，与经济适用房不同，廉租房并不涉及产权出售，不具有进行投机的可行性，这就不会出现有钱人对廉租房的冲击。从国际经验看，廉租房制度一直是西方发达国家政府调控房价最有效的手段。政府直接为弱势群体提供商品，避开市场竞争机制，是改善弱势群体处境的最好办法，房地产进行宏观调控的目的是使居者有其房，而不是居者拥有房屋的产权。中国香港有 30% 的家庭住的是公房①，法国各大城市的廉租房的比例也占总住房面积的 20%②。中国政府拥有土地资源的产权，在建筑廉租房时成本较低，因此是提高弱势群体权益的最简单易行的方案。

（2）限制地产开发商的权力。

在前面的博弈分析中已经表明，当市场权力失衡时，必须调整双方的权力结构才能达到调整的目的。因此在提高弱势群体权利的同时，还要限制强势一方的权力。虽然直接限制市场价格并不可取，但惩罚土地囤积行为，限制或取消房屋空置率较高的开发商土地获取的资格，严格执行现有的鼓励经济适用房产品结构的规定，都可以有效约束开发商的权力。国土资源部新的调控政策已考虑了以下相应措施：一是合理控制单宗土地出让规模。对于出让地块规模，考虑到大宗地出让不仅不利于市场竞争，也不利于市场调控，因此强调控制单宗土地供应规模，以增加土地供应的宗数，吸引更多的中小开发商参与竞争，防止部分房地产开发企业凭借其资金实力"圈占"大面积土地，形成"局部垄断"。二是严格执行法律所规定每宗土地的开发建设时间。1995 年实施的《中华人民共和国城市房地产管理法》虽然规定了以政府出让方式取得土地使用权的房地产企业，必须按土地使用权出让合同规定的时间开发，对超过一年的要收取出让金 20% 的土地闲置费，超过两年未开发的可以无偿收回土地使用权，但政府在执行过程中因

---

① 香港特区政府《长远房屋策略 2018 年周年进度报告》。

② 法国：大力推行廉租房制度 对房产所有者征重税［N］. 中国新闻网，2007 – 05 – 28.

各种因素，很难实现法律所规定的内容，特别对一些开发商为规避法律规定所采取的应对措施未能严格检查，导致变相的土地闲置现象较为严重。特别是对虽按合同约定日期动工开发，但开发建设面积不足 1/3 或已投资额不足 1/4，且未经批准中止开发建设满 1 年的，应严格按闲置土地依法进行处理。

（3）改进不合理的土地政策。

中国的土地权属是一个比较复杂的问题，首先是存在土地产权不完备的问题，政府拥有土地所有权，但在土地招、拍、挂之后，房地产企业并没有取得土地所有权，只是获得了一定年限的土地使用权，产权不完备使得土地资源的利用存在尽心尽责的问题。而农村的土地与城镇的土地也存在权属的差异，城镇土地为国家所有，农村土地多数归集体所有，在土地流转方面农村土地受到一定的限制。但在房地产市场，农民入城可以购买城市住房，但城镇居民却不可以购买农村住房，这一方面让城市居民只能购买城镇住房，使城镇居民失去了选择权，另一方面农村土地资源的价值被制度规定所限制，降低了农村人口的土地资源收益。虽然土地完全私有化在中国不现实，但改革土地资源的权属性质，加强土地资源的平等流转，对抑制城镇房地产价格上涨将起到很大的影响。因此，应从土地源头入手，加快建设有形土地市场，实现国有土地使用权交易的"公开、公平、公正"，才能真正实现政府借用土地资源控制房地产市场的目标。各城市政府对所有待出让的土地、现有土地使用结构、规划、评估价格等信息公开，防止圈地炒地牟取暴利。取消全民的所有制与集体的所有制土地的不平等政策，明确集体所有制的产权属性，在保障土地权属结构的合理并促使使用结构的合理，强化审批和政府监管的条件下，允许集体所有制土地产权的市场转让。严格执行房地产土地使用 70 年的政策，减少房地产行业的投机行为。

（4）打击投机行为，降低消费竞争力度。

中国房地产市场化初期，因商品房价格的快速上扬，给投机者提供了很好的市场机会，政府急于推行房地产市场化，没有在市场化初期对投机行为进行有效制约，使得房地产市场快速发展的同时，投机行为严重。房地产市场的投机行为虽然在一定程度上能促进市场流通与相关金融的发展，对宏观经济的提升有一定的积极作用，但过度的投机会导致房地产行业存在泡沫，产生金融风险，美国2008年的金融危机就是对房地产市场的过度投机造成的，其影响之广、危害之大已得到证实。我国政府在房地产市场化初期没有及时防止投机行为，导致在后期的相关政策出台就有了较大的困难，已经投机的不满意，未曾投机的也不满意，让政府的政策难以平衡。在限制投机的政策选择中，第一，要坚持房住不炒的原则，2016年以来，政府为抑制房地产过度投机，一直强调住房的居住属性，使房屋回归居住的本质。为此应严格限制同一区域内第三套以上住房的购买行为。中国实行住房登记制度，每个家庭拥有多少住房，数据都在政府掌握之中，因此政府具备严格限制同一区域内第三套住房的购买能力，对于家庭购买第三套以上的商品房可以在房产登记、购买理由、市场流转等方面进行严格限制，从而消除购房者利用市场机制从房地产市场投机获得。第二，可以通过金融政策约束投机行为，对同一区域内的第三套以上商品房的购买，可以提高其首付比例、提高信贷利率，甚至限制第三套以上住房的信贷，增加投机者的投机成本。优先支持自住的刚性需求，对自住房在首付比例、信贷利率方面给予一定的优惠政策。同时要加强管理，必要时可适当公开同一区域内第三套以上住房家庭的相关信息，以约束潜在的投机者进入房地产行业。第三，可以通过税收等政策减少投机者利得。对商品房市场流转中的增值增收高比例所得税，将投机利得转入政府手中，再以社会福利的形式反哺社会。这些政策可以只限制投机行为而不影响正常消费，让投机者得不到相应的收益，才能有效抑制投机行为，进而实现政府房地产改革的初衷。

（5）建立土地信息系统，强化市场信息披露机制。

相关政策是否有效，取决于政策的执行力度，根据信息经济学理论，完善的信息是市场交易公平的前提条件，是各种制度有效的保障，所以政府要实现调控房价的目标，就要保证相关信息的透明度。信息技术的发展让政府拥有庞大的信息收集网络，大数据可以为政策决策提供信息指引，针对房地产市场中存在的问题，政府应建立商品住宅社会成本监审制度，严格执行商品房登记制度，严格监管房地产企业的土地资源开发，由各地物价部门定期测算并在认真审核的基础上，分地区、分项目向社会公布商品住宅社会平均成本，提高信息透明度，解决买卖双方信息不对称的问题。定期公布房地产行业供需双方的宏观数据，如年度土地供应数量，房屋建筑面积与需求面积，已建与待售商品房面积，不同地区单位建筑面积的建筑成本，房屋空置率等，充分的信息会对企业与消费者理性选择更加有利。同时，注重舆论作用，把握舆论导向，发挥媒体的舆论监督作用，防止媒体被强势集团操纵利用，引导居民适时适度消费。

5.2　劳动力市场价格问题分析

5.2.1　劳动力市场理论综述

劳动力的价格即劳动力在市场中以劳动交换所得的薪酬，与普通商品一样，劳动力市场的本质也是基于价格的一种交换关系，工资就是劳动商品的价格，对劳动力价格的研究贯穿劳动力市场的演化发展史。亚当·斯密在古典经济理论中从劳动分工开始分析了工资的性质及工资差别的影响因素，并探讨了供需关系及工资的变动的影响因素，其观点构建了劳动力市场理论的基本框架。李嘉图也对劳动力市场也做过相似的研究，其所提出的工资分配理论认为工资是由劳动的再生产费用所决定的，并根据劳动力市场的特性分析了工资的变化规律。萨伊（Say）则建立了劳动力市场法则论，他以生产费用价格理论为

基础，借用产品市场、生产要素市场的研究范式，分析了劳动力市场
的价格形成与演化问题，指出劳动力市场与产品市场、生产要素市场
有相同的性质，并据此提出了"三位一体"的分配理论，主要观点就
是工资就是劳动的价格，利息是资本的价格，而地租是土地的价格，
三种要素价格的形成与演变遵循相同的价值规律。劳动商品的价格在
自由竞争的机制下，将引导劳动力的供给和需求自动趋向均衡，并消
除劳动商品价格的波动，实现充分就业。而约翰·穆勒（J. S. Mill）
放弃了均衡分析范式，强调工会、法律制度、习惯等因素对劳动报酬
的影响，认为在某些情况下，工资的决定和劳动力资源的配置是由当
期的制度性因素所决定的，供需对市场的影响很小，其观点虽更接近
现实，但因缺乏模型研究的框架，因而在解释劳动力市场时就缺乏了
力度。杰文斯（Jevons）和瓦尔拉斯（Walras）在古典经济理论的基
础上，提出边际效用及边际分析方法，杰文斯运用该方法分析了个人
在劳动力市场中的最佳行为选择，并强调劳动者的工资由个人的边际
生产力所决定。而瓦尔拉斯则将劳动、资本、土地等要素相结合，并
与产品市场一起加以考察，提出了著名的一般均衡理论。按照一般均
衡理论的观点，劳动作为一种生产要素，其在市场中的需求与供应，
不仅取决于此要素的市场价格，也取决于其他要素的市场供求与价格，
即将市场看作是一个多要素组成的关联的整体。马歇尔又对该理论作
了进一步的完善，在生产三要素的基础上，又增加了企业家经营能力
这一要素，并运用均衡分析的方法，建立了一整套完整的新古典经济
学的收入分配理论。

新古典经济学理论继承了古典经济学的一些观点，认为劳动商品
的价格形成与普通商品的价格形成机制具有相似性，工资作为劳动商
品的价格，其高低由劳动者本身的能力差异和市场供需关系所决定的，
劳动者能力越强，劳动效率越高，或者劳动商品越供不应求时，劳动
者所获得的工资越高。但新古典经济理论将市场假设为完美市场，市
场中的竞争是完全的，这种假设忽略了市场的复杂性，理论与方法符

合那个"古典"的简单时代。但随着社会的发展，理论内容与现实市场之间便出现了较大的差距，传统理论对劳动力市场的分析都是基于宏观总量，而忽略了劳动个体差异性，且对劳动个体的自我决策行为考虑不多。现实的市场中劳动者的体力与智力虽然存在一定的异质性，但这种能力的差异与工资的差异存在鲜明的非对称现象，如同工不同酬、同一劳动者在同一岗位的工资随宏观经济的变化而变化、高工资与失业并存等现象无法用均衡理论加以解释，因此，有些学者便试着从其他角度对劳动力市场加以研究，逐渐形成了针对劳动力的有别于古典经济学的市场理论。凡勃伦和康芒斯等开创了用制度分析劳动力市场的先河，他们认为劳动力市场不是一个完全竞争的市场，市场竞争并不充分，存在着相当大的信息与人员流动的制度性和社会性障碍，该理论突破了新古典经济理论的框架，从更广域的角度探讨了劳动商品的价格问题，特别强调工会、大型企业、文化、习俗等因素在工资决定过程中的作用，特别是突出了薪酬决定机制中经济权力的重要性，使工资理论的研究突破了物的范畴而加入了人的能动性。斯蒂格勒、麦考尔（Mccall）和莫藤林（Motonline）等提出了信息不完全的搜寻理论，理论认为在劳动力市场中信息是不完全的，每个个体都在劳动力市场中努力搜寻信息，以便发现更好的工作岗位，使自己能够得到尽可能高的工资，其工资的高低与自己所付出的信息成本成正比。凯恩斯运用宏观经济学的总量分析方法，研究了劳动力市场就业不充分问题，打破了市场机制可以无条件作用的论断，提出了政府应对劳动力市场进行干预的理论观点。随着经济全球化以及知识经济时代的到来，劳动力市场的环境因素发生了一系列变化，工资的形成机制增加了一些新的因素，经济学者对此展开了广泛的研究，特别是实验经济学和博弈理论的应用，对工资的形成过程、公平与效率目标的实现以及劳动力市场资源配置的有效性问题进行了更深入的探讨。第二次世界大战之后，劳动力市场空前繁荣，对市场的研究也有许多突破性成果，如纳什（Nash，1953）创建的合作议价理论，针对工资议价的形

175

式，开创了对劳动力市场的博弈分析范式。鲁宾斯坦（Rubinstein，1982）在纳什博弈分析的基础上，提出了鲁宾斯坦博弈模型，为解释劳动力市场工资问题提供了一个有力的工具。

通常将工资看作劳动商品的价格，虽然劳动这一产品是无形的，但它与普通商品价格有着相似的本质及功能，即工资显示了供需双方对劳动这一商品价值的认定及交易的心愿，工资的确定以及交易的达成不但反映了市场劳动商品供需的宏观现状，如市场中劳动力的供需数量及其变化情况，也反映了劳动商品提供者本身的一些基本属性等微观信息，如劳动效率、价值创造能力及劳动力之间的替代性等，更为重要的是工资体现了社会财富的初次分配结构。工资是多数劳动者维持生存的主要经济来源，起着企业利益分配及社会财富资源调整的功能，工资的合理性取决于劳资双方谈判的结果，其所决定的分配不但影响个人的满意度，而且也影响社会的和谐稳定。在经济公平视角看来，合理的工资水平应是按劳动者所投入的劳动资源在价值创造过程中所做贡献的大小来计算，在机会均等的竞争原则下，实现劳动商品的等价交换，通过公平交易提高劳动者积极性，进而提高劳动效率，但前提是劳资双方处在一个对等的地位，任何一方都不愿或不能通过优势在谈判中得益更多。但现实社会往往是复杂的，并不存在这种完全竞争的理想状态，政府虽然承担着维护公平的职责，但在劳动市场中也无法保证利益分配的公平性，自然也不存在其他维护公平的喊价者，新古典经济理论的价格机制并不会自动引导交易双方最终达到利益的均衡。工资作为利益分配的一种形式，其形成都是劳资双方谈判的结果，宏观的价格机制实际是市场中微观个体议价结果的市场反应。但工资的议价过程与普通商品价格的形成机制相比，其决策机制更加复杂，这不仅仅因为劳动商品的无形性，无法通过外在显像观察商品的性质，更不易区别劳动商品提供者的个性差异，对谈判双方的心理因素自然也无法得知，最终的谈判结果不取决于劳动者本身所拥有某一种资源，而是依赖于双方各种资源所形成的综合的经济权力的博弈，工资仅仅是企业与劳动者基于各自的生产要素资源讨价还价后所达成的一个合作博弈解。按照青木昌彦（Aoki, 1984）的解释：该博弈解的特征是参与者之间的力量平衡和企业内部有效。青木昌彦所说的力量实际就是谈判参与者的经济权力，是微观个体基于自身所掌控的资源所产生的对他人的影响力。在劳动供应一方，其权力的来源既包括劳动者自身的体能和智能，也包括其所掌握的信息、知识以及其他物质资源，如货币及其他财富；在劳动需求一方，其权力资源不仅包括其所提供的工资，也包括企业的经济条件、地理位置、管理方式、发展前景、提供的工作环境、福利待遇、人际关系等一系列非货币资源，每一项资源都可能为劳动者提供现实的或长久的经济及非经济利益。这些资源所产生的权力大小及资源在价值创造过程中所发挥的作用与该资源的稀缺程度以及资源的可替代性有关，资源的作用越大、越稀缺、越不可替代，则其影响力越大，即所产生的经济权力也就越大，在谈判中就能够占据主动地位，获得更多的利益。因此，从整个劳动力市场分析，利益的分配与权力具有同构性，影响利益分配的主体权力并不是外生的，是市场机制的一部分，工资只是由市场中全体参与博弈的行为人策略互动的结果。

人类对权力的理论认知早已有之，霍布斯很早就从权力的视角探讨企业利益分配问题，他认为"权力是获得未来任何明显利益的当前手段"，这已经将权力与经济利益相关联，两者具有相互转化的等同效应，只是他仅提出这种观点，对权力的分析还处于市场的浅层。科斯也从权力视角提出过相似的看法，认为企业内经常发生的交易并不是由价格机制控制而是由权力关系控制的，其所提出的科斯定理的核心实际是权力的归属问题，即权力不明确则市场无效率。但由于权力的资源具有广源性，且各种资源拥有各自的属性，缺乏统一的比对标准。更为复杂的是，权力行使的有效性，即在谈判中所表现出的谈判力的大小不但与参与者所掌握的资源数量有关，还受谈判者个人"决心和意志"的影响，"当博弈一方承担公开冲突的意愿更为坚定时，参与博弈的另一方就可能会对其做出让步（Aoki，1984）"，这就是军事上常常表达的"两军相逢勇者胜"的道理，表现在市场中就是行为意志决定了利益分配的结构。而意志是无形的，其所形成的权力大小难以界定和计量，使得从权力的视角探讨企业利益分配及工资形成问题存在较大的难度。因而，虽然理论上认识到权力的重要性，但大多数学者对权力作用的分析都仅仅局限于对权力的描述，没有建立模型并形成研究的标准。在纳什之后，随着博弈理论研究的深入，许多学者试图用更为合理的方式来阐释权力在劳资双方博弈过程中的作用形式，以期建立相应的分析模型，使基于权力的分析方法能够成为经济学研究的一种范式，真正揭示劳动市场价格形成的机制。

5.2.2   劳动力市场价格现状

178

　　劳动力市场价格是劳动力市场发展的重要指标，其形成与演化机制非常复杂，到目前为止，研究的成果多如牛毛，但也只是解释了市场中容易观察到的一些现象及问题，对劳动力价格形成机制及影响因素仍未达成统一的认知，虽然市场一直在随时间而演进，但新的问题也在不断产生，最大的问题还是劳动力价格问题。

　　劳动力价格是劳动者提供劳动商品的收益，是劳动者获取社会财富分配的主要形式，其价格的高低体现了社会财富分配的合理与否。法国经济学家皮凯蒂（2013）在其著作《21世纪资本论》中，通过对各个国家财富与贫困冲突问题的研究，分析了资本的历史演变及劳动力价格数据，指出在近现代全球主要的资本主义国家中，资本回报率远大地劳动者利得，世界正在向富者越富、穷者越穷的方向转变，发达国家的财富更加集中。中国的在改革开放前期也是相同的情境，如从中国统计年鉴2006～2010年的统计数据来看，中国的GDP年均增长11.24%，同期财政收入增速21.48%，但同期的城镇居民收入增速为9.72%，而农村居民可支配收入增速只有8.86%，考虑到同期物价 2.96% 上涨幅度，城乡居民可支配收入的增幅仅为 6.67% 和 5.9%，远低于 GDP 的增长速度，改革开放初期这种对比的差异更大。这表明在此阶段，劳动者并没有享受到改革红利。而从资本收益视角分析全球经济形势也会发现，发达国家与发展中国家的收入差距仍在不断扩大。

在资本收益高于劳动者收益这一背景下，劳动者内部也存在收入分化现象，全球化使跨国公司与高收入阶层获得更多的收益，与之相反，低收入阶层在全球一直处于弱势地位，且有越来越弱的风险，一些大公司高层管理者、高级技术人才的收益远高于普通劳动者。根据国际劳动组织的统计数据，全球 20% 的最富裕人群占有全球 82% 的收入，而最贫困的 20% 只占有全球收入的 1%。中国劳动力市场也存在相同的情况[①]，中国统计年鉴数据表明，中国的基尼系数从 2003 年的 0.45 上升到 2019 年的 0.47，而非官方的研究数据上升的更高，说明中国的收入不平等问题也日益突出。

179

中国统计年鉴数据显示，中国是人口大国，但改革开放之前，大量人口居住在农村，1978 年中国的城市人口为 17.9%，到 2022 年，中国的城镇化率已经达到 65.22%，数据表明中国农村大量人口正向城市转移，但这种转变是一个缓慢的过程。在改革开放初期，大量农民工进城务工，构成了改革时期的一个特殊群体，农民工受到个人自然禀赋、成长资源及户籍制度等多种因素的影响，进城务工的农村并没有受到公平对待，成为生活在城市的最底层人群。从改革开放到 2008 年，这些为中国城市发展贡献巨大的群体，竟然没有从业人口数量、收入水平等相关的统计数据，从侧面说明很长一段时间内对该群体的生存在制度构建层面没有得到政府的重视。

既有研究从多个方面解读了中国农民工问题，特别是农民工工资待遇问题，所有研究所应用的数据，无论来自政府的统计，还是民间

---

① 联合国：世界上 82% 的财富集中在 20% 的居民手里 [EB/OL]. 人民网，2012 - 09 - 17.

的调研，都认同改革开放前 30 年期间，农民工的工资远低于社会平均水平。对这一现象，李国正（2015）有人认为是中国的户籍制度是影响因素之一。中国的户籍制度是新中国成立以后，为防止大规模的人口流动，促进农业生产，以土地直接关联的一种人口管理模式，在新中国成立之后很长的一段时间里，为稳定社会发挥了重要的作用，但也导致城乡结构的二元化，农村户口与城市户口在教育、就业、医疗等社会福利方面存在较大的差异，公民不同权、劳动力市场无法充分流动，使得劳动要素无法实现最优配置，大量农民的劳动能力得不到释放，城乡发展存在巨大的剪刀差。改革开放后，虽然允许农民进城打工，但农民工一直受到市场歧视。邵芬（2008）指出，农民工的工资增长速度缓慢，且与城镇职工相比同工不同酬现象十分严重，工资克扣、拖欠现象常见，合理讨薪还常常遭受暴力侵害。2010 年国务院发展研究中心对全国 7 省市 6000 多名农民工进行了调查，农民工最强烈的诉求是工资水平较低，此外还存在企业给农民工参与社会保险率低、居住条件差、看病难看病贵、子女城市入学难等多种问题，这些问题都直接影响农民工整体性收益。万向东等（2011）根据珠三角地区的相关数据，发现农民工工资存在四个问题：一是企业内部普工与管理层、技术层之间存在较大的工资差距；二是农民工工资的增速低于城市职工；三是农民工的消费支出的增长速度低于城镇职工；四是农民工工资的增速低于最低工资标准的年增。孟凡强等（2014）利用 2006 年的中国综合社会调查数据，分析了户籍制度对城乡收入差异的影响，结论表明户籍歧视造成的工资差异在工资分布的不同位置上都存在不对称现象，工资收入越低的群体，户籍歧视越严重。

5.2.3 基于权力的劳动力市场价格问题分析

5.2.3.1 普通劳动力市场价格分析

在当前世界人口总量居高不下，导致劳动力市场供应较高充足，特别是普通劳动者所提供的体力和智力资源在市场中具有普遍存在性，且劳动资源形成的条件较为充分，每个新出生的人只要能够拥有生存的条件，在共同的社会环境下，其劳动资源自然而然就随个体的成长而形成新的资源，并进入劳动力市场中，且个体劳动能力的形成还不以个人的愿意而中止，通俗地说，每个人都不能拒绝成长，这表明普通劳动资源的形成具有一定的自然特性。而当个体成年以后，通过劳动维持自我生存，并参与到整个社会的价值创造过程中是社会持续发展的自然行为法则，这也是普通劳动资源广泛存在的根本原因，导致普通劳动资源供应较为充足。在新古典经济理论中，其基本假设是普通劳动力市场都属于完全竞争的市场，强调市场机制和市场性因素在决定工资水平和劳动力资源配置方面的作用，虽然也承认劳动力市场具有某些特殊的属性，但仍认为这些影响因素受到市场竞争的严格控制，商品价格理论的均衡分析方法对劳动力市场仍然适用，因而认为劳动商品的价格是由市场上劳动力的供需所决定的。但事实并非如此，每一个劳动者都是一个具有自主决策能力的行为个体，虽然其所依据的劳动资源性质相同，但并不能自由地相互置换，而每个个体所掌控的资源也有较大的差异性。劳动商品因其属性特征也难以被量化，因而其对企业生产的贡献大小就成为经济理论的难题，如果再有其他因素的影响，如劳动者的意志、谈判技巧等，确定劳动商品的价格就更加困难。同时，劳动者在谈判过程中所依据的资源并不仅是劳动者的体能，还包括劳动者所掌握的信息、财富及其他资源，劳资双方合约的达成是劳动者依据自己所掌握的全部资源与资方谈判的结果。

虽然劳动力市场的歧视是群体性的，但问题的根源还在个体的差异，因此在分析劳动价格时，从个体出发，以个体的决策作为分析的前提是比较合理的。每个劳动者都是自我行为选择的自由，具备进行理性决策的能力，劳动合同也都是个体与资本方谈判达成的，因此以博弈理论为研究方法所取得的研究成果对劳动商品价格的解读就具有合理性，即使研究仍存在较多的理想性假设，但至少可以说明一些本质性问题。如纳什从效用的角度分析了劳资双方谈判的结果，得到了谈判的纳什均衡解，该研究有几点前提假设：首先，结果一定是帕累托最优的；其次，如果博弈所规定的互动是对称的，则各方的支付也必须是相等的；再次，谈判结果不随着各方效用函数的线性转换而发生改变；最后，如果谈判集发生改变，但之前的纳什结果仍然是可行的且保留收益维持不变，则谈判结果就必须维持不变。在此前提下，其假设劳资双方能够达成合约并创造出总量为 1 的价值，劳动者工资的高低则是对该价值分配的谈判结果，如果劳动者 L 获得 $x(0 < x < 1)$ 的份额，则企业 F 得到 $(1-x)$ 的份额，在该分配结构下，各自获得 vx 和 $V(1-x)$ 的效用，在实现纳什均衡的情况下，满足上述四项前提假设的最佳分配结果是劳资双方所得的效用的乘积 ω 最大，即 $\omega = v(x)V(1-x)$ 最大，根据最大化一阶条件，可得：

$$\frac{v'(x)}{v(x)} = \frac{V'(1-x)}{V(1-x)} \qquad (5-3)$$

式（5-3）表明，如果劳资双方拥有相同的效用函数，双方将平均分配所创造的价值，如果双方的效用函数不同，则边际效用递减越快的一方所获得的份额越少。

但效用只是谈判双方对自己预期收益的主观心理感受，是对最终分配结果进行的预见性判定，并且单纯从结果出发也忽略了谈判的过程。个体对效用的感知存在较大的差异，如果谈判双方掌控的资源量差异较大，对效用的判定标准也会不同，效用感知自然也就不同，贫困者可能分得较少的利益就能获得较大的心理满足，得到较高的效用值，而富有者则需要较多的收益才能得到相同的结果，依据效用所得到的分配方案并不能让双方获得相等的利益。同时，谈判结果未达成时，双方对合作所能获得的总体利益是多少是不清楚的，对合作收益的预判只是基于各自信息的可能性方案，因而，从效用角度对工资问题进行分析就缺乏现实意义。事实上，劳资双方都期望通过谈判获得更多的利益，任何一方都不关注、也不了解对方的效用如何，自然难以通过理性的计算获得双方都合意的最佳决策。谈判的过程都单纯基于自己所拥有的谈判力与对方讨价还价，从权力的来源可以判定，谈判力来源于谈判双方所拥有的资源，谈判者都会在谈判中充分运用所掌控的权力，以期获得自己满意的结局。因此，从权力角度探讨工资的形成更接近社会的实际情形。假设 $P(Q, k)$ 是企业 F 与劳动者 L 通过讨价还价所达成的契约，其中 Q 是 F 的产量，其价值是 $S(Q)$，k 是劳动者报酬，$S(Q)$ 是 Q 的严格递增的凹函数。企业 F 追求剩余 $V(Q,k) = S(Q) - k$ 最大化，而劳动者 L 则追求利益 $U(Q,k) = k - C(Q)$ 最大化，其中 $C(Q)$ 是劳动者在产量 Q 时的劳动总投入，$C(Q)$ 是严格递增的凸函数。根据纳什讨价还价理论，契约 $P(Q,k)$ 应使纳什积最大化，即：

$$\text{Max} N = (S(Q) - k)^{\tau} (k - C(Q))^{1-\tau} \qquad (5-4)$$

其中，$S(Q) - k > 0, k - C(Q) > 0$，式（5-4）中 τ 和 $(1-\tau)$ 表示企业 F

和劳动者 L 的讨价还价能力，即两者的经济权力，由一阶条件 $\dfrac{N}{Q} = 0$，$\dfrac{N}{k} = 0$，可得：

$$\tau S(Q)(k - C(Q)) = (1 - \tau) C(Q)(S(Q) - k)$$

$$\tau k - C(Q) = (1 - \tau)(S(Q) - k)$$

进一步计算可得 $k = (1 - \tau) S(Q) + \tau C(Q)$

如果追求社会福利 $W = V(Q,k) + U(Q,k) = S(Q) - C(Q)$ 最大化，则企业与劳动者之间的利益分配差距：

$$\delta Q. k = V(Q. k) - U(Q. k) = S(Q) + C(Q) - 2k$$

可以推知：

$$\delta Q. k = (2\tau - 1) W \qquad (5-5)$$

由式（5-5）可以看出，当 $\tau = 1/2$ 时，即企业与劳动者的权力相等时，双方的利益分配差距为零，即利益的分配在企业与劳动者之间是对等的，由此说明双方的权力在企业最终收益的分配中起到关键作用。

　　但上述的分析还是过于理想化，分析的过程中没有考虑双方讨价还价的成本，并认为谈判不会失败，总能达成双方合作的结果，且双方都以总体收益最大化为决策依据，这显然与现实的谈判过程并不完全相同。现实中的谈判是有成本的，谈判时间的延续对资本方来说有利得的损失，对劳动方来说有收益机会损失，谈判双方都会利用各自的谈判力要挟给对方造成更大的成本损失，从而迅速按己方的期望达成合约，获取自身最大的收益，而谈判也存在无法达成合约的可能。鉴于此，萨缪·鲍尔斯基于鲁宾斯坦模型，将谈判成本支付加入模型当中，分析了谈判双方的利益分配问题，该模型也假设企业 F 与普通劳动者 L 分配单位为 1 的新创价值，V 和 v 分别是企业和劳动者所得，Z 和 z 分别为企业 F 和劳动者 L 谈判失败时的保留支付，即谈判失败时的机会收益，δ_F 和 δ_L 为企业和劳动者的时间贴现，如果企业先行出价，企业和劳动者获得的新创价值的份额分别为：

$$V = \frac{(1-\delta_L)(1-z)}{1-\delta_F\delta_L} + \frac{Z\delta_L(1-\delta_F)}{1-\delta_F\delta_L} \qquad (5-6)$$

$$v = 1 - V = \frac{1-\delta_F\delta_L(1-Z)}{1-\delta_F\delta_L} + \frac{z(1-\delta_L)}{1-\delta_F\delta_L} \qquad (5-7)$$

如果不考虑退出支付，即假设 $Z = z = 0$，则上述两式就简化为鲁宾斯坦博弈模型：

$$V = \frac{1-\delta_L}{1-\delta_F\delta_L} \qquad (5-8)$$

$$v = \frac{\delta_L(1-\delta_F)}{1-\delta_F\delta_L} \qquad (5-9)$$

　　由谈判结果式（5-6）、式（5-7）可以得知，谈判双方的博弈行动次序、资源的贴现因子、谈判失败的保留支付及每次谈判的时间都会影响最终的谈判结果。在博弈行动次序上，虽然先提出方案的一方有先行优势，优势的大小取决于双方谈判过程的长短，但最终的利益分配对哪一方更有利还是取决于分配方案是由哪一方制定的；任意一方对时间的偏好都会减少其利益所得，换言之，谁想尽快达成协议，则分配方案就会对谁不利，如果一方拥有无限耐心，最终的谈判结果必将选择其所提出的策略，从而让该方从合作中获得更有利的分配份额。而谈判一方的耐心程度与其贴现有关，贴现率大的一方，其时间延误的成本也大，谈判时间越长，他的损失就越大，如果这种损失无法承受，该参与者就会失去谈判的耐心，期望尽快达成合约，最终的分配方案就会对其不利；而谈判保留支付的大小也影响到双方利益分配的结果，谈判失败对拥有较大保留支付的一方影响更小，谈判对手不得不让渡一部分利益以促使谈判成功，这也表明谈判的保留支付越多，在谈判过程中其所得越大。

该博弈模型清晰地表明谈判双方所掌握的资源在谈判过程中所起的作用，揭示了普通劳动市场中工资差异的根本原因。基于谈判成本及时间偏好的分析，资本密集型企业或者规模较大的企业，在生产启动阶段投入较大的资本 C_F，如果存在正的贴现率 δ_F，在谈判周期 T 内所产生的贴现损失为 $C_F\delta_F T$，当资本及贴现固定不变时，损失随谈判时间的增加而增大，如果谈判不能尽快达成合约或谈判失败，企业就会产生较大的利益损失。因此，在通常情况下，对于已经市场存在的资本密集型企业或大企业都会有较高的时间偏好，愿意支付较高的工资以吸引合格的劳动者并尽量缩短谈判的过程，其工资通常比劳动密集型企业或小企业的工资高。而对参与谈判的劳动者，也可以用该模型解释其谈判心理及最终决策，假设劳动者既有的生存资料为 V_L，在单位时间内消费的生存资料数量为 C_L，则该劳动者可坚持的谈判时间为 $T_L = V_L/C_L$，通常生存所消耗的资源是比较固定的，所以劳动者所能坚持的谈判时间便取决于其现有生存资料的数量。当劳动者一无所有时，谈判失败不但无法获得合作收益，还会因缺乏资源而影响其生存，因此，其谈判的耐心并不是取决于其心理偏好，而是取决于其能坚持谈判时间的生存资源量，拥有生存资料越少的劳动者，其在谈判中所能坚持的时间越短，所达成的协议自然对其越不利。相反，如果劳动者拥有较多的资源，并不急于达成合约，便会在谈判过程中常常

185

占据主动地位，特别是面对已经投入资源较多的企业更是如此，现实中的情形也验证了这一点，在民工荒时期，大企业给出的工资通常更高。而生存资源较少的劳动者，如农民工，由于缺少生存必要的物质资源，也因制度设计时导致的城乡二元结构，缺乏相应的国家福利保证，面对生存困境，总是希望尽快达成合约，从而丧失了与企业持续谈判的动力，不得不接受企业所提出的较低的工资。分析表明，对于普通劳动者，当相互之间的体力和智力并无太大差别时，则其所掌握的既有资源成为决定其工资高低的重要影响因素，越穷的劳动者，其谈判力也越弱，在市场中所能得到的工资越低，即使整个劳动力市场的劳动力供求是均衡的，但个体间的现有财富资源差异仍然会导致工资的谈判结果在个体间存在差异，如果缺乏第三方的制约，工资分配的"马太效应"在普通劳动力市场将普遍存在，并促使目前已有的收入二元结构进一步扩大，劳动力市场利益分配二元结构成为现实社会财富二元结构的延续。而当普通劳动者拥有一定的个人财富，不存在生存危机时，其谈判力也会相应增长，并会在谈判过程中提出更高的工资要求，当无法达到期望工资时，宁可放弃工作而不再接受较低的工资。卢海阳等（2019）基于2012年和2014年中国劳动力动态调查数据，分析了农民工禀赋与议价能力对其收入的影响，结果显示，在与企业的薪资谈判中，农民工的议价能力明显低于企业，农民工实际工资比市场中"公平"工资低24.96%，而农民工的自然禀赋也影响其工资水平，验证了上述模型所阐释的谈判机制。王建国等（2015）通过分析2011年、2012年流动人口监测调查数据，也证明了农民工工资对城市规模的弹性系数在4.0%~4.2%，但明显低于城市当地工人的相应系数，原因就在于户籍制度导致的人口流动性障碍，想要提高农民工收入，就应改革现有的户籍制度。好在目前户籍制度已有所调整，2014年国务院发布了《关于进一步推进户籍制度改革的意见》，各地据此都出台了相对宽松的户口迁移政策，并建了相对完善的居住证制度，对促进人口流动起到了相当大的作用。同时，经过40多年的改革开放，特别是近十多年政府对"三农"问题的重视，农村收入水平逐年提高，农民工再也不是改革开放初期一穷二白的状况，即使失去城市的工作机会，也没有了生存的危机。因此农民工在劳资双方的谈判中就有了坚持的能力，达不到自己期望的收入有了放弃的可选项，这也是中国沿海发达地区当普通劳动者工资较低且工资增长缓慢时，农民工就放弃来城市打工而导致沿海城市用工荒的主要原因。社会总体财富的增长及财富分配结构的改变增大了农民工的谈判力，改变了农民工与企业的谈判的地位，从而提高了利益分配的额度。近几年，有些地区的农民工工资已经超过了城镇劳动者的收入，除了农民工所从事的职业劳动强度较大、危险性较高、职业社会地位较低、缺乏必要的社会保险等原因外，农民工谈判权力的持续增长也是一个关键因素。

5.2.3.2　技术与管理人才市场价格分析

人类的自然成长造就了普通劳动者，使得普通劳动者资源较丰富，与之相比，生产技术与管理技能虽然也是个体在成长过程中逐渐积累起来的，但因个体自然禀赋及成长条件、成长环境的差异，并不是每一个个体都能达到市场期望的标准，使得高级技术与管理人才成为劳动力市场中相对稀缺的资源，人类社会的发展历程也证明了个体所掌控的专业知识和技能在企业价值的创造过程中起到了关键性作用。早有学者已认识到了这一点，如萨伊曾指出：人的技艺和能力可以提高生产效率，但这种能力的获得需要花费一定的成本。马歇尔也认为，人的智慧、才能都是重要的生产要素，是生产力提高的动力，并且随着生产的发展，对人的才能的要求也会越来越高。经济学界对技术与管理人才市场的研究是在近现代生产技术与管理技能飞速发展并对社会生产巨大的影响之后才开始的，一些学者注意到，社会整体的经济发展速度超过了物质资本增长的速度，出现了传统经济学"资本同质性假设"无法解释的经济增长之谜。20 世纪 50 年代，以索洛（Solow）为代表的经济学家对美国 1909~1949 年的统计数据进行了测算，试图解释传统资本决定论无法解释的经济"增长余值"，研究结果表明技术进步对美国这一时期经济增长的贡献度为87.5%，这说明在不增加生产要素投入的情况下，技术进步改变了社会财富的生产函数，从而实现了经济的长期增长。索洛只证明了技术进步对经济增长的作用，但真正发挥技术作用的还是掌控技术的人才，无论是制造能够提高生产效率的设备，还是对这些设备进行操作，在这一时期都离不开人的参与。因此，舒尔茨（Schurtz）在前人研究的基础上，将经济发展与人的作用关联起来，试图解读生产函数改变的深层原因。他通过对教育投资收益率以及教育对经济增长贡献的研究，得出了劳动力资源是一切资源中最重要资源的结论，这与马克思的劳动价值论有异曲同工之处，仅是研究方式与表述的不同，将马克思的劳动归结于劳动者。舒尔茨认为掌握了一定知识和技能的人是经济发展的决定因素，并据此明确提出了人力资本的概念，建立了人力资本理论。他所认定的人力资本是人本身所拥有的用于生产的固有资源，表现为人的知识、技能、资历、经验和工作的熟练程度等，并认为人力资本的形成与个体所接受的教育投入密切相关，教育和培训是一种能在未来产生收益的投资行为。他通过对第二次世界大战后西欧国家经济获得迅速恢复和发展的实证研究，从宏观的角度证明了在经济增长中人力资本的贡献，并认为在促进社会经济增长的决策中，增加人力资本投资要比增加对物质资本投资更为重要。而同期的贝克尔（Becker）从微观角度分析了人力资本问题，将人力资本与收入分配结合起来，解释了人力资本的性质及其相应的投资行为。20世纪80年代，罗默（Rome）和卢卡斯（Lucas）基于知识和高新技术对经济增长的贡献，提出了内生经济增长理论，将人力资本作为影响经济发展的内生变量，认为知识和技术是最重要的人力资本，其投资收益率高于物质资本，对智力的投资是经济增长关键因素，人力资本缺乏通常是一个国家或地区落后的主要原因。斯维比（Sveiby）对此做了进一步拓展，将普通员工的技能和知识更也定义为知识资本，并将其认定为企业或组织的一种无形资产，是企业的核心竞争能力。

从经济增长及价值创造的演化历程分析，高级技术人才在生产过程中起到关键性作用，甚至成为决定商品生产的主导因素，特别是 20 世纪 80 年代被认定为知识经济时代的开端，新材料、新技术及新工艺不断发展，出现了大量高新技术型企业，以微电子、数字技术引领的新兴产业成为全球经济发展的主要推动力，高级技术人才在其中起到了突出的作用。与普通劳动者相比，技术人才的劳动具有智力性、复杂性、创造性、探索性、独立性和连续性等特性，在高新产业智力资源取代体力资源成为价值创造的主要生产要素。企业对人才争夺促使技术人员对薪酬的要求进一步提高，目前，单纯的高工资和高福利已经不足以吸引和留住人才，以技术入股或其他获得企业剩余索取权的分配形式已经成为对高级技术人才进行有效激励的常用手段。

与生产技术人才相比，理论界对管理人才的关注实际更早一些，早在 20 世纪初期，泰勒就提出了科学管理理论，并通过制定科学的管理方法提高生产效率，而法约尔提出管理的五大职能，即计划、组织、指挥、协调与控制，其理论观点构建了现代管理的理论框架。韦伯则通过研究组织提出了科层制与专业化分工，充实了现代组织理论的内容。而随着工业革命的深化，学者又将注意力转向了战略、创新、变革等方面，企业的大型化、跨国经营等使企业管理成为一项复杂的工作，企业战略与战术的运行都需要管理人才的配合才能达到最佳效果，使管理人才与技术人才一样成为企业发展的关键的推动者。

人力资本化实际是将人才看作是维系企业生产的稀有资源，在价值创造过程中发挥重要作用，人才的劳动作为一种有价值的生产性投入，享受与货币资本相同的收益权。古典经济理论对资本的认识都是基于物的范畴，原因在于传统企业的生产过程对劳动者素质要求不高，只要具备较低的劳动技能就能满足生产需要。而物质资本的初期积累却是一个艰难的过程，物质资本的相对稀缺及劳动资源的相对充裕使得两种生产投入要素在企业中地位存在差异，物质资本占据剩余利益分配的主导地位，劳动者只能获得与劳动相对等的工资收入。之所以形成这样的利益分配结构，并不是劳动对企业剩余价值的贡献就少于物质资本。斯密很早就已经将劳动与资本、土地并列为生产的三大要素，庞巴维克也将资本认定为是"一种存储的劳动"，马克思更是将企业剩余的源泉都归功于劳动，认为物质资本只不过是资本家剥削工人的工具，这些观点都清楚表明了劳动在价值创造中的作用，与物质资本一样，没有劳动要素的投入，就无法实现价值的创造。虽然古典经济理论对劳动有这样的认知，但并没有将劳动力与资本联系起来，是缘于当时社会广泛存在的对资本的物性认识，劳动只是帮助物质资本实现价值创造的一种要素；更为主要的原因是劳动者缺乏相应的权力，没有能力实现对企业剩余分享的诉求，使得物质资本获得企业剩余价值成为当时的一种社会共识。

　　资本对企业剩余分享的基础是资本的权力属性，没有权力保证的资源不可能产生资本效应，现有的社会制度保证了资本权力的有效性。资本主义发展初期就有学者从权力的视角探讨企业利益分配问题，托马斯·霍布斯认为："权力是获得未来任何明显利益的当前手段"，该观点表明权力是利益的来源与保证；科斯也指出，企业内经常发生的交易并不是由价格机制控制而是由权力关系控制的，将价格的形成与权力关联起来，这实际上已经跳出了传统经济学研究的框架，为研究价格问题开拓了一个新领域。在商品社会，凡是经济主体利用所掌控资源对其他经济主体的控制力或影响力都可以称为权力，人类历史的发展也可证明权力与利益分配具有同构性。传统理论之所以把物质资本看作剩余价值分配的主体，可能的原因是物质资本易于衡量，而劳动要素具有异质性和非显现性特征，缺乏统一的比较标准，在方法和技术都有局限的时代，劳动对企业剩余的贡献难以计量，因此也难以用资本的名义参与利益分配。就古典企业来说，基于企业物质投入来制定分配原则不但体现了企业内部权力结构，分配制度的构建及执行成本也更低，容易被劳资双方所接受，并逐渐固化成一种经济社会公认的利益分配制度。

资本概念形成的初期并没有界定其资源投入的属性，资本的物化仅是当时市场现实及主流意识形态的一种反映，虽然一些学者也提出过不同的见解，如斯密、李嘉图及费希尔都对资本提出过更为宽泛的定义，将行为主体的技能甚至将能够产生收入流的任何资源都定义为资本，但这仅反映了当时社会生产中的个别现象，并没有影响对资本概念的主流观点。任何经济理论都是对社会现实的解读，人力之所以能够成为资本是因为当前社会的发展产生了其转化为资本的条件，不同要素对价值创造的贡献发生了变化，导致要素主体的权力结构发生了改变，当某一权力增长到一定程度时，就会推动资本结构及利益分配结构的改变。

加尔布雷斯在其权力分配理论中也曾指出，任何社会中的权力总是与最难获得或最难替代的生产要素联系在一起的，谁拥有了这种生产要素，谁就拥有对企业剩余索取的权力资源。如果合约双方的权力对比发生变化，权力主体就会推动分配制度的调整。由于各种生产要素在不同时代的市场稀缺性以及对价值创造的作用不同，对资本的界定也会随之改变，哪种要素对剩余价值创造的贡献大，哪种要素就可能成为资本，并促使要素所有者对企业剩余的索取权发生改变。从封建社会的土地资源到资本主义社会的货币，再到知识经济时代拥有知识和技能的劳动力，资本结构在逐渐发生着变化。在过去的几十年中，生产技术呈现出加速发展的特征，管理和技术的应用越来越广泛，促使劳动者所掌握的技术知识与管理技能不断提升，并且在生产过程中发挥着关键的作用。当技术知识与管理技能成为价值创造不可或缺的要素时，劳动者就会形成对利益分享的主观意愿，而权力的本质就是利用掌控的资源做出的个人意愿的倾向性表达。当劳动者的这种愿望与其所掌控的资源相结合，所形成的权力效应就具备了意愿实施的可能性。但丹尼斯·朗认为，仅占有可以对他人使用权力的资源并不保证能产生事实上的权力，还需要假定对方缺少这些资源，并对该资源有需求的意向，即只有有用的稀缺资源才会产生权力。人类的管理技能和技术知识都必须经过长期培训和实践才能掌握，并不是每个劳动者都具有这样的能力和机会，导致高级管理和技术人才在市场中比较稀缺，从而为人力向资本的转化提供了可行性条件。这表明如何分配企业剩余并不是经济社会中固定的分配结构，而是随着各种资源作用效果的改变而不断进行调整的制度演进，是参与价值创造的资源主体通过博弈所形成的结果，企业内部分配的调整体现了权力结构与利益分配格局的同构性。人力资本化只是在新的利益分配结构中，将劳动者对利润的分享以合理合法的形式表达出来，是劳动者权力增长的必然结果。

针对人力资本化，舒尔茨和贝克尔根据人才成长过程中必须进行教育投入这一事实，建立了人力资本投资理论。他们认为人力资本投资与物质资本投资具有相同的性质，个体为积累知识和培养技能的投入可以认定为一种投资行为，具有一般投资的属性，只是投资的对象是人而不是物。按照该理论，在知识与技术累积过程中，知识与技能获得者支付了较高的成本，因此其收益应该高于普通劳动者，高收益是长期投入的回报。市场中个人与家庭的收入分配差距主要是由不公平的人力资本投资差距造成的，公平的人力资本投资可以有效减少社会个体收入不平衡的现象，增加人力资本投资还可以改变要素所有者的关系，使物质资本所有者收益降低，促使社会分配趋于平等化。

虽然人力资本的形成依赖货币资本的投资，从投资及回报的角度分析劳动力市场的收入问题也能在宏观上得到验证，即较高的人力资本投入能带来较高的收入，发达国家经济的发展得益于较高的教育投入。但人力资本投资理论的分析仅适合在宏观领域，理论分析过程中没有区别个体在投资效果上的差异，因此从个体微观视角来看存在一些难以解释的问题，如针对不同个体，相同的货币资本投资并不能带来相同的回报，现实中教育投入相同、接受同样教育的人在市场中所能得到的收益存在较大的差异，同时也有不少教育程度较低的人，其收益高于比他教育程度高的人，如前世界首富比尔·盖茨大学都没毕业。人力资本投资理论的前提是货币资本投资能完全转化为人力资本，因而分析一直集中于受教育的时间，而忽略了教育质量的影响。同样的教育投入因个体的自然禀赋差异可能产生不同的效果，个体差异影响了人力资本投资理论的可信度，且有些投资并不仅是个人行为，而是国家和企业承担投入成本，但知识和技能的获益者却是个人，如何计算和分配未来收益也是该理论未曾探讨的一个问题。

对劳动报酬的谈判是一项即期行为，对谈判的影响只是谈判者所拥有的既有资源，如果参考其他生产要素的分配过程，就会发现经济理论对货币资本及物质资本的分析过程中一般不考虑这些资源的获得成本和渠道，而只是计算其现值，虽然庞巴维克将货币资本看作是一种"由劳动存储的自然力"，但这种观点从没有成为主流经济学的分析范式。从投资的角度来分析人力资本问题，仅仅因为对人力资本的量化存在较大的难点而寻找一个替代品，但两者并不是完全等价的。实际上，决定工资谈判的关键性因素还是谈判时劳动者所拥有的资源，包括劳动者已经具有并能够为企业带来持久性收入的能力，即劳动者所掌握的知识、技术、能力和健康等，个体所掌握的能够为企业生产创造价值的能力才是决定技术人才报酬的微观基础，而很少也很难考虑这些能力形成所支付的成本问题。

在忽略了人力资本投资有效性的前提下，国内外许多学者从不同角度对人力资本化问题进行了分析。方竹兰（1997）认为，人力资本参与企业剩余的分配，是财富真正创造者的劳动价值在产权契约关系中的体现，这种利益分配结构转变的前提是非人力资本日益表现出多样化和证券化趋势，导致非人力资本所有者与企业的关系逐步弱化，成为企业风险的逃避者。相反，在企业价值的创造过程中，人力资本的参与度更高，其专用性和团队化趋势得到加强，使得人力资本所有者逐步强化了与企业的关联，成为企业风险的真正承担者。在此变化中，包含了人力资本的主观意愿及其努力，其对利益分享的意愿随其在生产中贡献的增长逐步增强，而谈判实力和谈判技巧也逐步成熟，最终导致利益分配结构的改变。杨瑞龙认为，人力资本的社会本质决定了人力资本在应用过程中有一定的限制，具有一定的可抵押性，存在着与货币资本类似的风险，因而本应拥有分享企业剩余的权力，但该权力的实现得益于人力资本的专用性和团队合作，相关资源形成较强的相互依赖性，关键人才的退出将导致非常严重的后果，这种资源的关联性提高了人力资本所有者的谈判力，最终影响了企业所有权的安排。

从权力视角分析人才市场的价格及利益分配问题已经得到了学术界的认同，但由于权力资源的多元性及权力本身的特性，对权力的量化一直是研究的难点，即使有一些方法可以选用，也仍会借用传统理论研究的一些范式，难以完全展示权力的本质，更好的研究方法依然在探索中。卢周来（2009）考虑了资本的稀缺性及可替代性，并引入了重购成本的概念，即谈判失败后，其中一方在市场中重新寻找合作对象的搜寻成本及达成新合约的谈判成本，借此将难以量化的权力转化为可以量化的变量。在此我们借助于该模型的分析方法，并根据市场的现实对相关条件重新设定，建立了基于权力的分析模型。

假设企业的生产要素仅为货币资本和人力资本两种，企业内两种资本提供者所拥有的资源禀赋分别为 x_L 和 x_K，合作产出为该资源投入下的固定函数：$y = f(x_L, x_K) = \min(x_L, x_K)$。商品的价格 $P = 1$，生产要素 x_L 和 x_K 的价格分别为 ω_L 和 ω_K，当双方合作时所创造的净收益为一常量 π，货币资本和人力资本对此收益的分配比例分别为 θ 和 $(1-\theta)$，则双方在选择合作时的收益分别为：

$$\pi_{L1} = \omega_L x_L + (1-\theta)\pi \qquad (5-10)$$

$$\pi_{K1} = \omega_K x_K + \theta\pi \qquad (5-11)$$

如果谈判一方选择不合作，另一方只能在市场中重新寻找该生产要素，假设该要素的重购成本为 $\xi_i (i = L, K)$，则要素 i 的可替代性越高，重购成本就会越低，如果新的合作所创造的收益仍为 π，且根据市场的实际状况，在新的合作关系中双方的收益分配分别为 δ_L 和 δ_K，则双方的所得分别为：

$$\pi_{L_2} = \omega_L x_L + \delta_L \pi - \xi_K x_K \qquad (5-12)$$

$$\pi_{K_2} = \omega_K x_K + \delta_K \pi - \xi_L x_L \qquad (5-13)$$

显然，只有当 $\pi_{L_1} \geqslant \pi_{L_2}$，且 $\pi_{K_1} \geqslant \pi_{K_2}$ 时，双方才能达成合作，据上式可得企业内双方合作的条件是：

$$\delta_L \leqslant 1 - \theta + \frac{\xi_K x_K}{\pi} \qquad (5-14)$$

$$\delta_L \leqslant 1 - \theta + \frac{\xi_K x_K}{\pi} \qquad (5-15)$$

根据上述两式，可得：

$$(\xi_K x_K + \xi_L x_L) \geqslant (\delta_L + \delta_K)\pi - \pi \qquad (5-16)$$

这表明，当双方在新的合作关系中所得增益小于其重购成本时，双方才能达成契约；当出现任意一方在新的合作关系中收益增大的情形，则双方都可能无法达成契约或将中止现有的契约。

如果将重购成本 ξ_K 当作是合作双方谈判力的一个函数，即：

$$\alpha = \gamma \xi_K ; \quad \beta = 1 - \gamma \xi_K$$

其中，α 和 β 分别表示货币资本及人力资本的讨价还价力，其中，$\gamma > 0$，表示一方的谈判力与该方所拥有资源的重购成本成正比，当货币资本与人力资本讨价还价达到一个均衡解时，根据式（5-12）、式（5-13）、式（5-14）、式（5-15），可得双方利益分配的比例：

$$\theta = argmax[(\pi_{L2} - \pi_{L1})^\alpha (\pi_{K2} - \pi_{K1})^\beta] \qquad (5-17)$$

根据最大值一阶条件，经过计算可得：

$$\theta = \gamma \xi (\delta_L + \delta_K - 1) - \delta_L + 1 + \frac{\xi_K x_K (1 - \alpha \xi_K) - \gamma x_L \xi_K \xi_{KL}}{\pi} \qquad (5-18)$$

如果劳动力外购成本 $\xi_L = 0$ 时，货币资本就拥有了较大的选择权，其谈判力自然相应增大。根据式（5-16），有 $\xi_K x_K \geqslant (\delta_L + \delta_K)\pi - \pi$，将其代入式（5-18）中，可得：$\theta \geqslant \delta_K$；如果人力资本想维持原有的合作关系，货币资本所得的剩余分配份额将不低于其在新合作关系中所获得的剩余分配份额；如果市场中存在极弱的谈判对象，货币资本方能够在新的谈判中将得到全部企业剩余，即如果 $\delta_K = 1$，则 $\theta = 1$，人力资本方为维持原有的合作关系将不得不放弃所有剩余份额，全部企业剩余将归货币资本者所有。相反，当 $\xi_K = 0$ 时，$\theta = 1 - \delta_L$，即当货币资本可以无成本获得时，人力资本的谈判力就会增大，货币资本的剩余分配份额取决于人力资本在新的合作中的剩余分配额度。如果人力资本在新的合作中能够获得全部剩余，即 $\delta_L = 1$ 时，则 θ 趋近于0，这表明为维持原合作关系，货币资本也将放弃剩余索取权，净收益将全部归属于人力资本所有者。在此只考虑了要素的重购成本，且根据生产要素的稀缺性判定要素所有者权力的大小，越是稀缺资源，其重购成本越高，要素所有者的经济权力越大，在谈判中所得到的企业剩余的份额越多，经济权力的大小决定了企业剩余的最终分配结构，企业剩余的分配是合约双方权力结构的利益体现，而双方权力的大小取决于其掌握的资源的属性及市场赋存状态。在现代企业生产过程中，随着对管理和技术要求的提高，以及劳动者技能的升华，知识与技术也越来越起到关键的作用，且这些异质性劳动要素的稀缺程度有增大的趋势，因此人力资本化并参与企业剩余分配是劳动者权力提高的必然结果；但货币资本则相反，在经济发展的初期阶段，货币资本是一种稀缺资源，重购成本相对很高，但随着全球经济的长期发展以及货币资本的累积性，特别是有些国家长期赤字并大量超发货币，导致全球性的货币冗余，大量游资在寻找有利的投资机会，货币资本反倒成为一种非稀缺资源，重购成本逐渐降低，与人力资本分享企业剩余便成为其权力弱化后的被动选择。

传统企业以物质资本为主导的剩余分配机制过分强调了物质资本的作用而忽视了人的劳动，虽然不同要素对企业来说都是不可或缺的，但劳动者才是价值创造的主体，也是人类社会进步的核心推动力，这在人类社会高速发展的过程已经得到了验证。正是管理和技术在价值创造中作用的改变，使劳动者的权力不断得到加强，并最终导致利益

分配制度的改进。因此，人力资本化是人类社会向科技化发展的一个
必然结果，它不但体现了人类进步的方向，也体现了人类自身思考的
理性。企业利益分配结构的改变体现出生产的方式不只是传统企业中
的资本雇佣劳动，而可能是人力资本雇佣非人力资本，企业产权契约
关系发生了内在的本质转变。人力资本所有者分享企业剩余不仅实现
了人力资本所有者的产权价值，而且体现了企业剩余价值分配原则的
制定从货币拥有者主导向财富创造者的转化。

第6章
Chapter 6

结论与研究展望

　　价格一直是经济学理论研究的核心问题，自从古典经济学提出均衡价格理论以来，供需均衡一直是被认为是市场价格形成的主要机制，供需均衡分析也就成为探讨价格问题最佳选择，但供需均衡分析理论存在一定的局限性。首先是问题研究的一些假设前提与现实存在差距，其次是价格作为一种交换的媒介，体现的是人与人之间的关系，而供需均衡分析的是物与物的关系，没有揭示人际关系的本质，因此，对价格机制的研究一直没有停止。从科斯的产权理论开始，信息经济学及制度经济学都对价格理论补充了新内容，制度经济学的产权理论已经提出了市场权力的作用，基于产权的价格分析，突破了传统经济学在分析价格时只考虑商品本身的思想束缚，而从商品所蕴含的一些本质属性来探讨价格的形成，将制度、信息、策略以及组织等对价格有重要影响的因素都应用于价格机制的分析过程之中，超越了传统经济学把价格视为"产品量比"的表象性概念内涵，从权利价值和产权标价的内在性上重新理解和确立价格的经济学内容。虽然也借用了均衡的分析方法，但其均衡不再仅仅是商品"量"的均衡，而是一种广义均衡，解读的也不仅是商品价格问题，而是能够解释所有的市场交易。均衡所依据的不再是商品本身，而是包含信息、知识、技术、能力等多种资源，分析的应用范围已经超出了单一商品的范畴，使人们对市场交易过程及其价格的形成机理有了更进一步的认识。

本书从广义权力的角度探讨了价格的形成机制，通过对市场权力资源、权力主体及权力作用的形式分析，在以下几点对供需均衡价格理论做了创新性的探讨：

（1）建立了用权力分析市场价格机制的研究思想，指出了供需均衡是市场博弈各方权力作用的结果，价格是这种结果的反映，供需虽然影响价格，但价格的真正决定因素是行为主体的市场权力。权力既是社会初始资源分配的决定因素，也是资源再分配过程中的决定因素。社会的运行实际是行为主体通过对所掌握资源的支配建立的人与人之间相互影响、相互作用的社会权力网络，价格机制仅是这种权力关系运行的市场体现。供与需仅是基于权力的行为主体的市场选择结果，市场均衡并不是商品量的自主均衡，而是行为主体权力控制下的量的均衡，权力才是价格机制运行起主要作用的核心要素，从权力角度分析价格才正确反映了经济主体间的利益关系。因此，均衡价格并不是交易双方供需博弈的均衡解，而是在制度、信息等约束条件下交易者所依据的各自所掌握的权力的博弈均衡解。

（2）重新界定了个体经济理性的含义。个体的经济理性并不仅是生产企业追求利润最大化，消费者追求效用最大化。经济个体的首要目标是生存和发展，人类社会的复杂性使得经济个体的生存和发展需要的并不仅是某一类资源，而需要多种资源的综合。就企业来说，利润只是企业保证企业稳定和增长的资源之一而不是唯一资源。经济理性的含义不再仅仅局限于短期利润的获得，而是长期的综合效益或企业价值最大化，如果要达到这样的目的，必须追求对市场更强的控制能力，因此经济个体的理性也包含追求市场权力的最大化。

（3）利用博弈理论分析了不同的市场结构下价格形成的权力作用形式，认为不论是哪种形式的市场结构，企业并没有失去对价格的制定权，只是在价格决定过程中会依据自己所拥有的权力，制定一个对

199

企业最有利的价格。垄断市场中由于企业与消费者权力差异较大，因而会获得较大的垄断收益；而完全自由竞争市场中，每个企业都受到其他企业的权力制约，企业与消费者之间的权力相对均衡，价格也就体现社会公平。因而合理的市场竞争结构是不同主体间权力均衡，而同一主体责权对等。

（4）权力决定价格可以合理解释政府与市场机制共存的现实，这也给与供需无关的政府参与价格的调整提供了一个合理的理论解释，市场初始资源分配存在差异，因而竞争双方的权力是不对等的，完全依靠市场机制最终会产生社会不公平问题，而政府通过行政权力对市场权力结构的调整，可以保证效率与公平的均衡使市场得以长期存在与发展。

（5）本书分析了我国房地产市场及劳动力市场的价格问题，指出其价格形成与演变的根源并不完全由供需决定，而是受交易双方权力的控制，且政府在这种权力失衡过程中存在一定的责任。对现实的分析揭示了事实的本质，解释了市场中人与人之间的关系，为市场机制的合理化调整提供了理论依据，也为政府的宏观经济调控提供了一种新的指导思想。

鉴于权力资源的多维性，及各种资源与权力转化条件的复杂性，虽然提出的权力决定价格的观点能够揭示市场竞争的本质，但理论的研究还存在许多有待完善之处。后续的研究将重点关注如何将多维的权力资源融入到研究模型当中，以及如何判定权力资源和权力效能等，以期能更全面、准确地解释市场交易的过程，阐释价格决策的机理，为经济社会的良性发展提供理论指引。

参 考 文 献

[1] [美] D. S. 沃森，M. A. 霍尔曼. 价格理论及其应用 [M]. 闵庆全，等译. 北京：中国财政经济出版社，1983.

[2] [美] H. 范里安. 微观经济学现代观点 [M]. 上海：上海人民出版社，1994.

[3] R. 科斯，A. 阿尔钦，D. 诺斯，等. 财产权力与制度变迁 [M]. 上海：上海人民出版社，1994.

[4] [美] 艾克里·拉斯缪森. 博弈与信息 [M]. 北京：北京大学出版社，2003.

[5] 巴泽尔. 产权的经济分析 [M]. 上海：上海三联书店，1997.

[6] 白暴力. 新古典市场价格理论的缺陷与马克思市场价格理论基础的构建 [J]. 当代经济研究，2004 (3)：8 – 13.

[7] 勃伦. 有闲阶级论 [M]. 北京：商务印书馆，1964.

[8] 蔡昉. 城市化与农民工的贡献——后危机时期中国经济增长潜力的思考 [J]. 中国人口科学，2010 (1)：2 – 11.

[9] 陈斌开，黄少安，欧阳涤非. 房地产价格上涨能推动经济增长么？[J]. 经济学（季刊），2018 (4)：1080 – 1102.

[10] 陈惠雄. 经济人假说的理论机理与利己一致性行为模式 [J]. 社会科学战线，2006 (4)：51 – 58.

[11] 淳于淼泠. 从行政权力的本质反思公共行政伦理 [J]. 暨南学报，2006 (4)：73 – 78.

[12] 丹尼尔·史普博. 管制与市场 [M]. 上海：上海人民出版社，1999.

[13] [美] 丹尼斯·迪帕斯奎尔，[美] 威廉·C. 惠顿. 城市经济

学与房地产市场 [M]. 龙奋杰, 等译. 北京: 经济科学出版社, 2002.

[14] [美] 丹尼斯·迪帕斯奎尔, [美] 威廉·C.惠顿. 产业经济学 [M]. 龙奋杰, 等译. 北京: 经济科学出版社, 2002.

[15] 丹尼斯·朗. 权力论 [M]. 北京: 中国社会科学出版社, 2001.

[16] 德姆塞茨. 关于产权的理论: 财产权力与制度变迁 [M]. 上海: 上海人民出版社, 1994.

[17] 邓妮. 古诺模型的非线性分析 [J]. 科教文汇, 2006 (7): 204 – 205.

[18] 董光, 刘冲, 平新乔. 调控目标、房地产调控政策对七种房价的影响研究 [J]. 经济纵横, 2021 (6): 73 – 86.

[19] 董熙. 我国劳动力市场中的农民工工资歧视状况与解决路径 [J]. 经济体制改革, 2014 (6): 77 – 81.

[20] 杜丽群, 程俊霞, 邰震浩. 我国商品房价格与宏观经济的相关性研究 [J]. 学习与探索, 2020 (10): 138 – 146.

[21] [英] 多纳德·海, [英] 德理克·莫瑞斯. 产业经济学与组织 [M]. 北京: 经济科学出版社, 2001.

[22] [西] 费尔南多·维加 – 雷东多. 经济学与博弈理论 [M]. 毛亮, 叶敏, 译. 上海: 上海人民出版社, 2006.

[23] 高薇, 吴刚, 李全润. 对房地产市场宏观调控的理性思考 [J]. 房地产市场, 2005 (11): 33 – 35.

[24] 高燕, 王海滋. 房价上涨与制度缺陷 [J]. 价格月刊, 2007 (1): 38 – 39.

[25] 高韫芳. 重新认识地方政府: 从权力、利益和权利的视角 [J]. 理论探索, 2006 (2): 124 – 126.

[26] 郭道晖. 权力的多元化与社会化 [J]. 法学研究, 2001 (1): 3 – 17.

[27] 郭正模. 劳动力市场歧视及其经济规范性判定标准 [J]. 中州学刊, 2014 (3): 35 – 40.

[28] 何青, 钱宗鑫, 郭俊杰. 房地产驱动了中国经济周期吗? [J].

经济研究，2015，50（12）：41 –53.

［29］何穗．不完全市场一般均衡研究［J］．华中师范大学学报，2001（9）：249 –252.

［30］洪银兴．政府干预效率的经济学分析［J］．江苏行政学院学报，2003（1）：44 –51.

［31］胡代光．西方经济学的演变及其影响［M］．北京：北京大学出版社，1998.

［32］化冰，陈宏民，翁轶丛．差异厂商横向兼并的长期效应分析［J］．管理工程学报，2003（2）：5 –8.

［33］黄小虎．中国土地使用制度改革探索［J］．中国社会科学，1995（2）：51 –60.

［34］惠康，任保平．西方经济学国家干预理论的述评［J］．西安邮电学院学报，2007（7）：50 –54.

［35］姜明安．对政府行为合法性的思考［J］．法学杂志，1999，4.

［36］焦建国．公共权力运行的经济分析［J］．中国行政管理，2006（1）：95 –98.

［37］金三林．对全国6232名农民工政府诉求善的调查［J］．经济纵横，2011（7）：26 –30.

［38］鞠春彦．公共管理中的政府俘获与权力资本［J］．云南社会科学，2006（2）：21 –26.

［39］李忡．现代西方经济学原理［M］．广州：中山大学出版社，2003.

［40］李根强，谭银清，陈益芳．人力资本、社会资本与农民工工资差异［J］．华中农业大学学报（社会科学版），2016（2）：90 –95.

［41］李国正．户籍制度对农民工工资性收入的影响机制研究［J］．广西社会科学，2016（1）：159 –163.

［42］李实，吴彬彬．中国外出农民工经状况研究［J］．人口与经济发展，2020（5）：36 –52.

［43］李衍龙．新古典经济学与经济不创新［J］．财经问题研究，

203

1994（6）：38－41.

[44] 刘金全，张屹山．宏观经济分析的微观基础 [J]．吉林大学社会科学学报，2001（2）：61－66.

[45] 刘景章．从价值论到价格论——经济学主题的比较与演变分析 [J]．财经问题研究，2002（7）：6－9.

[46] 刘然，田钦．政府与市场：行政权力限制经济权力的原因分析 [J]．湖北大学成人教育学院学报，2003（10）：13－15.

[47] 刘小玄．中国转轨过程中的产权和市场 [M]．上海：上海人民出版社，2003.

[48] 刘志彪，安同良，王国生．现代产业经济学分析 [M]．南京：南京大学出版社，2001.

[49] 卢海阳，郑旭媛．禀赋差异、议价能力与农民工工资 [J]．农业技术经济，2019（6）：97－106.

[50] 鲁勇睿．从利益分配看我国土地价格形成机制的重构 [J]．湖南行政学院学报，2003（2）：23－24.

[51] 罗必良．市场、企业和政府：功能边界与作用范围——基于交易费用经济学的考察 [J]．学术研究，2007（7）：41－45.

[52] [英] 马尔科姆·S. 格林伍德，[英] 马丁·J. 卡特．企业经济学原理与案例 [M]．东北财经大学出版社，1994.

[53] 梅冬州，王佳欣．土地财政、房价高企与中国经济转型 [J]．世界经济文汇，2023（3）：18－37.

[54] 孟凡强，邓保国．劳动力市场户籍歧视与城乡工资差异 [J]．中国农村经济，2014（6）：56－65.

[55] 米尔顿·弗里德曼．价格理论 [M]．北京：商务印书馆，1994.

[56] 潘石，董经纬．中国土地"招拍挂"制度变迁效应及改进方向 [J]．理论探讨，2023（3）：167－169.

[57] 彭红碧．我国农民工工资水平非公平性的实质与根源 [J]．现代经济探讨，2010（6）：77－80.

204

[58] 曲卫东，李张怡.西方经济学史视角下的房地产税理论探析及对我国的启示 [J]. 2022 (4)：62 - 68.

[59] 权衡.政府权力、收入流动性与收入分配——一个理论分析框架与中国经验 [J].社会科学，2005 (5)：64 - 73.

[60] [美] 施蒂格勒.价格理论 [M].北京：北京经济学院出版社，1992.

[61] 施雪华.论政府权力的获得及其对政府能力的影响 [J].杭州大学学报，1996 (9)：42 - 47.

[62] [美] 斯蒂芬·马丁.高级产业经济学 [M].史东辉，译.上海：上海财经大学出版社，2003.

[63] 宋冬林.现代产权制度与市场经济运行 [J].北方论丛，2004 (1)：102 - 104.

[64] 唐德善，王文龙.分配的合理性及其价值论基础 [J].东南学术，2006 (6)：63 - 68.

[65] 陶一桃，蔡增正.西方经济学的问题演进 [M].北京：中央编译出版社，2002.

[66] 万红.市场还是政府：交易成本的选择 [J].湖北社会科学，2005 (4).

[67] 万向东，孙中伟.农民工工资剪刀差及其影响因素的初步探索 [J].中山大学学报 (社会科学版)，2011 (3)：171 - 181.

[68] 王涵霏，焦长权.中国土地财政 20 年：构成与规模 (1998 - 2007) [J].北京工业大学学报 (社会科学版)，2021 (3)：26 - 38.

[69] 王建国，李实.大城市的农民工工资水平高吗？[J].管理世界，2015 (1)：51 - 62.

[70] 王克强，刘红梅，和丕禅，等.地产价格是地产的产权价格 [J].经济问题，1999 (1)：8 - 10.

[71] 王万茂.中国土地管理制度：现状、问题及改革 [J].南京农业大学学报，2013 (4)：76 - 82.

[72] 王万山，伍世安.马歇尔后的价格机制理论的发展述评 [J].

经济评论，2004（2）：45 – 49.

[73] 王万山. 广义价格纲论 [J]. 当代经济科学，2003（7）：43 – 48.

[74] 王万山. 新古典价格机制理论发展述评 [J]. 成都理工大学学报，2006（6）：1 – 18.

[75] 王文春，荣昭. 房价上涨对工业创新的抑制影响研究 [J]. 经济学（季刊），2014，13（2）：465 – 490.

[76] 王文涛. 新时期我国房地产调控政策分析与研究 [J]. 北方金融，2023（9）：101 – 108.

[77] 王泳茹. 房地产市场供给与需求对房价的影响 [J]. 统计与决策，2015（24）：151 – 153.

[78] 王志国. 国民产品的价格模型方法 [M]. 北京：中国经济出版社，2006.

[79] 魏悦. 古典经济学创立过程中价格思想探析 [J]. 生产力研究，2006（5）：23 – 24.

[80] 熊宜强，我国房地产价格的理论拐点及应对措施 [J]. 产业，2021（11）：76 – 78.

[81] 徐永贵，后小仙. 政府与市场关系研究 [J]. 安徽工业大学学报，2004（11）：37 – 40.

[82] 亚当·斯密. 国民财富的性质与原因的研究（上卷）[M]. 北京：商务印书馆，1972.

[83] 鄢宇. 土地财政对于房地产泡沫的实证分析 [J]. 现代商业，2021（12）：46 – 48.

[84] 杨光斌. 我国经济转型时期国家权力结构的制度分析 [J]. 学海，2006（1）：92 – 102.

[85] 杨欢亮. 西方经济学中价值理论的历史命运及其成因 [J]. 烟台大学学报，2003（1）：74 – 78.

[86] 杨新荣. 劳动价值论与均衡价格理论之比较研究 [J]. 学术交流，2002（9）：79 – 83.

［87］［美］伊迪丝·彭罗斯. 企业成长理论［M］. 赵晓，译. 上海：上海人民出版社，2007.

［88］尹伯成. 对经济学说史上几个问题的思考［J］. 福建论坛，2005（2）：7-11.

［89］应松年，薛刚凌. 论行政权［J］. 政法论坛，2001.4.

［90］于维生，朴爱正. 博弈论及其在经济学中的应用［M］. 北京：清华大学出版社，2005.

［91］余东华. 政府与市场：一个管制经济学的视角［J］. 经济体制改革，2004（1）：44-48.

［92］余泳泽，张少辉. 城市房价、限购政策与技术创新［J］. 中国工业经济，2017（6）：98-116.

［93］俞露. 我国房地产市场地方政府行为的经济学分析［J］. 东南大学学报（哲学社会科学版），2009（2）：17-23.

［94］俞小江，孙天法. 论市场结构范式［J］. 中南财经政法大学学报，2003（5）：24-28.

［95］袁庆明. 新制度经济学［M］. 北京：中国发展出版社，2005.

［96］张琛，张郁杨，马彪，郭军. 机会不平等如何影响农民工工资性收入不平等？［J］. 财政研究，2023（8）：114-128.

［97］张栋浩，樊纲治，王鹏. 房价预期、房价风险与中国家庭股市投资——基于宏微观数据的实证研究［J］. 福建论坛，2020（1）：155-166.

［98］张凡. 发展中国家政府干预思想的演变［J］. 拉丁美洲研究，2004（4）：1-9.

［99］张金水，张研. 应用宏观经济学［M］. 北京：清华大学出版社，2001.

［100］张明，刘瑶. 中国城市房地产价格走势与波动的驱动因素探析［J］. 南京社会科学，2021（6）：26-38.

［101］张树义. 论企业行为与企业福利［J］. 北方经贸，1995.Z1.

［102］张维迎. 博弈论与信息经济学［M］. 上海：上海人民出版

社，1996.

[103] 张炜. 预期、货币政策与房地产泡沫——来自省际房地产市场的经验验证 [J]. 中央财经大学学报，2017（8）：77-90.

[104] 张屹山，金成晓. 真实的经济过程：利益竞争与权力博弈 [J]. 社会科学战线，2004（4）：83-93.

[105] 张屹山，王广亮. 资本的泛化与权力博弈 [J]. 中国工业经济，2004（7）：70-76.

[106] 张勇，常云昆. 从科斯的疏漏到政府的经济性质 [J]. 经济评论，2006（2）：69-72.

[107] 章莉，李实. 中国劳动力市场上工资收入的户籍歧视 [J]. 管理世界，2014（11）：35-46.

[108] 赵万江，胡春生. 政府经济行为的界分 [J]. 四川师范大学学报，2006（6）：35-40.

[109] 郑雪. 劳动力市场的非经济性分割探究 [J]. 经济问题，2014（4）：6-11.

[110] 郑也夫. 新古典经济学"理性"概念之批判 [J]. 社会学研究，2004（4）：7-15.

[111] 钟岩，张勇. 土地产权制度性缺陷是导致我国房地产高烧不退的根源 [J]. 经济师，2006（12）：18-19.

[112] 周建军，孙倩倩，鞠方. 产业结构变迁、房价波动及其经济增长效应 [J]. 中国软科学，2020（7）：157-168.

[113] 庄子银. 高级宏观经济学 [M]. 武汉：武汉大学出版社，2004.

[114] 邹淼. 农民工收入问题的形成机理 [J]. 学习与探索，2012（4）：102-104.

[115] 邹薇. 高级微观经济学 [M]. 武汉：武汉大学出版社，2004.

[116] Anatoly Vishevsky. Tradition in the Topsy-Turvy World of Parody: Analysis of Two obèriu Plays [J]. The Slavic and East European Journal Vol. 30, No. 3 (Autumn, 1986), pp. 355-366.

[117] Avinash Dixit. The Role of Investment in Entry-Deterrence [J].

The Economic Journal, Vol. 90, No. 357 (Mar. , 1980), pp. 95 – 106.

[118] Bengt Christer Ysander, Commenton A. Lindbeck D Snower. Demand – and Supply – Side Policies and Unemployment: Policy Implications of the Insider – Outsider Approach [J]. The Scandinavian Journal of Economics, Vol. 92, No. 2, nemployment Inflation Tradeoffs in Europe. (Jun. , 1990), pp. 307 – 308.

[119] B. Peter Pashigian. Limit Price and the Market Share of the Leading Firm [J]. The Journal of Industrial Economics, Vol. 16, No. 3. (Jul. , 1968), pp. 165 – 177.

[120] Daniele Coen – Pirani. Markups, Aggregation, and Inventory Adjustment [J]. The American Economic Review, Vol. 94, No. 5. (Dec. , 2004), pp. 1328 – 1353.

[121] Daron Acemoglu, James A. Robinson. Economic Origins of Dictatorship and Democracy [M]. New York: Cambridge University Press, 2006.

[122] Daron Acemoglu, Simon Johnson, James A. Robinson. Reversal of Fortune: Geography and Institutions in the Making of the Modern World Income Distribution [M]. Social Science Electronic Publishing, 2002. 6.

[123] Daron Acemoglu. Simon Johnson; James A. Robinson, The Colonial Origins of Comparative Development: An Empirical Investigation [J]. The American Economic Review, Vol. 91, No. 5 (Dec. , 2001), pp. 1369 – 1401.

[124] Delphis C. Goldberg, Intergovernmental Relations: From the Legislative Perspective Annals of the American [J]. Academy of Political and Social Science Vol. 416, Intergovernmental Relations in America Today (Nov. , 1974), pp. 52 – 66.

[125] Donald Hay, Derek Morris, Guy Liu AND Shujie Yao. Economic Reform and State – Owned Enterprises in China, 1979 – 1987 [M]. Oxford: Clarendon Press, 1994.

[126] Drew Fudenberg. Jean Tirole. Preemption and Rent Equalization in the Adoption of New Technology [J]. The Review of Economic Studies,

Vol. 52, No. 3 (Jul. , 1985), pp. 383 – 401.

[127] Experiments Investigating Market Powerby Charles A. Holt; R. Mark Isaac , Stephen Martin [J]. Journal of Economic Literature, Vol. 42, No. 4. (Dec. , 2004), pp. 1152 – 1154.

[128] Gautam Gowrisankaran. Thomas J. Holmes; Mergers and the Evolution of Industry Concentration: Results from the Dominant – Firm Model [J]. The RAND Journal of Economics, Vol. 35, No. 3. (Autumn, 2004), pp. 561 – 582.

[129] George J. Stigler. The Economics of Information [J]. The Journal of Political Economy, Vol. 69, No. 3 (Jun. , 1961), pp. 213 – 225.

[130] Georges Tanguay. Gary Hunt; Nicolas Marceau, Food Prices and the Timing of Welfare Payments: A Canadian Study [J]. Canadian Public Policy, Vol. 31, No. 2. (Jun. , 2005), pp. 145 – 159.

[131] Gordon C. Rausser, William E. Foster. Political Preference Functions and Public Policy Reform [J]. American Journal of Agricultural Economics, Vol. 72, No. 3. (Aug. , 1990), pp. 641 – 652.

[132] Gordon C. Rausser. A New Paradigm for Policy Reform and Economic Development [J]. American Journal of Agricultural Economics, Vol. 72, No. 3. (Aug. , 1990), pp. 821 – 826.

[133] G. C. Archibald. G. Rosenbluth; The "New" Theory of Consumer Demand and Monopolistic Competition [J]. The Quarterly Journal of Economics, Vol. 89, No. 4. (Nov. , 1975), pp. 569 – 590.

[134] Hsieh C T, Moretti E. Housing constraints and spatial misallocation [J]. American Economic Journal: Macroeconmics, 2019, 11 (2): 1 – 39.

[135] Jagdish N. Bhagwati. Oligopoly Theory, Entry – Prevention, and Growth [J]. Oxford Economic Papers, New Series, Vol. 22, No. 3. (Nov. , 1970), pp. 297 – 310.

[136] Joseph E. Stiglitz, Where Modern Macroeconomics Went Wrong

〔J〕. Oxford Review of Economic Policy, vol. 34 (1 – 2), 2018, pp. 70 – 106.

〔137〕 Katinka Hort. The Determinants of Urban House Price Fluctuations in Sweden 1968 – 1994 〔J〕. Journal of Housing Economics, 1998. 7. 93 – 120.

〔138〕 Lanny Arvan. Sunk Capacity Costs, Long – Run Fixed Costs, and Entry Deterrence under Complete and Incomplete Information 〔J〕. The RAND Journal of Economics, Vol. 17, No. 1. (Spring, 1986), pp. 105 – 121.

〔139〕 Liu Z, Wang P, Zha T. Land – price dynamics and macroeconomic fluctuations 〔J〕. Ecoonometrica, 2013, 81 (3): 1147 – 1184.

〔140〕 Michael R. Baye. John Morgan; Price Dispersion in the Lab and on the Internet: Theory and Evidence 〔J〕. The RAND Journal of Economics, Vol. 35, No. 3. (Autumn, 2004), pp. 449 – 466.

〔141〕 Michael Spence. Entry, Capacity, Investment and Oligopolistic Pricing 〔J〕. The Bell Journal of Economics, Vol. 8, No. 2. (Autumn, 1977), pp. 534 – 544.

〔142〕 Paul Milgrom. John Roberts, Limit Pricing and Entry under Incomplete Information: An Equilibrium Analysis 〔J〕. Econometrica, Vol. 50, No. 2. (Mar. , 1982), pp. 443 – 459.

〔143〕 Phillip Leslie. Price Discrimination in Broadway Theater 〔J〕. The RAND Journal of Economics, Vol. 35, No. 3. (Autumn, 2004), pp. 520 – 541.

〔144〕 Pierre Azoulay. Capturing Knowledge within and across Firm Boundaries: Evidence from Clinical Development 〔J〕. The American Economic Review, Vol. 94, No. 5. (Dec. , 2004), pp. 1591 – 1612.

〔145〕 Robert J. Hill. Constructing Price Indexes across Space and Time: The Case of the European Union 〔J〕. The American Economic Review, Vol. 94, No. 5. (Dec. , 2004), pp. 1379 – 1410.

〔146〕 Steven C. Salop. Strategic Entry Deterrence 〔J〕. The American

Economic Review, Vol. 69, No. 2, Papers and Proceedings of the Ninety – First Annual Meeting of the American Economic Association. (May, 1979), pp. 335 – 338.

[147] Taking Institutions Seriously: Introduction to a Strategy for Constitutional Analysis. Neil K. Komesar [J]. The University of Chicago Law Review, Vol. 51, No. 2 (Spring, 1984), pp. 366 – 446.

[148] Timothy F. Bresnahan, Peter C. Reiss, Robert Willig, George J. Stigler. Do Entry Conditions Vary across Markets? [J]. Brookings Papers on Economic Activity, Vol. 1987, No. 3, Special Issue On Microeconomics (1987), pp. 833 – 881.

[149] V. Bhaskar. Ted To, Is Perfect Price Discrimination Really Efficient? An Analysis of Free Entry [J]. The RAND Journal of Economics, Vol. 35, No. 4. (Winter, 2004), pp. 762 – 776.

[150] Weingast. B. The Economic Role of Political Institutions: Market – Preserving Federalism and Economic Develop – ment [J]. Journal of Law, Economics and Organization 11: 1 – 31, 1995.

[151] Yoram Barzel. Tim R. Sass. The Allocation of Resources by Voting [J]. The Quarterly Journal of Economics, Vol. 105, No. 3. (Aug. , 1990), pp. 745 – 771.